KB274488

맛있는 경제 톡 쏘는 경제

허원순 · 김수언 · 김인식 · 유영석 · 오상헌   지음

한국경제신문

경제 뒤집어보기

세상엔 사람들이 「안다」고 여기면서도, 막상 『무엇을 어떻게 아는가』를 따지고 들어가면 말문이 막히는 경우가 적지 않습니다. 「경제」도 그런 것 중의 하나가 아닐까 싶습니다. 우리 일상생활에서 경제라는 말은 자주 접하여, 그만큼 익숙해져 있는 어휘입니다.

경제라는 말은 기원전 5~6세기 중국에서 등장한 「경세제민(經世濟民)」이라는 말에서 왔습니다. 「세상을 잘 다스려 백성을 구제한다」는 뜻이지요. 하지만 요즘의 경제는 이런 원래의 뜻을 훨씬 뛰어넘는 포괄적인 의미를 담고 있습니다. 오히려 영어의 「이코노미(economy)」가 요즘의 경제를 보다 잘 설명한다고 볼 수 있습니다. 이코노미는 집을 뜻하는 그리스어 「오이코스(oikos)」와 관리를 뜻하는 「노모스(nomos)」가 합쳐져서 만들어진 「오이코노미아(oikono-mia)」에서 왔습니다. 말하자면 「집안」, 즉 살림을 관리하는 게 경제의 요체라는 뜻입니다.

　용어의 유래는 그렇다 치고, 정확히 경제가 무엇인지 딱 꼬집어 설명하기는 여전히 어렵습니다. 『경제란 무엇인가』 하고 따져들면 골치부터 아파하는 사람들이 적지 않습니다.

　이 책은 그런 분들에게 최대한 친근하게 「경제」의 안내자가 될 수 있도록 꾸며졌습니다. 예를 들어 경제학 교과서에 등장하는 「한계효용의 법칙」 같은 이론을 『콜라는 왜 첫 잔이 가장 맛있을까』라는, 우리가 흔히 경험하는 일상 속의 체험을 통해 쉽게 풀이해주는 식입니다. 피서철이나 명절 때면 흔히 겪는 「바가지 요금」이 과연 나쁘기만 한 것인가 하는 문제를 흥미롭게 풀어가면서 경제학의 기초 원리인 「수요」와 「공급」의 법칙을 설명했습니다.

　흔히들 잘못 이해하고 있는 경제원리도 흥미롭게 풀어냈습니다. 소비와 저축 가운데 어느 쪽이 미덕인가, 경제성장률은 무조건 높을수록 좋은 것인가, 금리는 낮을수록 좋은가, 경상수지 흑자는 좋고 적자는 항상 나쁜 것인가 등의 논제를 따라 읽어나가다 보면 경제현상이란 그렇게 간단하지도, 그렇다고 복잡한 것만도 아님을 새삼 알게 될 것입니다.

　이 책은 경제학 교과서에 단골로 등장하는 이런 이론들을 쉽게 풀어 설명하는 데만 머물지 않습니다. 신문지상이나 방송을 통해 자주 다뤄지고 있는 시사 경제현안도 쉽게 이해할 수 있도록 설명하는 데 주안점을 뒀습니다. 제3부 「경제 이슈 대탐험」에서 공기업 민영화, 기업규제, 주5일 근무제도, 거품경제 논란, 세계화 논쟁, 소액주주운동 등 최근 세간에서 한창 논쟁이 진행되고 있는 현안들을 현장을 뛰는 기자들의 필치로 흥미롭게 엮어냈습니다. 이들 각 이슈에 대해서는 「생각해보기」 난(欄)을 통해 자신의 「경제관」을 정립하는 시간을 갖도록 돕는 일에도 신경을 썼습니다.

신문에서 가장 널리 읽히는, 그러면서 그때 그때의 경제 현안을 묵직하게 짚어내는 경제 사설을 해설함으로써 시사경제에 대한 안목을 넓히고, 경제현상에 대한 이해를 깊게 해주는 작업도 곁들였습니다. 취업난, 외자 유치, 외제승용차 구입을 둘러싼 논란, 외채 문제 등에 대한 권위 있는 논설위원들의 사설을 소개하고, 「생각해 보기」난을 통해 독자들 스스로가 현실 경제에 대한 이해 범위를 넓히도록 도왔습니다.

경제학의 대표적 이론을 정립한 애덤 스미스, 카를 마르크스, 존 메이너드 케인스 등 저명한 학자들의 생애와 주요 이론을 소개함으로써 그들의 이론적 배경과 원리를 한결 쉽고 재미있게 이해할 수 있도록 했습니다. 마지막으로 국내 유수의 대학교수와 경제연구소 연구위원들이 학자금 융자제도, 주식옵션 등 시사경제 이슈들을 강의하듯 간결하게 해설한 「원 포인트 경제학」으로 독자 여러분들을 「알고 보면 쉬운」 경제학의 새로운 세계로 안내해줄 것입니다.

이 책은 무엇보다도 취재의 일선 현장을 뛰는 경제 기자들이 직접 집필했다는 점에서 그 가치가 높습니다. 재정경제부, 기획예산처, 산업자원부, 금융감독위원회, 한국은행, 국세청 등 정부 기관과 한국개발연구원(KDI), 삼성경제연구소 등 민·관 연구기관을 출입하고 있는 한국경제신문 경제부 기자들이 해당 분야의 전문가들에게 일일이 자문해 작성했습니다. 평소 「눈높이」를 일반 독자들에 맞춰 글쓰기를 해온 기자들인 만큼, 자칫 딱딱할 수 있는 경제이론과 현상에 대한 설명을 최대한 읽기 쉽고, 알기 쉽게 집필했다고 자부합니다.

　이 책이 나오기까지 많은 분들의 노력이 있었습니다. 무엇보다도 이 책의 기획 아이디어를 내고 방향을 잡아준 정규재 한국경제신문 논설위원에게 깊이 감사 드립니다. 책이 완성되기까지 큰 관심과 함께 기자들을 격려해주신 한국경제신문 최준명 사장과 김기웅 편집국장께도 고마움을 전합니다.

　이 책은 바쁜 일과 속에서도 저녁 일정과 주말을 반납하고 집필에 정성을 다한 한국경제신문 경제부 기자들의 각고(刻苦)의 산물입니다. 모쪼록 이 책이 독자 여러분들로 하여금 「경제」를 한결 친근한 대상으로 받아들일 수 있도록 돕는다면 더없는 기쁨과 보람으로 여길 것입니다.

2003년 1월
한국경제신문 경제부장
이 학 영

차 례

3 경제 이슈 대탐험

4 경제 사설 다이제스트

경제의 수수께끼

고등학교 3학년생이 대학 입학을 포기하고
취업을 하는 것도 기회비용으로 설명된다.
이 학생은 취업을 함으로써 당장 돈을 벌 수 있게 됐지만,
대학 입학에 따른 각종 이점을 포기해야 한다.
대학에 입학하면 보다 깊은 학문을 배울 수 있고,
졸업 후에 고등학교 졸업생보다 더 좋은 대우를 받을 수 있다.
직장인들이 꿈꾸기 힘든 자유로움도
대학을 택했기 때문에 얻게 되는 혜택이다.
이 학생이 취업을 선택한 데 대한 기회비용은
이처럼 대학을 선택했을 때 얻을 수 있는 모든 일들이다.

콜라는 첫 잔이 제일 맛있다
한계효용 체감

무더운 여름날 축구 경기를 하고 난 뒤 가장 먼저 생각나는 게 무엇일까? 많은 사람들이 콜라와 같이 찬 음료수를 떠올릴 것이다. 온몸에 땀이 비오듯 흐르고 목이 타는 듯한 갈증을 느낄 때 들이켜는 한 잔의 콜라는 다른 어떤 것과도 비교할 수 없다.

두번째 잔은 어떤가. 첫 잔을 마실 때만큼 짜릿하진 않지만 그래도 안 마시는 것보다는 낫다. 그러나 세 잔, 네 잔 계속해서 마시게 되면 만족도는 점점 떨어지게 된다. 그러다 결국 어느 시점에서는 더 이상 안 마시게 된다.

경제학에서는 이 같은 현상을 「한계효용 체감의 법칙」으로 설명한다. 여기에서 「한계」란 「추가적인」이라는 의미다. 첫 잔의 콜라를 마신 뒤 둘째 잔으로 넘어가는 것이 「한계」이며, 이 때 느끼는 만족감이 「한계효용」이다. 한계효용은 앞에서 설명한 대로 소비가 늘어날수록 점점 줄어드는 「체감」의 성질을 갖고 있다.

이 같은 한계의 개념은 경제학에서 매우 중요한 의미를 갖는다. 왜냐하면 생산이나 소비 등의 모든 경제행위를 하는 데 이 개념이 중요한 원칙이 되기 때문이다.

사람들은 어떤 제품이나 서비스에서 얻는 한계효용이 그 제품의 가격과 같아질 때까지 소비하게 된다. 어떤 사람이 축구 경기를 마치고 총 다섯 잔의 콜라를 마셨다고 가정해보자.

이 사람은 첫 잔에 대해서는 콜라값 500원을 흔쾌히 지불하고 샀을 것이다. 다섯 잔까지는 콜라를 마셨을 때 얻는 만족감(효용)이 콜라값보다 컸기 때문에 돈을 지불한 것이다. 그러나 여섯 잔째부터는 콜라를 마실 때 얻는 만족감이 500원어치가 안 되기 때문에 더 이상 사지 않을 것이다.

이제 이 사람은 콜라를 살 돈으로 빵을 사 먹거나 저축을 할 것이다. 콜라를 마실 때 얻는 한계효용이 빵을 먹을 때 얻는 한계효용보다 작아졌기 때문이다.

이런 원칙은 기업에도 적용된다. 1,200명의 인력이 필요한 자동차공장에 1,000명만 일하고 있다고 가정해보자. 인력이 부족하기 때문에 이 공장에 100명을 더 투입하면 생산량은 늘어난다. 200명을 추가 투입할 때까지 생산성은 향상되지만 201명째부터는 오히려 감소하게 된다.

인력이 쓸데없이 많아지면 기계설비를 제대로 활용하지 못하게 되고, 근로자들도 나태해지기 때문이다. 적정 인원이 1,000명인 공장에 1만 명이 일하는 경우를 상상해보라. 이처럼 노동력이나 자본을 한 단위씩 추가로 투입할 때에도 같은 원리인 「한계생산 체감의

법칙」이 작용하는 것이다.

한계생산이 **체감**하기 때문에 한 공장에 많은 인력을 집중 투입하는 것보다 여러 공장에 **골고루 배치**하는 것이 더 **효율적**이다.

공장들마다 한계생산성을 가장 높은 수준으로 유지하는 것이 가장 효율적이란 뜻이다.

「한계생산 균등의 법칙」이란 경제용어는 이럴 때 쓰인다. 자동차공장과 반도체공장을 동시에 운영하는 재벌기업이 있다면 당연히 두 공장에 인력을 적절하게 배치해 한계생산성이 높은 수준에 이르도록 조치할 것이다. 두 공장의 한계생산성이 같은 수준이 되도록 인력을 조정한다는 뜻이다.

그러나 이러한 법칙에도 예외가 있는 것 같다. 우리나라 수험생들이 대학의 학과를 선택할 때는 이 같은 원리가 제대로 적용되지 않는다는 것이다. 수학능력시험 점수가 높은 우수 학생들은 법학과, 의예과, 경영학과 등 이른바 인기학과에만 몰린다.

하지만 똑똑한 사람들이 경영학과에만 몰리면 경영학의 한계생산은 체감되게 마련이다. 모두 똑똑한 사람들이지만 필요 이상으로 많다면 상당수는 경영학에 별다른 기여를 하지 못한다. 그러나 이들 중 일부가 순수인문학이나 기초 자연과학 관련학과에 진학한다면 해당 분야에 큰 기여를 하게 될 것이다. 국가 전체적으로도 이익이 되는 것은 두말 할 필요가 없다.

경제학의 법칙이 이처럼 대학 학과를 선택하는 데 적용되지 않는 이유는 한국적인 특수성에 있다. 대학에서의 전공이 진학자의 지적 능력을 나타내는 「간판」 역할을 하는 현실에서는 진정한 「수요-공급의 법칙」과 「한계생산 균등의 법칙」이 작용할 수 없다는 의미다.

학생요금이 더 싼 이유
가격차별

극장에 가면 학생요금이 일반요금보다 1,000~2,000원 정도 더 싸다. 야구장이나 축구장도 마찬가지다. 극장주나 경기장 운영주들은 왜 똑같은 관람기회를 주면서 유독 학생들에게 더 싼값을 받을까. 학생들이 돈이 없기 때문에 배려해준 것일까.

극장주나 경기장 운영주들은 자선사업가가 아니다. 학생들의 주머니 사정까지 생각해줄 여유가 없다. 그럼에도 이들이 학생할인제도를 도입하는 이유는 학생들에게 요금을 인하해줬을 때 올릴 수 있는 수입이 그렇게 하지 않았을 때보다 크기 때문이다.

좌석이 1,000개 있는 영화관이 있다고 치자. 아주 인기 있는 영화를 상영하지 않는 한 좌석은 평균 500석 정도 차는 게 보통이다. 나머지 500석은 비워둔 채로 영화는 상영된다.

극장주는 비어 있는 500석을 채우기 위해 여러 가지 아이디어를

낸다. 관객의 많고 적음에 관계없이 영화를 상영하는 데 드는 비용은 일정하기 때문에 관객이 많으면 많을수록 이익은 커진다.

관객을 많이 모으기 위해선 영화관람료를 깎아주는 것이 가장 좋은 방법일 것이다. 하지만 모두에게 동일하게 내린 가격을 적용한다면 오히려 관객이 늘어나도 수익이 줄어들 수 있다. 또한 요금을 내려도 관객이 늘어날지 확신할 수도 없다. 관객의 대다수를 차지하는 직장인들에게는 영화관람료가 8,000원에서 6,000원으로 인하된다는 것이 대단한 구매동기가 될 수 없다.

하지만 학생들은 다르다. 쥐꼬리만한 용돈으로 생활하는 학생들에게 2,000원은 적지 않은 돈이다. 직장인들에게 2,000원은 하찮은 금액일 수 있지만 학생들에겐 결정적인 구매동기로 작용할 수 있다는 얘기다.

반대로 영화관람료를 8,000원에서 1만 원으로 올릴 경우 학생들은 상대적으로 큰 부담을 느끼고 영화관을 찾지 않을 가능성이 높아진다. 반면 직장인들은 「꽤 올랐구나」라고 생각하지만 요금 때문에 보고 싶은 영화를 포기하지는 않을 것이다. 따라서 극장 주인은 일반요금은 올리더라도 학생요금을 올리는 것은 꺼리게 된다.

경제학에서는 가격의 움직임에 대한 소비자들의 반응 정도를 「가격탄력성」이란 용어로 풀이한다. 이 경우 학생들은 가격에 대한 탄력성이 크고 직장인은 작다. 기업은 전체 수익을 높이기 위해 가격탄력성이 큰 계층과 작은 계층을 분리해 다른 가격을 적용하는 것이다. 이를 「가격차별」이라고 부른다.

그렇다면 극장이 가격차별제도의 일종인 학생할인제도를 도입했을 때의 득실을 따져보자. 예를 들어 가격차별을 통해 극장이 추

기업들은 신분상의 구별이
뚜렷한 학생할인, 여성우대,
조조할인 등을 통해 서비스를
탄력적으로 운영한다.

가로 100명의 학생을 관객으로 끌어들일 수 있었다고 치면, 극장주
는 이들 학생관객 100명에 대해서는 수입이 줄어든다. 이 때의 수
입은 60만 원(100×6,000원)이고 학생할인제도 때문에 놓친 수입
은 20만 원(100×2,000원)이다. 결국 극장주는 가격차별제도를 통
해 학생 100명에 대해 40만 원의 수입을 올리게 되는 것이다.

이 같은 가격차별은 실제 곳곳에서 이뤄지고 있다. 이동통신업
체들이 학생들에게는 값싼 요금제도를 적용해준다거나, 신용카드
회사들이 여성 고객들에게 더 많은 혜택을 주는 것도 가격차별이
다. 또 한국전력이 심야전기 사용료를 싸게 받는 것, 극장의 조조할
인도 마찬가지다. 반대의 경우이긴 하지만 택시들이 심야에 할증요
금을 받는 것도 가격차별의 일종이다.

가격차별정책을 쓰기 위해서는
시장을 완벽하게 분리하는 것이 선행되어야 한다.

소비자 계층을 뚜렷이 구분할 수 있어야 서로 다른 요금을 적용할
수 있기 때문이다. 만약 극장에서『젊은 사람에게는 6,000원을 받
고, 나이든 사람에게는 8,000원을 받겠다』라고 한다면 기준이 모호
하기 때문에 혼란이 생기게 된다.

따라서 기업들은 가격차별의 기준을 신분상의 구별이 뚜렷한 학
생할인과 여성우대, 시간에 따라 적용을 달리하는 조조할인과 심야
할인 등으로 정해 동일 제품이나 동일 서비스라 할지라도 탄력적으
로 운영하고 있다.

『하나의 상품이나 서비스에 대해서는 하나의 가격만 존재한다』
는 경제학의 「일물일가(一物一價)의 법칙」은 완전경쟁 시장에서나
가능한 일일 뿐, 오늘날에는 이처럼 한 상품에 대해서도 시간이나
계층에 따라 서로 다른 가격이 존재하게 되었다.

경기는 왜 좋다가도 나빠지고, 나쁘다가도 좋아질까

경기(景氣)는 「경제의 기운」 또는 「경제의 상태」를 말한다. 시장 상인에서부터 대기업 사장에 이르기까지 모든 경제주체들은 경기 상황에 따라 경영전략을 달리한다. 경기가 좋아질 것으로 예상되면 공격적인 투자를 하고, 경기가 위축될 것으로 보이면 외형 확장보다는 내실을 다지려는 전략을 편다.

경기는 왜 변화하는 것일까. 왜 좋았던 경기가 악화되고, 나빴던 경기가 어떻게 다시 살아날까.

우선 경제 상태가 좋을 때부터 살펴보자. 경기가 좋을 때는 생산 및 소비 투자가 모두 활발하다. 소비가 늘어나기 때문에 기업들은 생산을 확대한다. 이들 업체에 원자재를 공급하는 관련기업들도 덩달아 호황을 누리게 된다. 원자재와 제품을 배달하는 유통회사들까지 늘어난 일거리에 즐거운 비명을 지르게 된다.

이제 기업들은 더 많은 생산기지가 필요하게 된다. 기업의 수익이 크게 늘어난데다 앞으로의 전망도 좋은 만큼 공장을 더 짓게 된다.

자연히 회사들마다 일할 사람이 부족해진다. 실업자였던 사람들에게도 일자리가 생긴다. 기존 직원들이 다른 회사로 옮겨가지 않도록 월급도 올려준다. 수입이 늘게 된 근로자들은 소비를 늘린다. 기업들의 좋아진 실적은 주식에 반영되어 주식시장에서 수익을 크게 올리는 사람들도 생겨난다. 소비는 점점 늘고 기업들은 이에 발맞춰 생산을 늘린다.

기업들의 생산·판매 활동이 활발해지고 개인들의 소비가 늘면 정부의 세금 수입도 확대된다. 정부는 늘어난 세금으로 고속도로를 건설하고 댐을 만든다. 저소득층 복지를 위해 각종 사회복지시설을 짓기도 한다.

정부가 이 같은 공사를 발주하면 기업들의 일거리는 더욱 늘어난다. 기업의 투자는 더욱 증가하고 근로자들의 수입과 소비는 한층 늘어나게 된다. 이렇게 정부·기업·국민이 서로를 상승시키는 경기는 끝없이 좋아질 것만 같다.

그러나 어느 순간부터 경기는 위축되기 시작한다. 경기가 호황이 되면 자연히 물가가 오른다. 생산에 필요한 원자재 비용부터 상승하기 시작한다. 원자재값이 오르면 제품가격도 상승한다. 제품가격이 오르면 판매량은 예전보다 떨어지고 팔리는 속도도 느려진다.

매출 증가세가 둔화되면 재고가 쌓이게 된다. 적정량의 재고는 언제나 필요하지만 문제는 그 양이다. 재고가 과다하게 늘어나면 기업은 생산을 줄인다. 많이 만들어봤자 창고에 쌓일 게 뻔하기 때문이다. 당연히 새로 공장을 짓는다는 것은 생각하기조차 힘들다.

　　기업이 생산을 줄이고 재고가 소진되기를 기다리는 상황에 이르면 경기는 심각한 침체국면에 이르게 된다. 늘렸던 근로자 수를 다시 줄이거나 월급을 삭감하기도 한다. 실업자가 생기고 근로자들의 수입도 줄어든다. 당연히 소비도 감소한다. 소비 감소는 다시 기업들의 생산활동에 영향을 준다.

　　기업이 벌어들이는 수익이 줄고, 국민들의 소비가 감소하면 정부의 조세수입도 감소하게 마련이다. 정부가 펼치던 각종 사업에 차질이 빚어지기도 한다.

　　좋았던 경기는 이렇게 불황으로 치닫는다. 하지만 어느 정도 불황이 지속되면 다시 경기에 회생의 기미가 보인다. 정부가 우선 나선다. 과도하게 경기가 침체되는 것을 막기 위해 정부는 빚을 내서라도 각종 건설사업을 벌인다. 정부는 또 기업과 국민들에게 세금을 줄여 소비를 장려하기도 한다. 한국은행은 금리를 내려 기업과 개인들이 은행에서 쉽게 돈을 빌릴 수 있도록 도와준다.

　　기업들도 그 동안 쌓였던 재고가 소진되면 생산활동을 재개한

다. 때맞춰 해외경기가 살아나면 기업들의 생산량은 급속도로 증대
된다. 소비자들도 정부의 적극적인 재정정책과 금리인하 등에 힘입
어 소비를 늘린다.

앞에서 얘기한 것처럼 경기가 다시 호황으로 달려가는 것이다.
이렇듯 경기는 일정 기간을 두고 호황과 불황을 거듭한다.

이처럼 경기가 **바닥**을 찍고 반등한 뒤
호황의 정점을 이루고 다시 **불황**으로 가는
과정을 경제학에서는 **경기 사이클**
이라고 부른다.

돈에도 가격이 있나

「최고급 BMW 승용차는 1억 원, 국산 소형 승용차는 500만 원.」

모든 물건에는 값어치가 있다. 이 가격은 물건의 가치와 희소성에 따라 화폐단위로 매겨진다.

그렇다면 돈에도 가격이 있을까? 1,000원짜리 지폐 한 장을 만드는 데 70원 정도가 소요된다지만 1,000원짜리 지폐의 값은 70원이 아니다. 돈의 가격은 여느 물건과는 달리 「이자」 또는 「금리」라는 개념으로 따진다.

이자란 「남에게 돈을 빌려 쓴 대가로 치르는 일정한 비율의 돈」을 뜻한다. 금리는 퍼센트(%)로 표시된다. 은행에 가면 「예금이자율 연 5%, 대출이자율 연 10%」식의 광고가 곳곳에 붙어 있는 것을 볼 수 있다.

예금이자가 연 5%라면 1년 동안 돈을 빌려주는 대가로 5%의 이자를 받는다는 뜻이다. 은행에 100만 원을 맡긴다면 1년 뒤 5만 원의 이자가 붙어 105만 원을 돌려받는다는 얘기다. 반대로 연 10%로 100만 원을 대출받는다는 것은 1년 뒤 10만 원의 이자를 붙여 110만 원을 은행에 갚아야 한다는 뜻이다.

은행은 이처럼 예금이자와 대출이자와의 차이(예대마진)를 이용해 이윤을 남긴다. 즉 5%의 이자를 주고 개인이나 기업의 자금을 끌어모은 뒤 돈이 필요한 사람들에게 10%의 이자를 받고 빌려주기 때문에 5%만큼을 수익으로 가질 수 있다는 얘기다.

그렇다면 은행은 예금에 대해 언제나 5%의 이자만 주고, 대출에 대해서는 10%의 이자만 받는 것일까? 그렇지 않다. 금리는 고정돼 있지 않고 상황에 따라 변한다. 실제 IMF(국제통화기금) 관리체제가 시작됐던 지난 1998년에는 금리가 연 20%까지 오르기도 했지만 요즘에는 저금리 기조가 정착되면서 연 5~6% 수준으로 떨어졌다.

금리가 변하는 이유는 일반상품과 마찬가지로 돈에 대한 수요(빌리는 쪽)와 공급(빌려주는 쪽)이 일정하지 않기 때문이다. 돈을 빌리려는 사람이 많아지면 금리가 올라가고, 돈을 빌리려는 사람이 적어지면 금리는 떨어진다.

호황을 맞아 기업들이 공장을 더 짓고 사람들이 소비를 늘리게 되면 돈에 대한 수요가 높아져 금리는 오르게 된다. 반대로 불황이 찾아와 기업들이 투자를 줄이고 사람들이 소비보다 저축을 많이 하면 돈에 대한 수요가 줄어들어 금리는 낮아지게 된다.

또 금리는 누가 빌리느냐, 그리고 얼마 동안 빌리느냐에 따라 달라진다. 이익을 많이 낸 신용도가 높은 기업은 그렇지 않은 기업보다 싼 이자로 돈을 빌릴 수 있다. 기업뿐 아니라 개인들도 평소 대

전망이 별로 좋지 않은
기업은 이자를 **많이** 줘야만
돈을 빌릴 수 있다.

출금을 잘 갚으면 그렇지 않은 사람보다 높은 신용도를 받게 돼 싼
값에 돈을 빌릴 수 있다.

국가는 신용도가 가장 **높은** 기관이기 때문에
국채의 이자는 다른 어떤 곳에서 발행하는
채권보다 금리가 낮다.

채권이란 『○○원을 ××원만큼의 이자를 붙여 몇 년 뒤에 갚겠다』
는 내용을 담은 일종의 빚문서다. 회사들이 필요한 돈을 마련하기
위해 발행하는 회사채도 해당 회사의 신용도에 따라 금리가 천차만
별이다. 장사가 잘 되는 기업은 이자를 조금만 줘도 되지만 전망이
별로 좋지 않은 회사는 이자를 많이 줘야만 돈을 빌릴 수 있기 때문
이다.

또한 금리는 기간에 따라 달라진다. 같은 기업이라도 돈을 오랫

동안 빌릴 때 내야 하는 이자가 짧은 기간 차입할 때 내는 이자보다 당연히 높다. 돈을 빌려주는 기간이 길면 길수록 돈을 떼일 위험도가 높아지기 때문이다. 아무리 장사가 잘 되는 기업일지라도 5년 뒤에도 현 상태를 유지할 수 있을지 장담할 수 없기 때문에 그 위험 부담을 이자에 반영하는 것이다.

또한 금리는 돈을 빌려주는 곳이 어디냐에 따라서도 달라진다. 은행은 예금금리와 대출금리가 낮은 편이고 신용금고는 이보다 훨씬 높다. 사채는 신용금고보다도 훨씬 높다.

이처럼 다양한 금리의 기준이 되는 것이 「콜금리」다. 콜금리는 금융기관끼리 돈이 급히 필요할 때 하루 동안 빌려주는 금리로 한국은행이 직접 관리한다. 한국은행의 금융통화위원회는 매달 한 번씩 회의를 통해 콜금리를 결정한다. 한국은행이 콜금리를 올리기로 정하면 은행이자율을 비롯한 다른 모든 금리도 여기에 따라 오르게 되는 것이다.

빈방을 공짜로 빌려주면 호텔이 손해인가

국내 굴지의 A그룹은 매년 봄 100명의 사원을 선발해 유럽으로 배낭여행을 보낸다. 보다 넓은 세상을 혼자 힘으로 둘러본 뒤 얻게 되는 안목과 자신감을 기업 경영에 접목시키기 위해서다.

이를 위해 B항공사와 계약을 맺고 시세보다 싼값에 항공권을 단체로 구입하고 있다.

가을이 되자 B항공사는 『9월부터 11월까지만 사용할 수 있다』는 조건으로 유럽 항공권 10장을 A그룹에 공짜로 제공했다. 경쟁업체인 C항공사가 A그룹을 고객으로 끌어들이기 위해 각종 선물을 제공하려 한다는 정보를 들었기 때문이다.

만약 A그룹이 C항공사로 거래선을 바꾸면 당장 1년에 1억 원(왕복항공권 100만 원×100명)이 넘는 배낭여행 항공료 수입이 줄어들게 된다. 뿐만 아니라 A그룹 직원들이 출장길에 오르거나 개인적인 여행을 떠날 때도 C항공사에서 항공권을 구입할 가능성이 높아진다. 따라서 A그룹을 뺏길 경우 손해액은 상상하기 힘들 정도로 늘어난다.

B항공사로서는 어떤 형태로든 A그룹에 혜택을 줘야 하는 상황이었고, 그 결과물이 유럽 항공권이었던 것이다. 그렇다면 B항공사가 A그룹에 내놓은 유럽 항공권 10장은 그대로 회사 손실로 이어지는가. 단순 계산으로는 1,000만 원의 손실이 생긴다. 쉽게 말해 A그룹에 잘 보이기 위해 1,000만 원의 비용을 썼다는 얘기다.

하지만 경제학에서 말하는 「비용」은 「기회비용」이다. 기회비용이란 B항공사가 유럽 항공권 10장을 A그룹에 주지 않고, 일반인을 대상으로 팔았을 때 얻을 수 있었던 수입으로 측정된다.

만약 항공권을 받은 A그룹 사람들이 유럽으로 여행을 떠나는 날마다 비행기 좌석이 꽉 차고, 예약자들이 줄을 이었다면 B항공사는 정확히 1,000만 원의 손실을 보게 된다. 공짜표를 안 줬더라면 일반인들에게 팔아 그만큼 돈을 벌 수 있었기 때문이다. 이 경우 B항공사가 A그룹에 공짜표를 준 기회비용은 1,000만 원이 된다.

그러나 비행기 좌석이 텅텅 빌 정도로 탑승객이 없다면 기회비용은 거의 0원이 된다. 어차피 유럽으로 떠나야 하는 비행기에 몇 자리만 내준 꼴이기 때문이다. 기내식 비용이나 각종 보험 가입비 등이 들지만 무시해도 좋을 정도로 작은 액수다.

B항공사는 이 같은 사실을 알고 비수기인 가을철에만 쓸 수 있는 조건으로 항공권을 내놓은 것이다. 결국 1,000만 원이 아닌 0원에 가까운 비용을 들이고도 B항공사는 A그룹에 인심을 베풀 수 있게 된 것이다. A그룹의 환심을 사게 돼 1,000만 원이 훨씬 넘는 효

어떤 하나를 선택함으로써
포기해야만 하는 다른
기회가 가진 가치가
바로 기회비용이다.

과를 거두게 됐지만 기회비용은 0원이니 뛰어난 경제학적 선택을
한 셈이다.
이처럼 기회비용은 경제학에서 매우 중요한 개념이다.

인생이 선택의 **연속**이듯 모든 **선택**은
기회비용을 안고 있다. **하나**를 선택한다는 것은
다른 **모든** 것들을 **포기**한다는 뜻이다.

기회비용이란 이처럼 어떤 하나를 선택함으로써 포기해야만 했던
다른 기회가 가진 가치를 말한다.

고등학교 3학년생이 대학 입학을 포기하고 취업을 하는 것도 기
회비용으로 설명된다. 이 학생은 취업을 함으로써 당장 돈을 벌 수
있게 됐지만, 대학 입학에 따른 각종 이점을 포기해야 한다. 대학에
입학하면 보다 깊은 학문을 배울 수 있고, 졸업 후에 고등학교 졸업

생보다 더 좋은 대우를 받을 수 있다. 직장인들이 꿈꾸기 힘든 자유로움도 대학을 택했기 때문에 얻게 되는 혜택이다. 이 학생이 취업을 선택한 데 대한 기회비용은 이처럼 대학을 선택했을 때 얻을 수 있는 모든 일들이다.

수학능력시험을 앞두고 이성친구를 사귀는 데도 비용은 든다. 이성과 만나 데이트를 하는 시간에 공부를 할 수 있기 때문이다. 이성을 사귀는 데 드는 기회비용은 수능시험 점수의 하락으로 나타날 것이다. 원하는 대학에 떨어져 재수해야 하는 상황이 벌어진다면 기회비용은 더욱 커진다. 데이트 비용도 기회비용에 포함되지만 해야 할 공부를 못했을 때 드는 비용에 비하면 크지 않다고 할 수 있다. 하지만 이성을 사귈 때 더 좋은 성적을 내는 학생들도 있으니 판단은 각자가 할 일이겠다.

무역을 하는 이유

한국은 전자제품을 중동지역에 수출하는 대신 석유를 들여온다. 반대로 사우디아라비아는 한국에 석유를 팔고 전자제품을 수입한다. 전세계는 이처럼 여러 가지 상품과 서비스를 서로 사고 판다.

모든 국가들이 무역을 하는 이유는 무엇일까?

먼저 국가들마다 가지고 있는 부존자원이 다르기 때문이라는 답이 나올 수 있다. 인도네시아에는 열대과일이 풍족하지만 한국처럼 뛰어난 기술과 숙련된 노동자들이 없다. 반대로 우리나라에는 기술과 우수한 노동력은 풍부하지만 열대과일이 거의 재배되지 않는다.

이처럼 국가들마다 부족한 자원이 있기 때문에 이를 보충하기 위해 무역을 한다는 것은 매우 설득력 있는 설명이다. 물론 여기에서 말하는 「자원」이란 단순한 부존자원뿐 아니라 노동력, 기후 등도 포함된 광범위한 의미다.

경제학에서는 이를 「절대우위」라는 개념으로 설명한다. 한국이 텔레비전을 만드는 데 10만 원의 비용이 들고 인도네시아는 20만 원이 든다면 『한국은 텔레비전 생산에서 인도네시아에 비해 절대우위에 있다』고 할 수 있다. 반대로 바나나 한 다발을 재배하는 데 한국에서는 1만 원이 필요하지만 인도네시아에서는 1,000원으로 재배할 수 있다면, 바나나에 대한 절대우위는 인도네시아가 차지하게 된다.

당연히 두 나라가 서로 절대우위를 가진 상품을 수출하면 양국 모두에게 이득이다. 우리는 바나나를 우리 손으로 재배했을 때보다 싼값에 먹을 수 있고, 인도네시아는 고성능 텔레비전을 보다 싸고 쉽게 살 수 있기 때문이다.

하지만 모든 나라가 상대방 국가에 대해 절대우위의 상품을 갖추고 있는 것은 아니다. 미국은 전자제품 생산능력과 농산물 재배능력이 대부분의 나라보다 뛰어나다. 반면 약소국들은 어느 것 하나 선진국에 비해 잘 하는 분야를 찾기 힘들다.

그렇다면 자원과 인력이 부족한 약소국들은 강대국과 무역을 하면 손해만 보게 되는 걸까? 팔 수 있는 물건은 없고, 사야 될 물건만 많지 않은가. 하지만 정답은 「그렇지 않다」다.

이를 설명하기 위해서는 「비교우위」라는 경제학 개념을 이해하는 것이 필수다.

예를 들어 한국이 인도네시아보다 텔레비전도 싸게 만들고, 바나나도 많이 생산한다고 가정해보자. 한국이 인도네시아에 대해 두 제품을 생산하는 데 절대우위에 있다는 얘기다.

물론 두 제품을 생산하는 데 드는 비용은 제각각이다. 한국은 10

모든 상품을 스스로
생산하기보다는 비교우위에
있는 분야에 역량을
집중하는 것이 유리하다.

만 원을 들여 텔레비전을 만들고, 인도네시아는 20만 원을 들인다.
바나나에 대해 한국은 9,000원이 소요되고, 인도네시아는 1만 원이
든다고 가정해보자.

　이 경우 한국은 인도네시아와의 교역에 있어 텔레비전에 대해
「비교우위」를 갖고, 바나나에 대해서는 「비교열위」를 갖는다. 두
상품 모두 절대우위에는 있지만, 상대적으로 텔레비전을 생산하는
데 드는 비용이 더 적기 때문이다.

두 **상품**을 생산하는 데 **똑같은 힘**과 **돈**이 든다면
텔레비전을 만드는 데 더 힘을 쏟아야
더 **많은 수익**을 거둘 수 있다는 얘기다.
따라서 바나나를 재배하는 데 투입됐던 **노동력**과
자금이 텔레비전 공장으로 이전되는 것이다.

이렇게 되면 텔레비전 수출이 늘어나는 만큼 생산량이 늘어난다. 생산량이 늘어나면「규모의 경제」가 실현돼 텔레비전 생산비용은 더 낮출 수 있게 된다. 텔레비전 생산기술을 응용해 VTR과 컴퓨터도 만들어낸다. 반면 바나나는 인도네시아에서 수입하게 되므로 생산량을 줄이게 된다. 이 경우 한국은 전자제품에 특화되고 인도네시아는 열대과일 생산에 특화되는 것이다.

실제로 국제교역에는 이 같은 비교우위 이론이 적용된다. 모든 상품을 스스로 생산하기보다는 비교우위에 있는 분야에 역량을 집중하는 것이 유리하기 때문이다.

회사의 사장이 아무리 워드 실력이 뛰어나도 비서에게 문서작업을 시키는 이유도 여기에 있다. 사장이 문서작업을 할 시간이 있다면 그 시간에 합리적인 경영방안을 구상하는 것이 회사에 이득이기 때문이다. 사장의 비교우위는 경영실력이고, 비서의 비교우위는 타자실력이기 때문이다.

물가는 왜 오르기만 할까

똑같은 물건도 시간이 흐르면 값이 오른다. 물건값이 올랐다는 소식은 매일 들려도 떨어졌다는 뉴스는 접하기 힘들다. 실제로 국제원유가격이 폭락해도 주유소 기름값은 그대로이거나 소폭 떨어지는 데 그친다.

물가는 왜 오르기만 하고 떨어지지는 않을까?

경제학에서는 제품이나 서비스의 가격이 잘 떨어지지 않는 이유를 「불완전한 시장」과 「충분하지 않은 정보」 탓에 돌리고 있다. 만약 시장에 완전경쟁이 실현되고 모든 소비자들에게 정보가 충분하게 제공된다면 균형가격을 향해 값이 떨어진다는 얘기다.

컴퓨터 시장을 예로 들어보자. 백화점에서는 최신형 컴퓨터를 240만 원에 팔지만 용산전자상가에서는 220만 원에 판매한다. 인터넷 쇼핑몰에서는 같은 제품을 210만 원에 판매한다.

모든 소비자들이 이 같은 가격 차이를 알고 컴퓨터를 선택하는 데 있어서 가격 외에 다른 고려사항이 없다면 모두들 인터넷 쇼핑몰에서 컴퓨터를 살 것이다. 이렇게 되면 백화점과 용산전자상가는 컴퓨터 가격을 낮출 수밖에 없게 된다.

일부 백화점과 대리점들은 고객을 끌어들이기 위해 인터넷 쇼핑몰보다 더 싼값에 물건을 팔 수도 있다. 인터넷 쇼핑몰은 백화점의 가격 인하에 자극을 받아 값을 더 낮추게 된다. 여기에 또 새로운 업체가 시장에 뛰어들어 훨씬 저렴한 가격에 컴퓨터를 팔 수도 있다.

그러나 현실적으로 이 같은 무한경쟁은 일어나지 않는다.

시장에서 거래되는 제품의 질이 모두 다르다는 데 첫번째 이유가 있다. 물론 컴퓨터 자체로는 인터넷 쇼핑몰이나 백화점이나 똑같을 수 있다.

하지만 백화점은 용산전자상가나 인터넷 쇼핑몰에 비해 쇼핑하기에 더 쾌적한 환경을 제공하고, 애프터서비스가 뛰어나다. 신뢰도가 높은 만큼 「저질 부품을 사용했을 수도 있다」는 의심도 없다. 특히 인터넷을 다루지 못하는 사람들에게 백화점은 훨씬 쇼핑하기 쉬운 환경을 제공한다.

눈에는 보이지 않지만 이 모든 것들이 제품을 구성하는 요소가 된다. 똑같은 컴퓨터이지만 백화점에서 판매하는 것이 인터넷 쇼핑몰보다 우수할 수도 있다는 얘기다. 일부 소비자들이 인터넷 쇼핑몰에서 더 싸게 물건을 판다는 사실을 알면서도 백화점에서 쇼핑하는 이유가 바로 여기에 있다. 이들에게는 쾌적한 환경과 애프터서비스 등 백화점에서 쇼핑할 때 얻는 「즐거움과 신뢰감」이 인터넷 쇼핑몰과의 컴퓨터값 차이보다 큰 것이다.

무한경쟁이 일어나지 않는 또다른 이유는
정보 격차에 있다. 대부분 소비자들은 시장 전체의
가격정보를 알 수 없기 때문에 백화점에서 파는
컴퓨터의 가격이 어느 수준인지 제대로 알지 못한다.
단지 용산전자상가나 인터넷 쇼핑몰보다
『조금 더 비싸겠지…』

하는 수준이다. 가격정보가 시장에 완벽하게 알려지지 않는 이상 완전경쟁은 불가능하다는 의미다.

그렇다면 인터넷 쇼핑몰이 『우리가 제일 싸게 컴퓨터를 판매한다』는 사실을 시장에 알리면 되지 않느냐는 의문이 생기지만 이것도 말처럼 쉽지는 않다. 인터넷 쇼핑몰이 이 같은 사실을 시장에 알리려면 막대한 광고비와 시간이 들기 때문이다. 광고를 통해 판매가 늘어남에 따라 얻을 수 있는 이익이 광고비보다 크지 않다면 오히려 광고는 손해로 이어진다.

백화점 역시 지금의 비싼 가격에서 얻는 이익이 가격 인하로 매출이 늘어나면서 얻는 이익에 비해 크다면 굳이 가격을 내릴 필요가 없다.

시장 진입이 쉽지 않다는 것도 무한경쟁을 가로막는 요소다. 컴퓨터 시장에 뛰어들기 위해서는 시설투자비용이 들고, 관련 정보를 파악하는 데 비용이 든다. 인·허가 등 제도적인 문제도 있다. 따라서 기업들이 『컴퓨터 시장에 뛰어들면 돈을 벌 수 있다』는 사실을 알아도 쉽게 참여하지 않는 것이다.

물건값이 오를 때는 쉽게 올라도 좀체 내리지 않는 이유는 바로 이 같은 시장의 불완전성과 가격정보 격차에 있다. 그러나 최근에는 「인터넷 혁명」으로 인해 정보 격차가 급속도로 줄어들고 업체 간 경쟁이 심화되면서 이 같은 현상이 완화되고 있다.

바가지 요금은 나쁜 것인가
수요와 공급의 법칙

설악산 정상에 오르면 시원한 음료수를 파는 장사꾼들을 볼 수 있다. 땀흘려 정상에 오른 뒤 마시는 음료수 한 잔은 다른 무엇과도 바꿀 수 없는 짜릿함을 준다.

슈퍼마켓에서는 500원이면 살 수 있는 음료수이지만 설악산 정상에서는 2,000원가량에 판매된다. 물론 바가지 요금이란 점에서 아깝다는 생각을 지울 수는 없지만 갈증 해소를 위해 마지못해 구입하게 된다.

「바가지 요금」은 피서철이 되면 더욱 기승을 부린다. 여름철 해수욕장에 가면 바가지 요금을 받지 않는 업소를 찾는다는 것은 불가능하다. 하지만 모두가 바가지 요금을 받는 장사꾼들을 탓하면서도 그들이 제공하는 음식이나 숙박시설을 사용한다. 다른 선택권이 없기 때문이다.

이 때문에 여름철만 되면 정부가 직접 단속에 나서지만 별로 나아지는 것 같지는 않다. 바가지 요금은 왜 사라지지 않을까? 어쩌면 바가지 요금이 생기는 것은 당연한 경제현상이기 때문에 인위적으로 없앨 수 없는 것은 아닐까?

바가지 요금이 없어지지 않는 이유는 간단하다. 공급보다 수요가 많기 때문이다. 여름철 해수욕장을 생각해보라. 해수욕장 근처에 있는 음식점 수는 제한돼 있지만 여름철에는 수십만의 인파가 한꺼번에 몰린다. 도시락을 준비하지 않은 피서객들은 점심시간이 되면 인근 식당을 찾을 수밖에 없다.

음식점을 찾는 수요는 이렇게 많은데 음식을 공급하는 식당은 크게 부족하니 적정가격이 높게 형성될 수밖에 없다. 경제학에서 말하는 「수요-공급 이론」이 적용되는 것이다.

적정가격이란 말은 음식점이 폭리를 취하지 않는다는 의미다. 해수욕장 근처 음식점들이 폭리로 큰 이득을 보고 있다면 당연히 다른 사람들도 그 곳에 식당을 차리려고 할 것이다. 그러나 해수욕장 인근 식당 수는 그다지 많이 늘어나지 않는다.

이유는 식당들이 거기에서 장사를 하기 위해 들이는 비용이 만만치 않다는 데 있다. 우선 임대료가 다른 곳보다 비싸고 음식점 허가를 받기 위해 사용하는 돈도 상당하다. 쉽게 말해 음식점 영업을 위해 많은 비용을 지불해야 한다는 얘기다.

더 큰 이유는 피서지의 식당들이 「여름 한철 장사」로 승부를 본다는 데 있다. 해수욕장의 경우 여름철에는 손님이 몰리지만 겨울철에는 손님이 없다. 해수욕장의 식당 주인들은 여름에 돈을 벌기 위해 봄·가을·겨울에는 이익을 포기하는 비용을 치러야 한다. 이

같은 비용을 생각한다면 도심에 있는 여느 식당만 못할 수도 있다.

이렇게 보면 피서지의 식당들이 여름철에 바가지 요금을 받는 것은 오히려 당연하다. 여름 한철에 벌어 1년을 먹고살아야 하는 만큼 적절한 수익은 보장해줘야 한다는 얘기다. 그렇지 않으면 해수욕장에 식당을 차리려는 사람은 아무도 없을 것이고, 그 피해는 여름철 해수욕장에서 식사하고자 하는 일반인들에게 고스란히 돌아간다.

설악산 꼭대기에서 음료수를 파는 사람이 높은 가격을 부르는 것도 마찬가지다.

이들에게 슈퍼마켓과 **똑같은** 가격으로 음료수를 팔라고 **정부가 강요**하면 무거운 음료수를 꼭대기까지 지고 가 **팔** 사람은 **거의 없을** 것이다.

이렇게 되면 2,000원을 주고서라도 음료수를 마시고 싶었던 사람들은 원하는 것을 아예 가질 수 없게 된다.

장사꾼들은 비싼값에 물건을 못 팔아서 손해고, 소비자들은 원하는 물건을 얻지 못해 손해다.

이처럼 당연한 경제논리를 정부에서 규제하는 이유는 피서지의 음식점들이 독과점적인 지위에 있다고 보기 때문이다. 해수욕장을 찾는 사람들은 싫으나 좋으나 몇 안 되는 음식점에서 끼니를 해결해야 하기 때문에 식당 주인이 부르는 액수가 그대로 가격이 될 수 있다는 얘기다. 정부는 이런 점을 감안해 식당들이 납득할 수 있는 수준의 이익을 취하는 것은 눈감아주지만 과다한 폭리는 허용하지 않는다. 음식값에 가격상한선을 둔다는 뜻이다.

독점시장에서는 수요-공급의 경제논리가 제대로 실행되지 않기 때문에 이 같은 정부의 단속은 설득력이 있는 규제다.

하지만 정부가 해수욕장에도 이동식 음식점을 개설할 수 있도록 외부인들에게 허가해준다면 굳이 가격규제를 할 필요가 없어질 것이다. 경쟁이 자리잡히면 똑같은 음식을 비싸게 파는 음식점들은 파리만 날리게 될 테니까.

보험에 드는 이유

성인이 되면 이런저런 보험에 한두 개 정도 가입하지 않은 사람이 없을 만큼 보험 가입은 보편화되었다. 자동차보험에서부터 암보험까지 종류도 가지가지다.

누구나 가입하는 보험이지만 막상 가입하려고 보면 망설여질 때가 많다. 사고가 나지 않는다면 굳이 쓰지 않아도 될 돈이기 때문이다. 은행 예금은 맡겨두면 원금에 이자까지 더해 되찾을 수 있지만 보험은 그렇지 않다.

자동차보험은 사고가 나건 나지 않건 계약기간이 끝나면 한푼도 돌려주지 않는다. 암보험·종신보험 등 생명보험상품은 중간에 해약하면 이자는커녕 지금까지 부은 돈보다도 적은 액수를 돌려준다.

따라서 사고가 나지 않는다고 확신한다면 보험에 가입하는 것은 바보 같은 짓이다. 그러나 현실에선 언제, 누가 사고를 당할지 예측

할 수 없다. 가능성은 높지 않지만 한 번 사고가 발생하면 그 피해는 막대하다. 집안의 가장이 교통사고로 장애인이 되면 병원치료비가 들 뿐 아니라 일을 못 하기 때문에 소득도 없어진다. 보험료는 이처럼 위험을 보장해주는 데 대한 비용이다.

보험은 이같이 한 개인에게 발생할 수 있는 위험을 분산시키기 위해 생긴 금융제도다. 여러 사람이 조금씩 돈을 모아 불의의 사고를 당한 사람에게 돈을 몰아주는 형식이다. 보험제도는 이처럼 사고를 당한 사람들의 재기를 도와주는 제도다.

보험회사는 보험제도의 필요성을 인식하고 있는 사람들을 모으고 관리하는 역할을 한다. 보험회사의 책임하에 개인들은 적정한 보험료를 지불한 뒤, 사고를 당하면 그에 해당하는 보험금을 타게 된다. 이 때 고객들이 내는 보험료보다 받는 보험금이 훨씬 많아야 하는 것은 당연하다.

그렇다면 보험에 가입한 사람들이 모두 동시에 사고를 당하면 해당 보험회사는 도산하지 않을까?

보험회사가 망하면 그 동안 냈던 보험료가 물거품이 되고, 앞으로 사고를 당해도 보상받지 못하게 되는 만큼 불안감을 갖는 것도 당연하다.

하지만 현실에서 이 같은 일은 일어나지 않는다. 보험회사의 고객이 소수라면 그럴 수도 있겠지만, 실제로 보험회사의 고객은 수

만 명에서 수백만 명에 이른다. 지구가 망하지 않고는 이 많은 고객이 전부 사고에 노출될 일은 없다.

고객이 많아질수록 보험회사들은 사고 확률을 정확하게 맞출 수 있게 된다. 경제학에서는 이를 「대수(大數)의 법칙」이라 부른다. 주사위를 6번 던졌을 때 「1」이 딱 한 번 나온다고 단정할 수 없지만 6만 번을 던지면 1만 번 정도 나온다고 확신할 수 있다는 얘기다.

이 법칙을 이용하면 사고가 날 확률을 쉽게 알 수 있다. 작년에 자동차 10대 중 2대가 사고가 났다면 올해도 비슷한 수준으로 발생하리라 예측할 수 있다. 우리나라의 자동차 대수가 1,000만 대가 넘는다면 이 중 200만 대 정도만 사고가 난다는 얘기다.

우리가 내는 보험료는 이 같은 통계를 바탕으로 산출된다. 매년 보험금으로 고객들에게 줄 돈에 보험회사를 운영하는 비용을 더한 뒤 보험가입자 수만큼 나누면 개개인이 내야 할 보험료가 대략 산출된다. 여기에다 과거에 사고를 많이 낸 사람이 보험료를 더 지불하고, 사고 횟수가 적은 사람은 훨씬 적은 보험료를 내는 부차적인 과정이 더해진다.

　이런 이유로 보험회사가 망할 일은 발생하지 않는다. 다만 항공기 등 대형사고에 노출될 수 있는 보험물건에 대해서는 보험사들도 대비책을 세워야 한다. 자주 발생하지는 않지만 한 번이라도 사고가 나면 피해액이 워낙 크기 때문이다.

　또 지진이나 홍수가 많이 나는 지역도 이에 대한 대비책이 필요하다. 대다수 보험사들이 자연재해의 경우 너무 위험이 크기 때문에 보험 가입 자체를 꺼리고 있지만, 일부에 한해 보험 가입을 허용하고 있다.

　이들 보험사가 이처럼 위험한 물건을 인수할 수 있는 것은 재(再)보험제도가 있기 때문이다. 재보험이란 보험회사들이 가입하는 보험을 말한다. 재보험회사들은 보험회사들에게 보험료를 받는 대신 이들이 안고 있는 위험을 줄여주는 「보험사들의 보험사」 역할을 하고 있다.

사은품은 정말 공짜일까

백화점 세일 기간이 시작되면 별별 종류의 사은품들이 등장하여 고객을 끌어들인다. 10만 원어치 상품을 사면 1만 원짜리 상품권을 주기도 하고, 이와 별도로 추첨을 통해 고급 자동차와 아파트를 받을 수 있는 기회를 마련하기도 한다.

사람들은 물건 구입뿐 아니라 사은품이나 경품 당첨까지 기대하며 백화점을 찾는다. 세일 기간이 되면 백화점은 말 그대로 인산인해(人山人海)를 이룬다.

하지만 사은품은 정말 공짜일까? 정말 공짜라면 백화점이 손해를 보면서까지 왜 사은품을 나눠주는 것일까?

예를 통해 살펴보자. 어떤 소비자가 코트와 청바지, 스웨터를 사기 위해 백화점에 들렀다. 가격을 알아봤더니 코트는 20만 원, 청바지는 5만 원, 스웨터는 10만 원이었다. 어차피 예상했던 가격이었고, 35만 원어치를 사면 3만 원짜리 상품권까지 준다기에 두말 없이 물품을 구입했다. 제공받은 상품권으로 목도리와 장갑까지 샀다.

언뜻 보면 이 소비자는 공짜로 3만 원짜리 목도리와 장갑을 구입한 것 같고, 백화점은 그만큼 손해를 본 것 같다.

하지만 사실은 그렇지 않다. 사은품은 공짜가 아니다. 그 많은 사은품들을 공짜로 준다면「잘 나가는」백화점도 버티기 힘들 것이다.

그렇다면 백화점은 사은품 제공에 따른 손실을 어떻게 메울까. 우선 사은품이 고객들을 끌어모아 매출액이 늘어나는 것을 생각할 수 있다. 코트, 스웨터, 청바지가 많이 팔리면 그만큼 이익도 늘어 목도리와 장갑을 공짜로 주는 데 따르는 손실을 어느 정도 줄일 수 있을 것이다.

그러나 이것으로는 충분치 않다. 백화점들은 궁극적으로 자기들의 상품가격을 올려 손실을 메운다. 옷가게가 백화점에 내는 임대료를 올리든가, 입점 업체들로 하여금 일정 정도 사은품 경비를 내도록 요구하는 등의 방법도 쓰일 것이다. 옷가게는 가게를 운영하는 데 드는 비용이 예전보다 커졌기 때문에 옷값을 올릴 수밖에 없게 된다.

이런 과정을 살펴보면 결국 사은품의 비용은 소비자가 사는 상품값에 포함돼 있다는 것을 알 수 있다. 백화점에서 파는 실제 상품의 가격은 판매가격에서 사은품 제공에 따르는 모든 비용을 뺀 만큼이 될 것이다.

하지만 현실적으로 이 같은 계산을 통해 실제 가격을 알아낸 뒤 구매를 하기란 쉽지 않다. 모든 구매고객에게 사은품을 줄 경우 소비자들은 대략적인 실제 가격을 짐작할 수 있다. 하지만 추첨을 통

사은품은 소비자들로 하여금 상품을 비싸게 샀으면서도 싸게 산 걸로 착각하도록 만든다.

해 당첨된 사람에게만 사은품을 줄 때는 상품의 실제 가격을 알기가 더 어려워진다.

예를 들어 백화점이 10만 원 이상 물건을 산 고객을 대상으로 추첨을 해 1명에게 30평짜리 아파트를 준다고 가정해보자. 1만 명이 10만 원 이상 물건을 사 응모자격을 얻었다. 이 때 사은품의 가치는 아파트값(2억 원)을 당첨될 확률(1만 명)로 나눈 값인 2만 원이 된다. 따라서 고객이 10만 원을 주고 산 물건의 실제 가치는 사은품값 2만 원을 뺀 8만 원이라는 계산이 나온다.

사은품은 이처럼 상품의 가격정보를 왜곡시킨다. 제품에 대한 객관적인 가격 비교를 어렵게 만들어 시장의 공정한 경쟁을 저해한다.

소비자들로 하여금 눈앞에 공짜가 생긴다는 것만 생각하게 하여 비싸게 샀으면서도 싸게 산 걸로 착각하게 만든다는 의미다.

사은품이 갖는 또 다른 문제점은 과소비를 부추긴다는 데 있다. 물건을 많이 살수록 더 많은 사은품을 주기 때문이다. 앞의 예에서 35만 원어치 옷을 산 소비자는 5만 원만 더 사면 1만 원의 상품권을 더 받을 수 있기 때문에 별로 필요하지도 않은 옷을 더 살 가능성이 있다. 9만 원어치 상품을 산 고객도 1만 원어치만 더 사면 아파트 응모권을 가질 수 있으니 1만 원의 쓸데없는 지출을 할 가능성이 매우 크다.

이런 이유에서 정부는 백화점들이 사은품 행사를 너무 많이 하지 못하도록 규제하고 있다. 사은행사 기간이 길어지지 않도록 법으로 제한하고, 너무 값비싼 사은품을 내놓지 못하게 막고 있다. 모두 가격체계가 왜곡돼 불공정한 경쟁이 일어나 결국 소비자의 후생이 저하되는 것을 막기 위한 조치다.

이자가 비싸도 사채를 쓰는 이유

뉴스를 보면 『악덕 사채업자들이 돈을 갚지 않은 사람에게 폭력을 휘두르다가 경찰에 붙잡혔다』는 얘기가 심심치 않게 나온다. 이들의 협박수법이나 폭행 정도를 보면 악랄하기 그지없다.

이들이 채무자들에게 요구하는 이자는 가히 상상을 초월한다. 1년 이자로 1,000%를 받은 사채업자도 있다고 한다. 1,000만 원을 빌렸다면 이자로만 1년에 1억 원을 줘야 한다는 얘기다.

그렇다면 왜 이 사람들은 높은 이자를 주면서 사채를 썼을까? 은행금리는 계속 낮아져 연 10%의 이자만 주면 돈을 빌릴 수 있다는데….

사채가 없어지지 않는 이유는 간단하다. 은행에서 돈을 빌리기 어려운 사람들이 항상 있기 때문이다. 직장이 없거나 예전에 큰 빚을 져 신용도가 나쁜 사람들이 바로 그런 경우다. 기업도 마찬가지

다. 자금력이 떨어지고 사업도 잘 안 되는 기업은 제도권 금융회사
에서 돈을 빌리기가 쉽지 않다. 은행 입장에서는 이들에게 돈을 빌
려주면 떼일 가능성이 높기 때문에 우량고객과 우수기업에게만 돈
을 빌려주려는 것이다.

이런 사람들은 돈이 필요하면 사채를 이용할 수밖에 없다. 당장
돈이 필요한 이들에게 사채는 고맙기까지 하다.

대신 사채업자들은 은행보다 훨씬 높은 이자를 요구한다. 돈을
떼일 가능성이 매우 높기 때문에 그 위험부담을 이자에 반영하는
것이다.

사채이자는 업자에 따라 다르지만 대개 은행이자보다 2~10배
정도 비싸다고 보면 된다. 물론 돈을 빌리는 사람이나 기업의 신용
도가 높다면 이자율은 다소 떨어지겠지만 반대의 경우 이자율은 더
올라간다.

그렇다면 사채업자들은 빌려줄 돈을 어디에서 조달할까? 일부
사채업자들은 수백억 원의 자금을 갖고 기업들에 돈을 빌려주기도
한다. 유명한 기업들도 급전이 필요할 때는 명동의 사채업자를 찾
는다는 소문이 있을 정도다.

이렇게 사채업자들에게 돈을 대는 사람들을 「전주(돈주인 · 錢
主)」라고 한다. 과거에는 대개 권력층과 가깝게 지내면서 탈세나
비리 등을 통해 큰돈을 마련한 사람들이 전주로 알려졌다. 각종 이
권사업에 개입하면서 마련한 비자금이 사채자금으로 들어간다는
소문도 있다.

이들이 갖고 있는 돈은 상당 부분 불법적으로 모은 돈이기 때문
에 은행에 맡길 수는 없다. 이 돈을 예금했다가는 「어디에서 생긴

돈이냐」며 국세청이 자금 추적을 나서기 때문이다. 이자소득세 등 엄청난 규모의 세금을 내야 하는 것은 별도의 문제다. 어쩔 수 없이 지하자금이 될 수밖에 없는 구조다.

하지만 사채가 무조건 나쁜 것만은 아니다. 앞에서 얘기했듯이 급전이 필요한 신용도 낮은 서민들에게 사채는 고마운 존재이기 때문이다. 또 부도에 몰린 기업들이 일단 숨통을 틔울 수 있도록 도와주는 곳도 바로 사채시장이다.

사채시장에서 돈을 빌려 급한 불을 끈 뒤 당당하게 회생한 기업들도 많이 있다.

이처럼 사채시장은 제도권 금융이 못 하는 일을 담당하는 우리 경제의 한 축이기도 하다.

다만 사채시장이 문제가 되는 이유는 지나치게 높은 이자와 함께 돈을 갚지 못한 채무자에 대해 너무 가혹한 보복을 한다는 점 때문이다. 일부 사채업자들은 폭력조직과 결탁해 채무자에게 폭행을 일삼는 것은 물론, 채무자의 딸을 인신매매범에게 넘기는 일까지 저지른다. 사채의 또 다른 문제점은 이들이 세금을 내지 않는다는 점이다. 일부 사채업자들은 엄청난 폭리를 취하면서도 세금은 한 푼도 내지 않고 있다. 지하경제의 한 축이 바로 사채시장이다.

직접세와 간접세

A씨는 모처럼 데이트 약속을 잡고 가까운 패밀리 레스토랑을 찾아갔다. 메뉴판을 보고 이런저런 음식을 시켰다. A씨가 가진 돈은 모두 5만 원. 메뉴판에 나온 가격과 맞춰보니 정확히 딱 떨어졌다.

하지만 식사를 끝내고 계산대에 갔더니 점원은 5만 5,000원을 내라고 한다. 점원이 건네준 계산서를 자세히 보니 「VAT」라는 항목이 있다. 음식값은 5만 원인데 VAT 5,000원이 붙어 5만 5,000원이 된 것이다.

A씨는 쑥스럽지만 애인에게 5,000원을 빌릴 수밖에 없었다.

A씨가 낭패를 보게 만든 VAT는 무엇일까? VAT란 「value added tax」의 줄임말로 우리말로는 「부가가치세」라 부른다. 생산과정에서 새로 덧붙여진 재화 및 서비스의 금액을 뜻하는 「부가가치」에 세금을 매기는 것이다. 현행 부가가치세율은 판매가격의 10%다.

부가가치세는 A씨의 경우에서 볼 수 있듯이 결국 소비자가 부담한다. 실제 세금을 내는 곳은 패밀리 레스토랑이지만 부가가치세를 부담하지는 않는다. 쉽게 말해 레스토랑은 소비자들에게 세금을 거둬 대신 납부해주는 역할만 하는 것이다.

이 같은 형태의 세금을 「간접세」라고 한다. 소득세와 같이 소득을 벌어들인 사람이 직접 국가에 세금을 내는 「직접세」와 반대되는 개념이다. 자동차 기름값의 70%는 세금인데 이것도 간접세다. 어떤 사람이 10만 원어치 기름을 넣었다면 주유소는 이 중 3만 원만 수입으로 거두고 나머지 7만 원은 세금으로 국가에 납부한다. 골프채나 값비싼 가전기기 등 사치품에 붙는 특별소비세, 맥주·소주 등 술에 붙는 주세 등도 모두 간접세다.

간접세는 소득이 많건 적건 간에 해당 물건을 쓴 사람에게 똑같은 세율로 세금을 물린다. 대기업 회장님이건 공사판 노동자이건 간에 소주를 한 병씩 마셨다면 이에 대한 세금은 똑같다.

조세의 기본원칙 가운데 하나가 『소득이 많은 사람에게 세금을 많이 물리고, 소득이 적은 사람에게는 세금도 적게 부과한다』라는 점에서 간접세는 그다지 공평한 세금이 아니다. 반면 소득세와 같은 직접세는 간접세에 비해 공평하다고 할 수 있다. 소득이 많은 사람에게는 누진세율이 적용돼 훨씬 많은 세금이 부과되기 때문이다.

연봉 1억 원인 사람에게는 소득구간별로 최고 36%의 세율이 적용되지만 1,000만 원을 버는 노동자에게 적용되는 세율은 9%에 불과하다. 각종 세금공제제도를 감안하면 연봉 1,000만 원인 노동자가 실제로 내는 소득세는 없다. 이런 점을 감안하면 간접세 비중을 낮추고 직접세 비중을 높여야 한다. 그런데 왜 우리나라는 직접세

위주의 조세행정을 펼치지 못할까?

그 이유는 봉급생활자들과 자영업자들 간의 과세형평 때문이다. 월급쟁이들이 받는 소득은 뻔히 드러나지만 전문직 종사자들과 자영업자들의 소득은 투명하지 않다는 얘기다. 실제로 변호사·의사·연예인 등 전문직 종사자들은 소득이 엄청나게 많은데도 세무서에는 소액만을 신고하기 일쑤다. 장사하는 사람들과 소규모 사업체를 경영하는 사람들도 소득을 100% 그대로 신고하지 않기는 마찬가지다. 1년에 10억 원을 벌어도 1,000만 원만 벌었다고 신고하면 세금은 1,000만 원을 기준으로 부과된다.

하지만 월급쟁이들은 회사에서 준 연봉이 전산망을 통해 직접 국세청으로 전달되기 때문에 한 푼의 소득도 숨길 수 없는 실정이다. 탈세로 감옥에 가는 사람들 중에 월급쟁이가 없는 것은 바로 이런 이유 때문이다. 현실이 이렇기 때문에 정부도 간접세 비중을 쉽게 못 줄이는 것이다.

직접세를 더 거두는 정책을 펼친다면 이는 봉급생활자들로부터 세금만 더 거두는 꼴이 된다.

하지만 최근 들어 신용카드 사용이 정착되면서 자영업자들의 수입이 상당 부분 노출돼 이들로부터 거두는 직접세가 높아지고 있다고 한다. 자영업자들의 소득이 투명해지면 우리나라도 직접세 위주의 조세행정을 펼칠 수 있을 것이다.

어음이란 무엇인가

어음은 아주 오래 전부터 상인들 사이에서 현금처럼 사용되던 일종의 돈이다. 「상인들의 돈」인 만큼 수표와는 달리 일반인들 사이에서는 잘 쓰이지 않는다.

어음이란 어떤 것이고 어떻게 쓰일까?

어음이란 일종의 빚문서다. 돈을 내줘야 하는 사람이 「언제, 얼마를 주겠다」라는 내용을 종이에 적어 은행이나 다른 사람을 통해 돈을 받을 사람에게 건네주는 증서를 말한다.

예를 들어보자. A건설회사는 서울 강남구에 아파트를 짓기로 하고 B시멘트회사로부터 시멘트를 1억 원어치 사기로 했다. 그런데 A회사가 가진 돈은 9,000만 원밖에 없었다.

A건설은 부족한 1,000만 원을 메우기 위한 방법을 찾았다. 처음에는 은행에서 대출받는 것을 검토했지만 한 달 뒤 C회사에서

2,000만 원을 받기로 한 것이 생각났다. 곧 현금이 생기는 만큼 대출을 받는 것보다는 이 돈을 이용하는 게 현명하다고 판단했다.

그래서 A건설은 B시멘트에『우선 9,000만 원만 현금으로 주고 1,000만 원은 한 달 뒤에 C회사에서 돈을 받은 뒤 주겠다』고 제의했다. B시멘트는 A건설이나 C회사 모두가 우량기업인 만큼 돈을 떼일 가능성이 별로 없다고 보고 그 자리에서 승낙했다.

A건설은 9,000만 원의 현금과 1장의 어음증서를 B시멘트에 건넸다. 어음증서는 A건설이 평소에 거래하던 ○○은행에서 받은 것으로「B시멘트는 ××년 ×월 ×일 A건설로부터 1,000만 원을 받기로 했다」는 내용을 담고 있다. 물론 이 같은 사실을 확인해주는 A건설의 서명도 되어 있다.

A건설은 그 사이 C회사로부터 2,000만 원을 받아 이 중 1,000만 원을 ○○은행에 입금했다. 어음을 갖고 은행에 찾아간 B시멘트는「어음이 가짜는 아닌지, A회사 계좌에 돈이 있는지」확인을 받은 뒤 약속대로 1,000만 원을 받았다.

어음이란 이처럼 A건설이나 B시멘트 모두에게 편리한 제도다. A건설은 수중에 돈이 없는데도 마치 현금이 있는 것처럼 시멘트를 1,000만 원어치 더 살 수 있었고, B회사는 시멘트를 1,000만 원어치 더 팔 수 있었기 때문이다.

어음이 수표와 다른 점도 바로 여기에 있다.

어음은 돈이 없어도 발행할 수 있다.
돈을 주기로 약속한 날까지 지급하면 된다.

그러나 수표를 발행하기 위해서는 **그만큼의** 돈을
미리 은행에 **예금**해놓아야 한다.

그런데 만약 A건설이 약속한 날까지 돈을 은행에 입금하지 못하면
어떻게 되는가? 은행은 A건설 계좌에 돈이 없기 때문에 B시멘트에
돈을 내주지 않는다. A건설의 신용은 깨지고 B시멘트가 갖고 있던
어음은 휴지조각이 된다. 부도가 난 것이다.

　은행은 약속을 깬 A회사와 대표이사 이름을 공개해 다시는 어음
을 발행하지 못하도록 조치하고, A회사와 대표이사의 신용도는 추
락해 각종 금융거래에서 불이익을 받게 된다.

　A건설과 B시멘트가 주고받은 어음은 상업어음이다. 진성어음이
라고도 불리는 상업어음은 물건을 사거나 서비스를 제공받고 나서
그 대가로 돈을 지불할 때 사용되는 어음을 말한다. 상업어음은 물
건을 산 대가로 발행하는 것이기 때문에 부도가 날 위험이 적다. A
건설의 경우 시멘트를 다시 팔면 현금을 받을 수 있기 때문에 그 돈
으로 나중에 갚으면 된다.

　그러나 융통어음은 부도가 날 확률이 훨씬 높다. 융통어음이란
상품거래 없이 단순히 돈을 빌릴 목적으로 발행하는 어음이기 때문
에 나중에 돈을 못 갚는 경우가 종종 생긴다.

　어음과 관련해 꼭 알아둬야 하는 것 중 하나가 「어음할인」이다.
어음할인이란 만기가 남아 있는 어음에 대해 일정 금액의 돈을 떼
낸 뒤 현금화하는 것을 말한다.

　앞서 예로 든 B시멘트가 급히 돈이 필요하다고 치자. A건설이

준 1,000만 원짜리 어음을 현금화하려면 한 달을 기다려야 한다. B 회사는 ○○은행이나 명동 사채시장 등을 찾아가 어음할인을 요청한다.

○○은행이나 사채업자는 어음을 발행한 회사(A회사)의 신용도와 만기 때까지의 이자를 뺀 뒤 어음을 받고 950만 원을 현금으로 내준다. 한 달 뒤 A회사가 부도가 나 돈을 떼일 위험도와 한 달 동안의 이자를 50만 원으로 친 것이다.

할인율이란 이처럼 어음을 할인할 때 적용되는 차감률을 말한다. 할인율은 어음을 발행한 회사의 신용도가 높을수록, 또 어음의 만기가 짧을수록 낮아진다.

돈이 필요하면 찍어내면 그만 아닌가
통화량

모두들 돈이 부족하다고 난리다. 수백억 원을 가진 재산가들도 더 많은 돈을 벌기 위해 묘안을 짜낸다. 기업도 마찬가지다. 여러 가지 이유로 은행에 손을 벌리기 일쑤다. 심지어 돈을 찍어내는 발권력이 있는 정부조차 돈이 없어 쩔쩔맬 때가 있다.

모두가 돈이 모자라다면 필요한 만큼 돈을 더 찍어내면 되지 않을까? 하지만 돈이 부족하다고 마구 찍어내면 이내 큰 문제가 생긴다. 돈으로 살 물건과 서비스는 한정돼 있는데 돈만 많이 찍어내면 돈의 가치가 떨어지기 때문이다. 이른바 인플레이션(inflation)이 발생하는 것이다. 인플레이션이 발생하면 똑같은 물건을 사는 데 더 많은 돈을 지불해야 한다. 예컨대 작년에 20만 원을 주고 산 휴대전화를 올해엔 50만 원을 주고도 못 산다는 얘기다.

실제로 제2차 세계대전 후 심각한 인플레이션이 닥친 독일에서는 사람들이 식당에서 식사를 주문하기 전에 식사비를 냈다고 한다. 식사하는 사이에 밥값이 오를 수 있기 때문에 이처럼 웃지 못할 일이 벌어졌던 것이다. 정도의 차이는 있지만 우리나라에서도 인플레이션은 꾸준히 일어났다. 10원짜리 동전은 30년 전만 해도 엄연히 「돈 대접」을 받았지만 지금은 돈으로서의 가치를 잃었다 해도 과언이 아니다. 인플레이션이 일어나면 현금을 많이 가진 사람이 손해를 보고 부동산이나 물건을 가진 사람은 이득을 보게 된다. 예컨대 지금은 1억 원으로 30평짜리 아파트를 살 수 있지만 인플레이션이 지속되면 아파트값이 2억 원, 3억 원으로 상승하기 때문이다. 이 때는 여유자금을 은행에 맡겨두기보다는 부동산에 투자하든가, 자동차·가전제품 등 물건을 구입하는 데 쓰는 게 유리하다.

반대의 경우를 생각해보자. 시중에 돈이 없는데도 상품 생산은 계속 늘어나는 경우다. 이 때는 상품값이 계속 떨어지기 때문에 사람들은 필요한 물건을 오늘 사기보다 내일 구입하려 한다. 물건이 잘 안 팔리니까 기업들은 생산량을 줄이게 된다. 생산량이 줄어드는 만큼 소비도 위축되고 물가도 떨어진다. 경기는 침체 상태에 빠진다.

이러한 상태를 디플레이션(deflation)이라 부른다.

디플레이션이 오면 **인플레이션** 때와는 반대로 부동산 가격이 **하락**한다.

현금의 가치가 부동산이나 상품 등 실물가치보다 높기 때문에 사람들은 현금으로 갖고 있기를 원한다. 현금 보유자는 이득을 보고, 부동산 보유자는 손해를 보게 된다.

최근에는 경기가 침체하는데도 물가가 상승하는 스태그플레이션(stagflation)이 발생해 각국 정부를 고민에 빠뜨리고 있다.

이 같은 사태를 사전에 막으려면 정부가 시중에 도는 돈의 양(통화량)을 적절하게 조절해야 한다. 이 역할은 중앙은행인 한국은행이 맡고 있다. 그러나 통화량을 적정 수준으로 유지한다는 것이 쉬운 일은 아니다. 우선 시중에 도는 돈의 양을 정확하게 파악해야 한다.

하지만 「어디까지를 통화로 볼 것인가」라는 문제에 부딪힌다. 『현금만이 돈인가? 은행에 맡긴 예금은 통화로 봐야 하는가? 투자신탁회사에 맡긴 돈도 통화량에 포함시켜야 하는가?』 등등 돈은 보는 시각에 따라 달라진다. 이런 점을 반영해 세계 각국은 여러 가지 통화지표를 개발했다.

M1(통화)은 현금에다 은행에 맡긴 예금 가운데 언제라도 쉽게 빼낼 수 있는 당좌예금이나 보통예금 등 「요구불 예금」을 더한 금액이다. M2(총통화)는 이보다 확대된 개념이다. M1에 은행의 저축성 예금(정기예금·적금)과 거주자 외화예금을 더한 것이다. MCT는 M2에 은행이 발행한 양도성예금증서(CD)와 금전신탁수탁액을 합한 금액이다. M3(총유동성)는 MCT에 종금사·투자신탁회사·상호신용금고·신용협동조합 등 제2금융권의 예금을 합한 금액으로 통화지표 가운데 가장 크다. 최근에는 이들 통화지표 중 MCT가 중심 통화지표로 사용되고 있다.

한국은행과 정부는 이를 토대로 적정 통화량을 산출한 뒤 공개시장 조작정책, 금리정책, 지급준비율 조작정책 등을 사용하여 적정 통화량을 유지하려 노력한다.

환율이 오르면 수출이 늘어나는가

환율은 수시로 변화한다. 환율이 오르내린다는 것은 외국 돈(일반적으로 미 달러화)과 비교했을 때 우리나라 돈의 가치가 바뀐다는 뜻이다. 실제 원화는 1980년대 600~700원대에서 외환위기 직후에는 1,700~1,800원대까지 오르는 등 시기에 따라 변화하고 있다. 물론 매일매일, 시시각각으로 변한다.

환율이 오르내리면 경제에 어떤 영향을 미칠까?

일반적으로 환율이 오르면 수출에 도움이 된다. 예를 들어보자. A전자가 미국 업체를 상대로 100만 원짜리 냉장고 1만 대(100억 원 어치)를 수출하기로 계약을 체결했다. 환율은 냉장고가 선적되는 6개월 뒤의 환율을 적용하기로 했다. 계약을 체결할 때의 환율이 「1달러=1,000원」 수준이었던 만큼 A전자는 1,000만 달러를 수출대금으로 받을 것으로 예상했다.

그런데 6개월 사이에 환율이 「1달러＝2,000원」으로 뛰었다. 6개월 뒤의 환율을 적용하기로 했기 때문에 판매대금도 1,000만 달러에서 2,000만 달러가 됐다. A전자는 앉은 자리에서 1,000만 달러를 거저 벌어들인 셈이다.

이처럼 환율이 오르면 국내 수출업체들이 얻는 이익이 커진다. 별 노력도 없이 큰 이익이 생긴 만큼 우리 기업들은 수출가격을 낮출 여력이 생긴다. 일본과 대만 등 경쟁국들의 환율이 옛날 그대로라면 우리 업체들의 가격경쟁력은 더욱 높아진다. 미국 시장에서 일본 냉장고값은 그대로지만, 한국 냉장고값은 절반 수준으로 떨어지기 때문이다.

당연히 A전자의 수출이 크게 늘어난다. 공장을 24시간 돌려도 외국의 주문물량을 제때 맞추기 어려울 정도가 된다. 공장을 더 짓기 위해 투자를 하고, 고용도 크게 늘린다. 근로자들의 수입이 증가해 각종 소비도 늘어난다.

반면 수입은 줄어든다. 10만 원이면 살 수 있었던 향수가 환율 급등 영향으로 20만 원이 되기 때문이다. 10만 원일 때는 조금 비싸도 외제를 쓰던 사람들이 국산품으로 눈을 돌리게 된다. 우리 기업의 생산은 더욱 늘어난다.

이런 측면만 보면 환율 상승은 우리 경제에 좋은 영향을 미치는 것처럼 보인다. 하지만 환율이 오른다고 꼭 좋은 것만은 아니다.

우선 수입품의 값이 오른다. 수입품의 값이 오르면 물가가 상승한다. 물론 고급 의류 · 향수 · 골프채 · 양주 등 사치성 소비재는 값이 오르면 수입량이 급격히 줄어들기 때문에 물가에 미치는 영향이 크지 않다.

그러나 석유·철강·농산물 등 원자재는 환율 급등락과 관계없이 어쩔 수 없이 수입해야 하는 것들이다. 특히 한국은 원자재 수입 의존도가 매우 높다. 한국이 수출을 많이 하는 반도체·휴대폰 등에 들어가는 핵심부품도 수입에 의존하고 있다.

「환율 상승 → 수입품 가격 상승 → 국내 판매가격 상승 → 물가 상승」으로 이어질 수밖에 없다는 얘기다.

환율 상승에 따라 기업들의 명암도 엇갈린다. 조선·섬유·가전 제품 등 수출 비중이 높지만 원자재 수입 비중이 낮은 업종은 환율 상승의 혜택을 볼 것이다. 그러나 정유·반도체 등 수입 비중이 높은 업종은 환율이 오르면 경쟁력이 떨어져 막대한 손실을 볼 수도 있다.

환율 급등은 외화를 빌려 쓰는 기업들에게는 또 다른 고통을 안겨준다. 환율이 「1달러＝1,000원」일 때 1,000만 달러를 빌린 기업들은 1년에 10억 원(100만 달러)만 이자로 물었지만 환율이 두 배로 뛴 만큼 20억 원을 줘야 한다.

이뿐 아니다. 환율이 오르면 주가가 떨어지고, 시중 금리가 오르는 등 금융시장이 불안해진다. 외국인 투자자금이 빠져나가고, 은행들은 대출을 꺼리게 된다. 이렇게 되면 기업들이 은행이나 자본 시장에서 돈을 조달하기가 어려워져 부도가 속출하게 된다. IMF 외환위기 때를 생각해보면 환율 급등이 자금시장에 어떤 영향을 미치는지 알 수 있다.

이런 점에서 지나친 환율 급등은 우리 경제에 반가운 소식이 아니다. 수출을 최우선시하는 일부 기업들은 환율이 지금보다 더 올라야 한다고 주장하지만, 환율 상승이 가지고 오는 역효과도 함께 생각해봐야 할 일이다.

경제의 지혜
오해와 진실

미국 금리가 오르면 전반적으로 다른 나라에도
금리인상 압력이 생긴다. 미국 금리인상으로
국제 자본시장에서 전반적으로 자금을
끌어다 쓰는 비용이 오르면
국내 자본시장에서도 금리가 오르게 된다.
금리가 오르면 투자자들은 주식시장에서 돈을 빼내
은행 등의 예금상품으로 투자처를 옮긴다.
자금이 빠진 주식시장은 결국 침체에 들어가게 되는 것이다.

소비와 저축, 어느 쪽이 미덕인가

최근 국내 한 경제연구소에서는 청소년 1,000만 명이 한햇동안 쓰는 돈을 연 10조∼15조 원으로 추산했다. 이는 1조∼2조 원에 불과했던 지난 1990년과 비교해 5∼10배 이상 늘어난 액수다. 국내 소비가 10% 이상 감소했던 1997∼98년 외환위기 당시에도 10대 청소년들의 소비는 계속 증가추세를 나타냈다.

이에 따라 청소년들의 씀씀이가 헤프다는 지적이 일고 있다. 기성세대들은 청소년들이 합리적인 소비를 하지 못한다고 비난하기도 한다. 물건을 살 때는 먼저 그 상품이 꼭 필요한 것인지 다시 한 번 생각하라고 요구한다. 소비는 무조건 줄이고 저축을 늘리라는 주문도 빼놓지 않는다.

그렇다면 지금부터 청소년들은 모두 상품 구입을 억제하고 가지고 있는 돈을 은행 등 금융회사에 저축해야 하는가? 합리적 소비란 국민경제 측면에서 보면 어떤 의미를 갖는가?

과거에는 돈이 생기면 무조건 저축하는 게 미덕이라고 믿어왔다. 그러나 국민경제 전체의 측면에서 보면 저축이 반드시 미덕이라고 볼 수만은 없다. 소비가 미덕일 때도 있다.

저축이 미덕인 경우 국민이 저축한 돈이 은행 등 금융회사를 통해 기업에 대출되고 사회간접자본(SOC) 건설과 같은 생산적 투자에 쓰일 필요가 높을 때다. 댐 · 지하철 · 교량 · 도로 건설에 필요한 재원을 마련하기 위해 왕성한 저축이 필요하다고 판단되는 시점에서는 소비가 늘면 투자재원이 줄어 충분한 투자를 할 수 없다. 결국 경제성장 속도가 줄어들고 국민들의 삶의 질 향상은 먼 나라의 이야기가 되고 만다.

또 소비가 늘어난 만큼 국내산업이 소비재를 제공할 여력이 없다면 수요는 많은데 공급이 적어 물가 인상 압력으로 작용할 수 있다. 인플레이션이 생길 수 있다는 이야기다.

소비의 증가는 외국으로부터의 수입도 늘려 그만큼 달러가 해외로 빠져나가는 현상도 불러온다.

소득 수준이 낮고 투자할 곳이 많은 개발도상국에서라면 가능한 국내에 많은 투자재원을 가지고 있어야 하기 때문에 소비는 악덕, 저축은 미덕이 되는 것이다.

하지만 소비가 미덕일 때도 있다. 기업들이 이미 상당 규모로 성장한 경우라면 국민의 소비가 줄고 기업들의 생산활동이 위축되면

경기 침체 가능성이 높아진다. 저축이 투자재원 확보라는 긍정적 역할보다는 소비를 줄이는 역기능을 수행할 때는 소비가 오히려 미덕이 되는 것이다.

최근 들어 갑작스럽게 높아진 소비경향을 두고 과소비가 아니냐는 비판의 목소리가 심심찮게 나온다. 일부에선 이제 한국도 발전한 만큼 돈을 쓸 수 있는 여력이 있지 않느냐는 의견도 내놓는다.

그러나 한국의 소비행태는 왜곡된 일부 계층에 의해 부추겨졌다는 주장이 설득력을 얻고 있다. 부동산 등 실물자산의 가치가 급등한 덕에 쉽게 돈을 번 사람들이 소비를 주도한다는 것이다.

지난 1997년 말 한국은 외채를 갚지 못해 외국을 돌며 급하게 돈을 꿔와야 했다. IMF가 관리하는 경제체제 속에서 대규모 실업사태, 기업도산 등을 경험했던 우리 국민은 우리 경제 수준에서 소비와 저축 중 어떤 것을 택해야 미덕이 될지 다시 한번 고민해야 할 것이다.

경제성장률은 높을수록 좋다?

다음은 지난 2001년 12월 19일자 〈한국경제신문〉 경제면 기사의
일부분이다.

『한국의 2002년도 경제성장률이 3.2%에 머물 것이라는 IMF 전망이 나
왔다. 3.2% 성장률은 IMF가 지난 10월 발표한 4.5% 전망은 물론 한국
은행이 최근 예상한 3.9%보다 크게 낮은 수준이다. IMF는 내년 미국 경
제성장률도 세계무역센터(WTC) 테러 참사의 여파로 인해 올해 성장률
(1.0% 예상)보다 낮은 0.7%에 머물 것으로 내다봤다. IMF는 미국 워싱
턴에서 발표한 「세계경제전망 보고서」를 통해 내년 세계경제는 미국의
테러사태 여파로 인해 2.4% 성장(구매력 기준)에 머물 것이라며 이같이
밝혔다. IMF는 지난 10월엔 내년 세계 경제성장률을 3.5%로 예상한 바
있다. IMF는 성장률 전망을 낮춰 잡은 이유로 테러 사태 이후 안전자산

에 대한 선호현상이 증가하고 소비 및 기업심리가 급격히 위축되고 있
는 점을 꼽았다.」

　국가를 단위로 보면 경제는 크게 가계·기업·정부의 3대 부문으
로 구성된다. 이들 3대 경제주체가 「생산-유통-소비-생산」으로
이어지는 경제순환을 거듭하면서 생산규모를 확대시키게 된다. 이
를 두고 우리는 「경제가 성장한다」고 말한다. 사람들은 흔히 경제
가 성장하면 재화와 서비스가 더 많이 생산·소비되므로 사람들의
생활도 그만큼 더욱 풍족해진다고 믿고 있다. 그렇다면 경제성장률
은 높을수록 좋은 것인가?

　우리는 경제가 성장해야 일자리도 많아지고 국민소득도 늘어나
기 때문에 경제성장률은 높을수록 좋다고 믿기 쉽다. 하지만 한 나
라가 보유하고 있는 인적·물적 자원을 투입해 인플레이션에 대한
걱정 없이 달성 가능한 성장률(잠재성장률)을 넘어 지나치게 빠르
게 성장하는 것은 장기적으로 오히려 국민경제에 부담으로 작용할
수도 있다.

　선진국들은 1970년대에 높은 인플레이션을 겪으면서 물가안정
이 고도성장 못지않게 중요하다는 것을 깨닫고 무조건 높은 성장을
추구하기보다는 잠재성장력에 가까운 성장률을 유지하기 위한 경
제정책을 운영해오고 있다.

　한국도 1994~95년 기간 동안 9%의 높은 경제성장률을 기록했
다. 하지만 이러한 높은 경제성장의 이면을 자세히 들여다보면 기
업들의 과다한 투자활동과 무리한 외형확장 경쟁이 자리잡고 있음
을 발견할 수 있다. 이 같은 이유로 인해 우리 경제에는 거품이 생

겼고, 이는 전반적으로 국가경쟁력 약화를 가져와 결국 1997년 말에 외환위기를 맞게 됐다.

경제성장은 한두 해로 그치는 것이 아니다. 경제성장은 꾸준히 지속되어야 하므로 보다 장기적인 안목에서 적정 수준을 유지해야 바람직한 것으로 경제학자들은 분석하고 있다. 마치 마라톤에서 처음부터 무리하게 전력 질주하면 막판에는 힘이 부쳐 좋은 성적을 내지 못하는 것과 같다. 경제성장도 여러 변수를 감안해 그 속도의 완급을 조절하는 일이 무엇보다 중요하다.

특히 중요한 것은 성장의 속도뿐 아니라 그 내용이다.

경제성장이 국민들을 행복하게 하지 않고 오히려 국가경제를 불안하게 한다면 무의미할 수 있다. 성장의 과실이 전국민에게 골고루 돌아갈 수 있도록 적절한 복지정책이 필요한 이유도 여기에 있다.

외환보유액은 많을수록 좋다?

다음은 외환보유액과 관련한 지난 2001년 12월 3일 〈한국경제신문〉 경제면 기사의 일부다.

『외환보유액이 11월 말 현재 1,016억 5,300만 달러로 집계됐다. 한국은행은 지난 달 중 외화자산 운용수익과 은행의 외화예탁금 상환 등으로 외환보유액이 전달보다 11억 7,900만 달러 급증했다고 발표했다. 외환보유액의 주요 투자대상인 미국 국채의 이자가 들어와 증가폭이 전달(2억 9,000만 달러)보다 커졌다. 우리나라 외환보유액은 일본(4,057억 달러), 중국(1,958억 달러), 대만(1,162억 달러), 홍콩(1,131억 달러)에 이어 세계 5위다.』

이처럼 우리나라 언론들은 외환위기 이후 외환보유액에 커다란 관심을 가지게 됐다. 실제로 외환보유액이 사상 최고치 행진을 이어갔다는 언론보도에 국민들은 즐거워하기도 했다. 그렇다면 외환보유액은 언제나 많을수록 좋은 것일까? 달러를 많이 쌓아둘수록 경제운용이 유리해지는가?

외환보유액은 정부와 중앙은행이 보유하고 있는 대외지급준비 외화자산을 뜻한다. 지난 1997년 말 외환위기가 발생했을 때 당시 해외로부터 외환차입이 중단되고 외화자금의 이탈이 가속화되어 한국의 외환보유액(39억 달러·1997년 12월 18일 현재)이 바닥을 드러낸 적도 있었다.

당장 외국에 갚아야 할 단기부채의 만기가 돌아오면서 궁지에 몰린 한국은 급기야 IMF에 구제금융을 요청했다. 외환보유액 부족으로 만기가 돌아오는 외채를 갚지 못할 처지에 몰리자 환율이 폭등(1,965원/1달러·1997년 12월 24일 현재)했다. 대외신인도는 투자 부적격으로 떨어져 국가부도 위기까지 몰리기도 했다.

따라서 외환시장 안정을 위해서는 충분한 수준의 외환보유액을 유지할 필요가 있다. 국제 금융시장이 시간이나 공간의 제약 없이 하나로 통합되는 추세라는 점을 고려하면 한국처럼 소규모 개방경제(small open economy)를 택하는 나라는 적정한 외환보유액에 더욱 신경을 써야 할 처지다.

그러나 외환보유액이 많다고 반드시 좋은 것만은 아니다. 과도한 외환보유액은 기회비용을 증대시키는 등 문제점이 있기 때문이다. 외환을 시설투자 등 다른 곳에 투입한다면 훨씬 더 많은 국가경제적 이득을 가져올 수 있는 경우도 많다. 가계에서 매달 지출되는 은행 이자의 수십 배에 달하는 현금을 집안의 금고나 이자가 거의 없는 은행계좌에 놔두는 것이 바람직하지 않은 것과 같은 이치다.

　따라서 외환보유액은 한 국가의 경제 수준에 맞게 적정한 수준으로 유지될 필요가 있다. 적정한 외환보유액 수준과 관련, IMF는 각국이 최소한 3개월분의 경상지급대금을 지불할 수 있을 정도의 외화를 보유할 것을 권장해왔다.

　자본자유화가 크게 진전된 1990년대부터는 국제자본의 국경 간 이동이 활발해짐에 따라 단기외채 등 단기자본 유출 가능성을 추가로 감안, 충분한 수준의 외환보유액을 적립하도록 권고하고 있기는 하다.

결국 **외환보유액**의 **확충** 필요성과 외환보유시 발생하는 **기회비용**을 종합적으로 고려해 **정부**는 외환보유액이 적정한 수준을 **유지**하도록 노력해야 한다.

수입은 적을수록 좋다?

2000년 한국의 교역규모는 3,000억 달러를 넘었다. 1999년 기준으로 세계무역의 2.3%를 차지하면서 세계 13위의 무역대국이 됐다. 이러한 과정에서 수출이 경제성장과 국민생활 수준 향상에 기여해온 바는 매우 크다. 이에 따라 우리나라 국민들은 자연스럽게 「수출은 선(善), 수입은 악(惡)」이라는 이분법적 사고를 가지게 된 게 사실이다. 과연 수입은 적을수록 바람직한 것일까? 수입이 갖고 있는 경제적 역할은 무엇인가?

폐쇄적인 경제구조 아래에서는 자급자족이 유일한 생산·소비 패턴이었다. 하지만 개방경제로 변한 세계화 시대에는 국산품에 대한 개념도 달라져야 한다. 비록 완제품은 국내에서 생산되더라도 이에 소요되는 각종 부품들은 해외에서 수입되는 경우가 많다. 최근 들어서는 상품 제작을 아예 외부 업체에 맡겨버리는 아웃소싱

(outsourcing)이 인기를 끌고 있다. 한국 상품이 해외 현지에서 직접 생산돼 판매되거나, 제3국으로 다시 수출되는 경우도 늘고 있는 실정이다. 따라서 「외국산 배격」이니 「수출은 좋고 수입은 무조건 나쁜 것」이라는 고정관념은 개방경제로 변모한 세계화 시대에는 더 이상 적절치 않다.

또한 한국의 수출규모는 국내총생산(GDP) 대비 30%가 넘는 1,700억 달러 이상에 이른다. 이같이 세계시장에 우리 상품은 대량으로 수출하면서 다른 나라 상품에 대해서는 규제를 가한다는 것도 바람직하지 않다.

수입이 가지고 있는 경제적 효과도 크다. 수입된 원자재 및 자본재 등은 국내산업에 중요한 생산요소로 투입되고 있다.

한국의 전체 수입액 중 85% 이상이 원자재와 자본재이고, 이 가운데 약 40%가 수출품으로 재가공된다.

또한 값싸고 성능이 좋은 제품을 국내시장에 제공함으로써, 수입은 국내산업의 경쟁을 촉진시킨다. 국내기업들은 외국기업들과의 경쟁을 통해 비용 절감과 생산성 향상을 이뤄 국제경쟁력을 갖출 수 있게 된다. 외국기업들과의 경쟁은 국내산업의 전반적인 체질을 강하게 만드는 긍정적 역할을 한다.

국내의 자동차산업은 1980년대 이후 꾸준히 **수입개방**을 확대한 결과 **품질**을 **향상**시킬 수 있었고 **가격경쟁력**도 갖게 됐다.

새롭고 다양한 제품의 수입은 소비자들에게 보다 많은 선택의 기회를 제공, 국민 전체의 후생을 증대시킨다. 더불어 수출 대상 국가와의 통상마찰도 완화시켜 지속적인 수출이 가능토록 하는 기능도 수행한다. 다른 나라보다 상대적으로 우위에 있는 분야를 집중 개발, 한국이 효율적으로 생산한 상품을 수출하고 우리가 필요한 제품을 수입하는 것은 국민후생과 소비자의 만족도를 극대화시킬 수 있는 방법이기도 하다.

따라서 적절한 수입은 우리 경제의 균형 있는 성장을 도모하고 적정 수준의 국제경쟁을 유발하여, 국민경제에 바람직하게 작용한다. 따라서 일방적으로 수입을 억제하는 것은 경제성장 기반을 잠식할 수 있다는 사실을 인식해야 한다.

경상수지 흑자는 좋고 적자는 나쁘다?

⁂

경상수지는 국가 간 거래에서 경상거래(자본거래 이외의 부문 : 상품의 매매, 물물교환, 서비스의 수수, 증여 등)를 통해 일정 기간 동안 벌어들인 돈과 지출한 돈의 차이를 말한다.

우리는 일반적으로 「경상수지 흑자는 좋고 적자는 나쁘다」라는 인식을 갖고 있다. 수출실적이 좋아 외국으로부터 벌어들이는 외화액이 외국에 내주는 외화액보다 크면 경상수지가 흑자를 이룬다. 경상수지가 흑자를 보이면 국내경기가 좋아지고 국민소득과 일자리도 늘어난다.

반대로 수출실적이 나빠 경상수지가 적자가 되면 경기가 나빠지고 국민소득과 일자리도 줄어든다. 경상수지 적자가 나면 외화 빚, 즉 외채를 들여야 한다. 수출이 계속 부진해 경상수지 적자가 쌓이면 외채도 함께 늘어난다. 그렇다면 경상수지 적자는 항상 나쁜 것인가?

경상수지 적자나 흑자는 단순히 그 절대적인 규모만 살필 것이 아니라 경제의 크기 및 교역량에 대한 상대적인 규모, 내용의 건전성 여부 등을 종합적으로 감안해 접근해야 한다. 국가경제 차원에서 보면 적자보다는 흑자가 물론 좋다. 국가경제 전체적으로 소득이 늘고 고용이 확대되기 때문이다.

그러나 경상수지 흑자가 항상 좋은 것만은 아니다. 통화증발을 가져와 통화관리를 어렵게 할 수 있다. 수출로 벌어들인 외화를 환전해주기 위해 우리 돈을 더 찍어낼 수밖에 없기 때문이다. 일본처럼 다른 나라와의 무역마찰을 낳을 수도 있다. 경상수지 흑자의 내용이 자본재 수입 감소 등 경제침체 상황에서의 성장잠재력 감축에 따른 것이라면 흑자라고 해서 경제에 도움이 되는 것은 아니다.

물론 경상수지 적자는 소득을 감소시키고 실업을 늘어나게 해 나라 경제를 어렵게 할 수 있다. 하지만 이 같은 사실만으로 경상수지 적자를 나쁘다고 단정지을 수는 없다. 경상수지가 적자라고 해도 경제규모에 비해 그 수치가 적은 수준이라면 국가경제에 큰 부담이 되지 않는다.

적자가 설비투자에 필요한 자본재 도입의 증대에 따른 것이라면 적자 내용이 건전하다고 평가할 수도 있다. 수출기업들이 기계설비 등 자본재 수입을 늘렸기 때문에 경상수지 적자가 난 경우는 크게 문제될 것이 없다. 기업들이 자본재를 수입해 생산시설을 늘리고 생산능력을 키워 수출을 늘린다면 장기적으로는 경상수지가 개선될 수 있기 때문이다.

이처럼 **단기적인 경상수지 적자**에 대해
지나치게 **우려**할 필요는 없다.
중요한 것은 경상수지 적자의 **내용**이다.

무리하게 경상수지 적자를 줄이려고 한다면 외국과의 무역마찰을 일으킬 가능성이 있을 뿐 아니라 오히려 국가경제의 안정성장에 압박을 가할 수도 있다. 궁극적으로 경상수지는 경제정책을 운용하는 데 부담이 되지 않는 선에서 흑자를 유지해나가는 것이 가장 바람직하다.

금리는 낮을수록 좋다?

경기가 침체되면 우리는 금리의 향방에 주목하게 된다. 금리가 낮아지면 기업의 입장에서는 빌린 돈에 대한 비용이 줄어든다. 소비자로서도 이자 부담이 줄어들어 경기부양 효과가 나타날 수 있다. 이에 따라 낮은 금리는 많은 경제주체의 희망사항이 된다. 그렇다면 금리는 낮을수록 좋은 것인가?

이 물음에 답하기 위해서는 금리의 본질에 대한 이해가 필수다. 남의 돈을 빌리면 원금에 이자를 덧붙여 돌려줘야 한다. 돈이 있는 사람은 당장 사고 싶은 물건을 산다든지 해서 어떤 만족을 얻을 수 있다. 이런 사람이 남에게 돈을 빌려줄 때는 돈을 이용해 자기가 얻을 수 있는 욕구충족 기회를 미루는 셈이다. 남의 돈을 빌려 쓰는 사람은, 돈을 빌려주는 사람이 당장 자기 돈을 써서 욕구를 충족시킬 기회를 미루고 참는 데 대한 대가를 지불해야 한다. 그 대가가

바로 돈을 꾼 사람이 빌려간 돈을 갚을 때 원금에 얹어주는 이자(금리)다.

그렇다고 단순히 수요자의 입장에서, 금리를 남의 돈을 빌려쓰는 대가로만 인식해 금리가 싸면 좋다고 생각하는 것은 옳지 않다. 왜냐하면 자본을 공급하는 사람의 입장에서도 금리의 역할을 따져봐야 하기 때문이다. 금리는 자본의 수익률이라는 것을 항상 기억해둬야 할 필요가 있다.

공급자로서 금리는 자본을 이용해 얻을 수 있는 수익률 또는 이용을 포기하는 대가인 기회비용이다. 금리를 자본의 생산성 또는 수익률로 이해할 때, 금리가 높다는 것은 경제의 생산성과 활력이 그만큼 높다는 것을 의미할 수도 있다.

일반적으로 자본이 축적될수록 그 한계생산성은 체감된다는 것이 경제학의 일반원칙이다. 따라서 개발도상국가 또는 자본축적 과정에 있는 나라일수록 자본의 수익성이 높을 수밖에 없다. 아직도 경제성장률이 선진국에 비해 높은 한국의 금리 수준이 선진국들보다 높은 것은 어떻게 보면 매우 당연한 일이다.

왜냐하면 한국의 자본 축적은 선진국들에 비해 낮아 수익률이 상대적으로 높고 사업 기회도 많기 때문이다. 우리 증시에 외국자본이 들어오고 있는 것도 외국투자자들이 우리 경제의 수익성을 그만큼 높게 본다는 반증이기도 하다.

금리를 자본의 수익률이라고 이해할 때 한국의 실질금리(표면금리 - 물가상승률) 수준은 경제성장률과 비슷해야 적정 수준이라 할 수 있다.

경제학자들은 경제성장률과 실질금리 수준이 같아지는 상태를 황금률(Golden rule)이라고 부른다.

이 상태에서 경제의 효율이 극대화된다는 것이다.

만약 실질금리가 경제성장률보다 낮다면 자본의 이용이 경제성장률도 보전하지 못하는 경우라 할 수 있다. 이럴 경우 경제는 비효율적인 상태에 빠져 있다고 할 수 있다. 자본에서 발생하는 이득, 즉 금리는 사회의 평균수익률인 경제성장률보다는 높아야 자본을 효율적으로 사용한다고 볼 수 있기 때문이다.

미국 금리가 상승하면 한국 주가는 떨어진다?

경기 상승기에는 상품에 대한 수요를 공급이 따라가지 못하는 경우가 종종 발생하게 된다. 경기가 지나치게 과열되면 물가오름세와 화폐가치 하락에 가속이 붙어 인플레이션이 올 가능성이 높아진다.

인플레이션이 진행되는 대로 놔두면 소비 수요가 한층 커지면서 결국 금리가 상승하게 된다. 그 결과 기업의 생산적 투자가 위축되고 경제가 전반적으로 침체된다. 인플레이션 진행을 제때 막지 못하고 금리 상승과 경제 침체에 직면하고 나면 손쓸 방안이 별로 없어진다고 정책 당국자들은 말한다.

그래서 인플레이션 우려가 있을 때는 금융정책 당국은 미리 정책금리를 올려 시중의 실세금리 인상을 유도하고 통화량을 줄여 국내소비를 일부러 위축시킨다. 금리를 올리는 이유는, 경기가 과열돼 발생하는 인플레이션 압력이 급기야 경기 침체로 이어지지 않도록 미리 시중자금 수급을 조절하기 위함이다. 그런데 미국이 금리를 올린다고 하면 한국 주식시장에서 주가가 하락하는 것은 무슨 이유일까?

미국이 금리를 올리면 세계의 투자자들이 금리가 높은 미국으로 투자자금을 이동시킨다. 한국증시에서 해외자금이 빠져나가는 만큼 주가가 하락하고 국내기업들은 증시를 통한 자금 조달에 어려움을 겪게 된다. 그 결과 한국경제는 생산적 투자가 침체하고 성장률이 하락할 것이라는 전망이 나오고 이는 다시 주가 하락 현상으로 이어진다. 물론 최근에는 이 같은 전망이 맞지 않다는 주장이 나오기도 한다.

미국의 금리 인상은 국제환율을 변화시켜 대미 수출에 영향을 주기도 한다. 세계의 투자자들이 금리가 높은 미국 금융상품을 사려고 몰리게 되면 미국 달러에 대한 수요가 높아져 달러 가치가 상승한다.

원화에 비해 달러 가치가 상승하면 수출이 늘어야 하지만 정반대 현상이 나타날 수 있는 것은 엔화의 움직임 때문이다. 국제 외환시장에서는 달러가 강세를 보이면 그만큼 상대적으로 엔화가 약세로 돌아선다. 엔화가치가 약해지면 원화가치는 상대적으로 높아진다. 엔화가치에 비해 원화가치가 올라가면 국제시장에서 주로 일본과 경쟁하고 있는 한국의 수출기업들은 가격경쟁력이 떨어지게 된다. 물론 최근 국제 외환시장에서 달러화에 대한 원화와 엔화의 가치는 같은 방향으로 움직이는 경향이 강하나 엔화가치가 오르면 원화가치도 비슷한 비율로 상승하는 추세다. 따라서 미국의 금리 인상에 따른 환율 변화와 수출 영향을 단선적으로 분석하기 어렵다는 분석도 많다.

보다 분명한 점은 미국 내 소비 감소가 수출에 악영향을 미친다는 것이다. 미국이 금리를 올리면 미국 내 소비와 투자가 위축돼 한국처럼 대미 수출에 의존하고 있는 국가의 경제는 타격을 받게 된다. 금리가 오르면 미국 기업들은 사업자금 마련에 따르는 비용 부담이 커져 투자를 줄인다. 고용도 줄인다. 금리 인상에 따라 시중통화량이 줄면서 소비도 함께 위축된다. 그 결과 한국 기업을 포함한 각국의 대미 수출기업들은 타격을 받을 것이라는 전망이 나온다. 이는 결국 주가 하락이란 악재로 등장한다.

미국 금리가 오르면 전반적으로 다른 나라에도 금리 인상 압력이 생긴다. 미국 금리 인상으로 국제 자본시장에서 전반적으로 자금을 끌어다 쓰는 비용이 오르면 국내 자본시장에서도 금리가 오르게 된다.

금리가 오르면 투자자들은 주식시장에서
돈을 빼내 은행 등의 예금상품으로 투자처를 옮긴다.
자금이 빠진 주식시장은 결국 침체에 들어서게
되는 것이다.

세율을 높이면 세금이 많이 걷힌다?

국민 개개인의 소득이 일정하다고 가정할 때 세금을 더 많이 거두기 위해서는 세율을 높여야 한다고 생각하는 것이 일반적이다. 세금을 많이 거두기 위해서는 단순히 세율을 높이기만 하면 될까?

세율이 이미 높은 상태에서 추가로 세율을 인상한다면 국민들은 과세의 대상이 되는 소득 그 자체를 은폐하는 등「조세 회피」행동을 하기가 쉽다. 세율 인상은 경제주체들의 근로 및 사업 의욕을 떨어뜨리기도 한다. 중산층을 포함해 대다수 국민들이 세금이 과도하다고 느끼게 되면 조세 저항이 빚어진다. 이는 사회불안으로 이어질 수도 있다.

한 예로 국내에서 한 해 약 40만 쌍의 신혼부부가 탄생하고 있음에도 95.8%의 특별소비세가 부과되는 보석류에 대해 실제로 세금이 부과된 것은 고작 30여 건을 넘지 못하고 있다. 보석으로 만들어진

결혼반지 대부분이 세금을 납부하지 않은 밀수품이라는 해석이다.

세율이 높은 상태에서 추가로 세율을 올릴 경우 과세대상이 되는 소득 그 자체가 은폐되는 부작용이 발생한다는 이야기다. 이런 상황이 발생하면 애초의 의도와는 달리 조세수입이 감소한다. 가계의 저축 의욕과 근로 의욕을 떨어뜨리고 기업의 투자 의욕까지 감소시킨다.

따라서 세율을 높이는 것이 세금을 많이 거두기 위한 최선책은 아니다. 적정한 세율로 경제적 왜곡을 최소화하면서 조세수입을 알맞은 수준으로 유지하는 것이 바람직하다.

이러한 측면에서 볼 때 **세율** 인상보다는 **세금**을 부과할 수 있는 **경제영역**에 대한 저변을 **확충**해나가는 **정책**이 보다 바람직하다.

과학적이고 투명한 세무행정을 통해 포착되지 않은 세원을 찾아내고 탈세를 막는 것이 국민의 공평한 세금 부담과 필요한 세수 확보를 위해 필수다.

이와 함께 재정적자로 발생한 정부부채 증가를 해결하기 위해서는 조세수입을 늘리기보다는 정부지출을 줄이는 방법을 강구하는 것이 더 효과적이라고 전문가들은 진단한다.

감세정책은 바람직한 현상인가?

미국은 지난 2001년 5월 대규모 감세(세금 감면)조치를 시행키로 결정했다. 감세 규모는 향후 10년 간 1조 3,500억 달러로서 1980년대 레이건 정부의 세금 삭감조치 이후 최대 규모다. 과거 미국의 감세가 다른 나라의 세금 인하경쟁을 촉발했듯이 미국 정부의 감세조치는 세율을 낮추려는 각국의 움직임에 자극을 줬다.

소득세율을 낮추는 것이 골자인 감세조치 추진에서 한 걸음 더 나아가 미국의 폴 오닐 재무장관은 기업의 법인세를 아예 폐지할 것을 검토 중이라고 밝히기도 했다. 세계적인 추세인 감세정책을 한국도 추진해야 하는 것일까?

1990년대 이후 국가 간 조세경쟁이 가속화되고 있다. 그 배경으로는 세계화의 진전을 들 수 있다. 자본 이동이 자유화됨에 따라 투자유치를 위한 국가 간 경쟁이 치열하게 전개되고 투자유치의 수단으로 조세 인하를 내세우고 있기 때문이다.

국경이 없어진 세계화 시대에서 기업들은 조금이라도 기업하기 좋은 조건을 찾아 본거지를 옮기고 있다. 가령 스웨덴의 대표적 통신기업인 에릭슨은 높은 조세 부담을 이유로 본사를 해외로 이전할 계획을 세우고 있다. 이와 같은 이유 때문에 각국은 자국의 기업을 붙잡아두고 다른 나라 기업들을 끌어들이기 위해 법인세를 경쟁적으로 내리거나 아예 없애고 있는 실정이다.

경제협력개발기구(OECD)의 조사에 따르면 1996~99년의 3년 동안 OECD 선진국의 법인세율은 평균 3% 하락한 것으로 나타났다. 특히 최근 들어 불황을 겪고 있는 일본을 비롯해 독일·프랑스·캐나다 등 주요 선진국들이 대대적인 감세정책을 추진 중이다.

선진국들의 **감세정책**은 경제에 **활력**을 불어넣고 국가**경쟁력**을 **강화**하는 데 목적이 있다.

감세정책은 소득세 및 법인세율 인하가 주요한 내용을 이루고 있다. 전통적으로 세율이 높은 나라에 속하는 독일은 2002년부터 평균 법인세율을 40%에서 25%로 인하했다. 캐나다도 2003년까지 법인세를 20% 수준으로 끌어내리려 하고 있다.

일반적으로 소득세율을 인하하면 가계의 가처분소득이 늘어나게 된다. 그 결과 구매 욕구를 자극해 소비지출이 증가한다. 아울러 세금 부담 경감으로 근로 의욕과 사업 의욕이 높아지고, 생산성 향상과 창업 등의 경제활동이 활성화된다. 감세정책은 경기회복에 대한 정책 의지가 시장에 전달됨으로써 미래의 경기에 대해 가계·기업 등 경제주체들이 낙관적 기대를 가질 수 있도록 사회 분위기를 조성한다.

이미 미국은 1980년대의 감세정책으로 투자 의욕을 고취하고 경제성장을 촉진한 경험을 갖고 있다. 1980년대 초 레이건 정부는 침체된 경제를 회복시키기 위해 적극적인 감세정책을 추진했다. 이는 1982~90년까지 장장 92개월 동안 「호황 지속」이라는 경제적 성과를 거두는 힘이 됐다. 또한 세금수입은 1980년의 5,000억 달러에서 1990년 1조 달러로 두 배가량 늘어나게 됐다.

세계경제가 성장 탄력을 잃고 있는 상황에서 감세는 경기를 진작시키는 효과를 가져다 줄 수 있다. 그러나 국가 간의 지나친 조세경쟁은 또 다른 문제를 불러올 수도 있다고 경제학자들은 지적한다. 자본을 유인하기 위한 국가 간 과다 경쟁은 조세경쟁을 야기시키고 이는 무역 및 투자의 왜곡을 초래한다는 분석이다. 또한 세금이 덜 걷힘에 따라 한 나라의 재정 존립 기반에 위협을 줄 수 있다는 주장도 나오고 있다.

OECD는 과다한 감세경쟁이 자원배분 및 조세구조의 왜곡을 가져올 수 있음을 경고하고 있다. 투자를 촉진하고 경제 활력을 제고하기 위한 조세경쟁은 바람직하지만 지나친 조세경쟁으로 인해 발생하는 왜곡을 줄이기 위해 국가 간 조세정책의 공조와 유해한 조세경쟁의 방지가 국제적인 의제로 떠오르고 있는 것은 이 같은 이유에서다.

물값, 전기료 등 공공요금은 쌀수록 좋다?

어떤 재화든지 동질의 재화라면 값이 쌀수록 소비자 입장에서는 좋다. 소비자들은 품질이 같다면 값싼 물품을 사고 싶어한다. 버스나 지하철을 탈 때, 전기요금을 낼 때, 고속도로 톨게이트 비용을 낼 때도 마찬가지로 돈을 적게 내면 좋아한다. 물값도 싸면 쌀수록 좋다고 생각한다. 물값이 싸면 당장 매월 납부하는 수도요금이 적게 부과되어 가계 부담이 그만큼 줄어들기 때문이다. 그렇다면 공공요금이 낮을수록 좋은 것인가?

한 차원 다르게 생각해보면 물값이 싸다고 반드시 소비자 부담이 줄어든다고 볼 수는 없다. 오히려 물값이 싸면 물 문제의 악순환을 초래해 궁극적으로는 소비자 부담이 가중되기 때문이다.

물값이 생산원가에 비해 낮으면 그 부족분을 국민 세금으로 충당하게 되므로 일반 소비자는 그만큼 세금을 더 납부해야 한다. 그

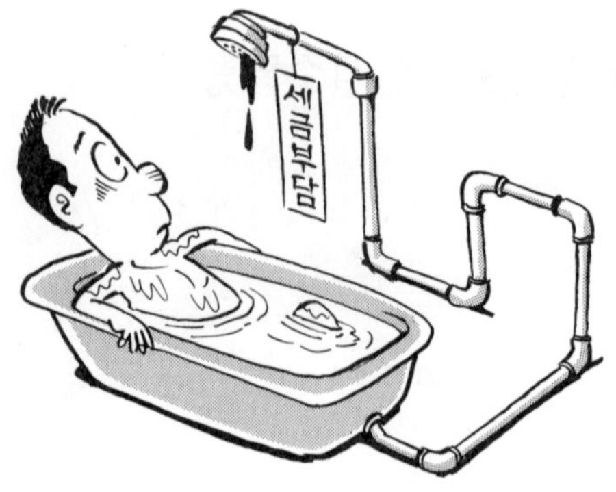

물값이 싸다고 꼭 좋은 것일까?
물의 낭비는 국가경제에
막대한 손실을 가져온다.
결국 이 모든 비용은
소비자가 부담하게 된다.

리고 낮은 물값은 물의 과소비를 유발시키는 부정적 결과를 가져오기도 한다.

물 소비가 늘어나면 생산량을 확대하기 위해 신규 투자비가 소요되는 추가적인 수자원 시설의 건설이 필요해진다. 또 물의 과소비는 폐수량을 증가시켜 막대한 처리비용을 발생시킨다.

또한 물값이 지나치게 싸다면 재원 조달이 어려워 노후관 교체 등 수질 개선을 위한 투자가 지연되고 이로 인해 나쁜 수질의 수돗물은 국민들의 불신을 초래, 수돗물보다 2,500배 비싼 생수를 찾도록 만든다.

뿐만 아니라 신규투자가 적기에 이루어지지 않아 물 부족으로 인해 공단 조성, 아파트 건설이 불가능해지는 등 직·간접적으로 국가경제에 막대한 손해를 끼치게 된다. 결과적으로 이 모든 비용은 소비자가 부담하게 되는 것이다. 전기요금과 지하철·버스요금 등 대부분의 공공요금도 이 같은 맥락에서 이해할 수 있다.

다만 공공요금을 현실화시킬 때는 꼭 전제되어야 할 것이 있다.

공공재를 공급하는 기관들이 요금 인상 억제를 위한 경영혁신 등을 거친 끝에 더 이상의 원가 절감을 할 수 없을 때 요금 인상이 이루어져야 한다는 것이다.

　그 동안 우리나라의 물값은 지나치게 낮게 운영돼온 것이 사실이다. 공중전화 한 통화값(50원)이면 수돗물 500밀리리터들이 약 400개 분량을 살 수 있다. 3,500원짜리 햄버거 1개 값이면 4인 가족이 15일 동안 마음놓고 수돗물을 사용할 수가 있다. 이처럼 물값이 싸다 보니 필요 이상으로 물의 낭비를 부추겨온 것도 사실이다.

물에 적정한 **값**이 매겨지면 물 **절약**이 생활화되고
안정적인 **수도사업 운영**이 가능하게 된다.

결국 국민들이 안심하고 마실 수 있는 양질의 수돗물 공급이 이뤄질 수 있다. 국가 전체적으로 국민들의 효용(만족도)을 높일 수 있게 되는 셈이다.

물가상승률은 낮을수록 좋다 ?

물가 안정은 국민생활 안정과 적정한 경제성장을 위해 매우 중요하다. 물가가 오를 경우 돈의 가치는 떨어지게 된다. 돈의 가치가 떨어졌다는 이야기는 같은 액수의 돈을 가지고도 소비자가 구매할 수 있는 상품이나 서비스의 양이 예전보다 줄어들었다는 뜻이다. 소비생활에 압박을 받게 되는 것은 당연한 이치다. 또한 예금이나 채권 보유에 따르는 실질비용 증가로 민간의 금융저축이 감소해 투자자금 형성이 저해되며, 과도한 물가 상승은 실물자산에 대한 투기로 이어져 건전한 투자자본 형성을 어렵게 한다. 그렇다면 물가 상승률은 항상 낮을수록 바람직한 것일까?

물가상승률이 낮을수록 좋은 것만은 아니다. 물가는 일종의 신호라고 생각해야 한다. 오를 이유가 있으면 올라야 하고 내릴 이유가 있으면 내려가야 하는 게 물가다. 물가 상승 또는 하락의 원인은 그냥 둔 채 가격 자체만 통제해 물가 안정을 도모하면 오히려 시장의 기능을 왜곡시켜 더 큰 문제를 야기할 수 있다. 물론 모든 경제 변수가 변하지 않고 물가상승률만 낮아진다면 긍정적일 것이다. 하지만 현실적으로 물가상승률을 낮추는 데는 이에 상응하는 비용이 지출되어야 한다. 물가상승률이 마이너스로 되면 부동산 등 실물자산 가치가 하락하고, 임금 하락 등으로 국민의 고통이 따르게 된다. 다시 말해 주택이나 토지 등 실물자산 가치가 하락하는 이른바 디플레이션 현상이 일어나 재산 감소를 초래하게 된다. 은행의 대출도 어렵게 된다. 또한 상품·서비스 가격의 하락으로 기업은 매출액이 감소해 이윤이 줄어들게 된다. 이 때 기업의 생산량·비용 축소 과정에서 임금 하락과 실업 증가가 나타나 근로자의 고통이 가중되게 된다.

인위적으로 물가상승률을 낮추기 위해서는 경제성장의 둔화와 함께 실업이 증가하는 등 비용을 지불해야 한다.

물가상승률을 낮추기 위해 정부는 지출을 줄이고 통화량을 줄이며, 이는 수요의 감소와 금리 인상을 초래한다. 이에 따라 기업은 판매 부진과 금융비용 증가로 생산과 투자를 축소하고, 근로자를 해고하는 조치를 취하게 된다. 그 결과 실업이 늘고 경제성장은 둔화된다. 이에 비해 물가가 안정되면 국민생활의 안정을 기대할 수 있다. 기업의 생산과 투자가 촉진되어 국민경제 전체적으로 바람직한 효과를 가져온다. 선진국들은 일반적으로 경제성장을 뒷받침하고 경제의 활력을 유지하기 위해 물가상승률을 연간 1~2% 수준으로 억제하고 있다.

전력예비율은 높을수록 좋다?

전력예비율이란 총 전력공급능력과 최대전력수요의 격차를 최대전력수요로 나눈 것(총 전력공급능력−최대전력수요/최대전력수요)이다.

갑자기 전력수요가 늘었을 때 전력을 안정적으로 공급할 수 있으려면 전력예비율을 높게 유지하는 것이 더 좋다는 생각을 하기 쉽다. 지난 1994년 여름 가뭄과 폭염으로 전력소비가 크게 늘어나 전력예비율이 2.8% 수준까지 급락해 전기 공급의 안정성이 문제되었던 것을 회상해보면 이를 잘 알 수 있다.

이처럼 예비적으로 마련해놓은 전력량(전력예비율)이 무조건 많을수록 좋을까?

경제적으로 따져보면 전력예비율을 높게 유지하는 것이 반드시 좋다고만 볼 수도 없다. 물론 전력예비율이 너무 낮을 경우 국민들이 안심하고 전력을 사용할 수 없겠지만 전력예비율을 높게 유지하려면 경제적 비용이 커지기 때문에 반드시 좋다고 볼 수 없다.

전력예비율을 높이기 위해서는 발전소의 신·증설에 따른 부담으로 전기요금이 인상될 수밖에 없고, 전력수요가 낮아지는 봄·가을에는 가동되지 않는 유휴 발전설비가 많아져 그만큼 자원의 낭비가 생기기 때문이다.

따라서 예비전력은 적정한 수준으로 유지하는 것이 바람직하다. 우리나라는 매년 「여름철 전력수급 안정대책」에서 공급예비율 7%를 유지하기 위한 대책을 마련하고 있다. 세계 각국 역시 수요 변화 등의 특성에 따라 다르지만 적정예비율을 설정해 유지하고 있다.

정부가 보다 많은 발전소를 건설하면 여름철 최대전력 수요시에도 국민들은 안심하고 전기를 사용할 수 있다. 그러나 여름철 며칠간 발생하는 폭염에 대비해 많은 자원을 낭비할 것인지, 아니면 무더위를 조금 참고 절전에 협조하는 것이 유리할 것인지는 다 같이 생각해볼 문제다.

임금이 올라갈수록 근로자 복지가 향상된다?

근로자는 기업의 생산활동에 노동력을 제공하고 그 대가로 임금을 받아 소비활동을 한다. 근로자가 소비자로서 지출한 돈은 다시 기업으로 들어가 생산활동으로 이어진다. 경제는 이처럼 항상 순환하는 것이다.

그러므로 임금이 올라가면 보다 윤택하게 소비와 여가활동을 할 수 있다고 생각하기 쉽다. 임금이 오르면 근로자의 복지는 항상 증진된다고 말할 수 있을까?

물론 임금이 오르면 그만큼 개개인이 사용할 수 있는 소득도 많아지게 된다. 예를 들어 월급이 100만 원이던 사람이 120만 원으로 상승하면 한 달에 한 번만 할 수 있었던 가족 외식을 두 번 할 수도 있고, 새로운 가전제품을 더 살 수 있으며, 부모님 용돈을 더 드릴 수도 있게 된다. 임금이 올라서 그만큼 여유가 생기게 된다.

그러나 임금 상승이 근로자의 복지에 미치는 영향을 따져보기 위해서는 임금의 상승요인이 어디에 있었는가를 곰곰이 생각해봐야 한다. 임금 수준은 노동에 대한 수요와 공급을 결정하는 여러 요인들에 의해 결정되기 때문이다.

임금 수준을 결정하는 구체적 요인으로는 노동생산성, 물가, 기업의 임금 지불능력, 동종업종의 임금상승률, 인력 수급상황, 노사관계, 당시의 경제여건 등 여러 가지가 있다. 이 가운데 노동생산성이 향상되어 임금이 오르는 경우는 근로자의 생활 수준이 개선된 것이라고 볼 수 있다.

그러나 물가나 기타 요인에 의해 임금이 오르게 된다면 사정은 달라진다. 기업은 일반적으로 제품가격을 올려 예전과 동일한 수준으로 이익을 유지하려고 할 것이다. 이른바 비용 상승 인플레이션(cost-push inflation)이 발생한다. 물가가 오르면 봉급생활자가 대부분인 근로자는 불리해진다. 월급이 120만 원으로 올랐지만 물가가 그 이상으로 상승했다면 생활은 더욱 곤궁해질 수도 있다.

이뿐 아니다. 임금이 지나치게 상승하여 국제시장에서 가격경쟁력이 저하되어 제품 수출길이 막히게 되면 국내기업 생산규모를 축소할 수밖에 없게 될 것이다. 이렇게 되면 기존의 근로자들이 일자리를 잃게 된다. 말하자면 이것은 근로자 전체의 복지 향상이 아니라 실직한 근로자의 몫을 직장근로자가 챙기는 꼴이 되는 것이다. 그러므로 임금은 노동생산성의 증가를 반영하는 한도 내에서 인상되는 것이 바람직하다고 할 수 있다.

국내진출 외국기업보다 해외진출 한국기업이
한국경제에 더 유익하다?

우리나라 국민들은 아직도 외국기업이나 외국자본에 대해 그다지 호의적이지 않은 태도를 갖고 있다. 지난 1997년 IMF 경제위기 이전에는 오히려 적대적이기까지 했던 게 사실이었다. 이런 현상은 외국기업들이 한국에서 돈을 벌면 모두 자국으로 가져갈 것이란 인식에서 비롯된 것이다. 이는 영국 · 프랑스 · 캐나다 등 선진국들이 외국자본을 유치하기 위해 각국의 최고 지도자까지 나서서 세일즈 외교를 펼치는 것과 사뭇 대조되는 현상이다.

과연 국내에 진출한 외국기업들은 우리 경제에는 별다른 도움을 주지 못하고 있는가? 그렇다면 우리보다 잘 사는 선진국들이 세제 혜택 등 여러 면에서 파격적인 조건을 제시하며 한국기업들을 자국에 유치하려는 이유는 무엇일까?

외국자본을 국내에 많이 유치함으로써 얻을 수 있는 가장 큰 혜택은 외국자본이 들어오면 자국국민의 고용이 증대된다는 것이다. 개발도상국이 외국자본을 유치할 경우에는 선진기술과 선진경영기법 등을 함께 이전받는 부수적 효과도 거둘 수 있다. 이에 따라 개도국들은 외국기업들을 자신들의 영토 내에 유치하려고 혈안이 되어 있다.

정부는 IMF 경제위기 이후 부족한 외화를 확충하기 위해 대통령까지 나서는 등 총력전을 펼쳤다. 그 과정에서 외국자본의 긍정적 측면이 국민들에게 자연스럽게 인식되기도 했다.

사실 외국기업이나 우리나라 기업이나 다를 바가 없다. 기업이란 외국의 것이든 우리의 것이든 냉정한 경제논리에 따라 움직이는 것이지 민족주의적 정서에 의해 움직이는 것이 아니기 때문이다. 기업이란 그 나라의 경제가 효율적이고 수익을 낼 수 있으면 투자를 하고 그렇지 않으면 다른 나라로 기업을 옮긴다. 이 점에서는 우리 기업들도 마찬가지다.

글로벌 경제체제 하에서 자본의 국적은 더 이상 큰 의미가 없다. 우리 국민에게 일자리를 제공하고 세금을 낸다면 그 자본은 국적을 불문하고 우리 경제에 도움을 준다고 할 수 있다.

미국에서는 도요타 자동차 미국법인과 IBM 일본 현지법인에 대해 전자를 미국기업, 후자는 일본기업으로 간주한 지 이미 오래 됐다.

IMF 경제위기 이후 정부는 부족한 외화를 확충하기 위해 대통령까지 세일즈 외교에 나서는 총력전을 펼친 결과, 1998~2000년 동안 401억 달러를 유치할 수 있었다. 그러나 아직 우리의 국내총생산(GDP) 대비 외국인 투자유치 비율은 상대적으로 낮은 수준에 머물고 있다. 앞으로도 외국인 투자유치는 적극 추진되어야 할 것이다.

재정적자는 항상 나쁘다?

다음은 2001년 11월 14일자 〈한국경제신문〉 기사의 일부다.

『국제통화기금(IMF)이 우리 정부에 재정적자를 내서라도 경기를 부양하라고 권고했다. 방한 중인 아자이 초프라 IMF 연례협의단장은 기자들과 만나 세계경제가 어려운 만큼 재정확대 및 탄력적인 통화정책을 써야 한다며 이같이 밝혔다. 초프라 단장은 한국이 내년에 재정적자를 내도 경기가 상승하면 수년 내에 균형재정을 달성할 수 있다며 내년에 재정흑자를 내면 경기회복을 지연시켜 오히려 중기 재정균형 목표 달성을 더 어렵게 할 수 있다고 강조했다.』

우리는 흔히 「적자」는 나쁘고 「흑자」는 좋다고 생각한다. 그렇다면 초프라 IMF 연례협의단장은 잘못된 이야기를 하고 있는 것일까?

정부는 필요한 만큼의 돈을 국민들로부터 거둬 쓰기 때문에 세입과 세출은 원칙적으로 일치해야 한다. 그러나 정부활동은 그 규모가 매우 크기 때문에 세입과 세출을 일치시키는 데에는 많은 어려움이 있다. 따라서 세입보다 세출이 많아서 재정적자가 발생하기도 하고 반대로 재정흑자가 나기도 한다.

재정적자가 발생할 경우 정부는 모자라는 돈을 중앙은행인 한국은행이나 시중은행 또는 외국에서 빌려오게 된다. 예를 들어 정부가 적자를 메우기 위해 한국은행에서 돈을 빌려온다면 한국은행은 그만큼의 돈을 더 발행해야 하므로 돈이 시중으로 많이 풀려 나가게 되고 결국 물가가 올라가는 인플레이션 현상이 일어나게 된다. 이럴 경우 가계와 기업이 아무리 지출을 줄이고 저축을 많이 하더라도 정부부문에서 돈이 많이 풀려 나오기 때문에 인플레이션을 억제하는 데 많은 어려움이 따르게 된다. 또 적자를 메우기 위해 외국에서 돈을 꾸어온다면 외채가 늘어나게 되고 나중에는 원금과 이자상환의 부담이 무거워져 나라살림이 쪼들리게 된다.

재정흑자가 발생하는 경우는 세출보다 세입이 더 많은 경우다. 정부가 지출한 돈보다 징수한 돈이 더 많다는 것을 의미하는데, 정부부문에 필요 이상으로 많은 돈이 집중되면 통화유통을 억제하는 효과가 나타나므로 가계와 기업은 필요한 돈이 모자라 곤란을 겪는다. 다시 말해 정부가 지출에 비해 너무 많은 세금을 거두어들이면 가계와 기업은 세금에 대한 부담이 커지게 되므로 소비와 투자를 위한 지출을 줄이지 않을 수 없다.

정부는 재정적자와 재정흑자를 통해 경기를 조절할 수 있다. 시중에 돈이 많이 풀려나가고 경기가 과열되었을 때에는 지출을 감소시키고 세금을 더 많이 거두어들여 재정흑자를 냄으로써 과열된 경기를 억제할 수 있다. 반대로 기업의 생산활동이 위축되고 실업자가 늘어나는 등 경기가 침체되었을 때에는 세금을 적게 거둬들이고 정부지출을 늘려 재정적자를 냄으로써 가계와 기업의 소비와 투자를 촉진시켜 경기의 회복을 도모하게 된다.

따라서 **나라살림**(재정)은 **흑자**가 났다고 해서
잘 했다고 할 수 없으며 **적자**가 났다고 해서
잘못했다고 말할 수가 없다.

정부의 활동은 그 하나 하나가 국민경제와 깊은 관계를 갖고 있으므로 그때 그때 사정에 따라 정부활동을 조절해야 하기 때문이다. 하지만 되도록이면 수입과 지출이 일치하는 「균형재정(均衡財政)」을 편성해 나라살림을 꾸려나가는 것이 바람직하다는 게 일반적인 정설이다.

국가기간산업을 담당하는 공기업은
민간에 매각할 수 없다?

한국경제가 외환위기를 완전히 극복하고 안정적이고 지속적으로 성장하기 위해서는 모든 경제 분야가 경쟁력을 확보하는 것이 중요하다. 정부는 IMF 경제위기 직후 우리 경제의 경쟁력을 강화하기 위해 기업·금융·노동·공공 부문 등 이른바 「4대 개혁」을 주창하고 개혁작업에 박차를 가했다.

이와 같은 개혁은 해당 경제주체는 물론 국민들의 지지가 있어야 성공 가능성이 높다. 그런데 해당 개혁과제와 연관된 이해집단의 강한 저항과 반발이 있어 적지 않은 진통을 겪은 것도 사실이다. 지난 2000년 말 한국전력 민영화 논의 과정에서는 대규모 시위가 있었고 기타 다른 공기업 노동조합들도 정부와 강력한 힘겨루기를 했다. 이들이 주로 내세운 논리는, 공기업은 국가기간산업이기 때문에 민간이 소유해서는 안 된다는 주장이었다.

민영화는
「민간인 주인」을
찾아 보다 **효율적인**
경영을 수행토록
유도하는 데
그 목적이 있다.

　과거에는 상당수 국민들이 국가기간산업을 담당하는 공기업을 민영화해서는 안 된다는 데 동의해 공기업 민영화 추진이 무산되곤 했다. 물론 이러한 견해들이 설득력이 없다고는 할 수 없다. 그러나 공기업 민영화의 본뜻을 간과한 측면도 없지 않다.

　공기업 민영화의 목적은 공공부문에 시장경제원리를 도입해 기업의 경쟁력을 증진시키고자 하는 데 있다. 공기업은 그 동안 주인이 없어 방만하게 운영돼온 게 사실이다. 민영화는 「민간인 주인」을 찾아 보다 효율적인 경영을 수행토록 유도하자는 것이다.

　다만 공기업의 민영화 시기는 해당 산업 분야에 시장경쟁 여건이 갖추어져 있느냐 여부에 따라 차별화될 필요는 있다. 민간부문에 경쟁구도가 이미 정착되어 있다면 공기업은 조기 민영화를 추진하는 것이 옳다. 그리고 아직 경쟁구도가 정착되지 못한 부문의 공기업은 경쟁여건이 마련될 때까지 단계적으로 민영화를 추진하는 것이 바람직하다.

민간부문에서 경쟁할 태세가 갖춰져 있지 않은 상태에서 이뤄지는 **공기업 민영화**는 자칫 거대 **독점기업**을 그대로 민간인 주인에게 넘겨주는 결과가 될 수도 있기 때문이다.

한편 공기업 민영화 과정에서 해당 공기업이 맡았던 비수익적 성격의 공공 서비스는 정부가 재정지원 등을 통해 차질없이 국민들에게 그대로 제공해줘야 한다.

예금보호한도는 높을수록 좋다?

최근 들어 금융부문의 자율화 및 국제화 등으로 경쟁이 치열해지면서 금융기관의 도산 위험도 점차 커지고 있다. 『은행은 결코 망하지 않는다』는 말은 이제 더 이상 통하지 않게 되었다. 은행도 도산할 수 있다는 사실을 한국인들은 외환위기 과정에서 몸소 경험했다.

은행에서 돈을 빌려간 기업이 부도를 내서 부실채권 규모가 커지고 연체기간이 길어지면 은행에 현금이 부족해진다. 심한 경우 예금자에게 약속한 원리금도 지급하지 못하는 지급불능 상태에 빠지기도 한다.

이처럼 금융기관이 예금을 지급할 수 없는 상태가 발생할 때 정부 대리기관인 예금보험공사가 해당 금융기관을 대신해 예금액의 일부를 지급해주는 것이 예금부분보장제도다. 따라서 예금자의 입장에서는 보호한도가 높을수록 안전하다는 생각을 하게 된다. 그렇다면 예금보호한도는 높을수록 바람직할까?

예금부분보장제도의 도입 취지는 금융회사의 부실화를 예방하면서 예금자를 보호하고 국민의 부담을 줄이는 데 있다. 보호한도가 낮으면 단기적으로는 예금자들이 불안해할 수 있다. 그러나 중장기적으로 본다면 예금자들은 예금할 곳을 잘 고르기 위해 신중한 선택을 하게 된다.

한편 은행은 예금을 끌어모으기 위해 튼튼한 경영을 하게 된다. 시장의 힘을 통해 금융회사의 구조조정을 촉진하고 경영의 내실화를 기할 수 있는 효과를 얻는 것이다.

반면 예금보호한도가 높으면 근시안적으로 볼 때 안도의 한숨을 내쉴 수도 있다. 그만큼 신중한 판단과 행동을 하지 않게 된다는 이야기다. 금융기관 및 예금자들은 고위험·고수익 투자를 추구하게 되어 도덕적 해이(moral hazard)에 빠지기 쉽다.

또한 금융기관의 부실화를 미연에 방지한다는 본래의 기능을 수행할 수 없어 반복적으로 공적 자금을 투입하는 악순환이 계속될 수 있다. 결국 금융회사 전체가 부실화되고 국민들은 부실은행에 돈을 맡길 수밖에 없게 된다.

예금자의 입장에서도 다수 납세자의 부담인
공적 자금으로 소수의 거액 예금자를 보호하는
불합리한 **소득배분**을 초래하게 된다.

정부는 과거에도 예금부분보장제도를 실시했으나 1997년 외환위기 이후에 한시적으로 예금전액보장조치를 채택했다. 이 조치의 시한이 2000년 말로 종료됨에 따라 2001년부터 예금부분보장제도가 다시 도입되었다. 현재 책정한 예금보장한도는 예금자 1인당 원리금 합계 5,000만 원이다.

정부 통계에 따르면 예금부분보장에도 불구하고 대부분의 예금자 예금은 보호되고 있는 것으로 나타났다. 금액 면에서 은행 개인예금의 60~65%, 금고·신용협동조합의 50~90%가 보호되고, 계좌 면에서는 99% 이상이 보호되는 수준이다.

각국의 보호한도는 금융시장의 발전 정도에 따라 상이하지만, 도입 초기에는 보장한도를 다소 높게 책정했다가 금융시장 상황에 따라 차츰 조정해나가고 있다.

주가 하락은 기업가치의 하락을 뜻한다?

주식회사란 사업을 벌여 이윤을 얻을 목적으로 여러 사람들이 함께 사업밑천을 모아 운영하는 회사를 말한다. 주식회사의 사업밑천, 곧 자본금은 일정 금액을 한 단위로 해서 표시한 여러 장의 증권, 곧 주식으로 나뉜다.

주식회사의 경영이 잘 되고 회사 규모가 어느 수준 이상 커지게 되면 관련법에 따라 증권시장에 자사 주식을 내놓고 유통시킬 수 있게 된다. 증권시장을 통해 자사 주식을 이전보다 훨씬 많은 주주들에게 넘길 수 있게 되면 회사는 필요한 자금을 쉽게 마련할 뿐만 아니라 자본금 규모도 불릴 수 있다. 이자 부담을 져야 하는 은행의 돈을 빌리지 않고도 사업자금을 직접 마련할 수 있게 된다. 대개 회사 경영이 잘 되면 주식 단위당 값이 오르고 반대로 경영이 어려워지면 주식의 값이 떨어진다.

주가는 기업의 미래를 예측하고 내다본 시장가치다. 기업의 미래에 대한 수익성이 좋아지리라고 생각되면 주가는 오르고 투자자는 사들인 주식 금액의 몇 배 또는 몇십 배 이상의 양도차익을 낼 수도 있다. 주가 상승은 곧 기업가치의 상승으로 이어지기 때문에 우리는 흔히 주가가 오르면 오를수록 좋다고 생각한다. 과연 주가가 올랐다고 기업의 실질적인 가치도 향상됐다고 할 수 있겠는가? 역으로 주가가 떨어졌다고 해서 기업의 가치도 함께 하락했다고 해석해야 하는가?

증권시장에서 결정되는 **주가**는 현실적으로 순수한 **기업가치** 외에 다양한 변수에 의해 결정되게 마련이다. 따라서 주가가 **기업의 실질가치**를 반영하지 못하는 경우가 많다.

예를 들면, 국제적으로 떠도는 핫머니가 국내에 들어와 일시에 주식시장에서 특정 종목의 주가를 끌어올리는 경우도 있다. 또한 미국 뉴욕 증권시장의 다우지수나 나스닥지수의 변동에 따라 국내 증권시장이 동조화 현상을 보이기도 한다. 그만큼 주가에는 심리적인 요인도 작용한다.

보다 큰 문제는 투자자들에게 정보가 충분히 제공되지 않는 데에 있다. 예를 들면, 특정 종목에 대한 주가가 급등할 경우 정보가 빈곤한 개인투자자들이 뒤이어 우르르 몰리다 피해를 보는 경우를 우리는 흔히 보아왔다. 이처럼 주가 상승을 이끌 만한 타당한 이유가 없음에도 주가나 거래량이 예전의 평균치를 훨씬 웃돈다면 이는 거품일 가능성이 높다. 기업의 실질가치와는 별 상관이 없는 일시적인 현상이라는 이야기다.

주가는 기업의 실질가치와 미래 성장잠재력을 충실히 반영할 때에만 그 의미가 있다. 주가지수는 몇몇 대형주의 값이 오르내림에 따라 쉽게 영향을 받기 때문에 주가지수가 오른다고 모든 기업들의 가치가 올랐다고 보기는 어렵다. 과거에는 기업 내부자들이 사전에 정보를 입수하여 주가를 인위적으로 올리는 경우도 많았다. 이는 주식시장을 교란시키는 악성 범죄여서 금융당국의 철저한 규제를 받게 된다.

댐 건설은 생태계를 파괴한다?

한국의 수자원은 총량으로만 보면 풍부한 편이다. 그러나 기후 및 지형적 특성으로 갈수기마다 만성적인 물 부족에 시달리고 있다. 정부는 2001년 7월 물 공급을 늘리기 위해 오는 2011년까지 전국 12곳에 중소 규모의 댐을 건설하겠다고 발표했다. 그러나 댐 건설 계획은 지역주민과 환경단체 등의 반발로 시작도 하기 전에 어려움을 겪고 있다.

정부의 수자원 장기계획에 따르면 한국은 2011년에 약 18억 톤의 물이 부족할 것으로 예상된다. 반대로 여름철에는 매년 되풀이되다시피 하는 집중호우로 인해 지난 1990~99년까지 연평균 142명이 숨지거나 실종되고 6,200억 원가량의 재산피해가 발생했다.

이 같은 물 부족 사태와 수해를 예방하려면 장마철에 버려지는 물을 보관했다가 갈수기에 방류하는 것이 가장 좋은 방법이다. 수

자원 전문가들은 안정적으로 용수를 공급하려면 댐 건설이 가장 효율적이라고 강조하고 있다. 「양수기 보내기 운동」 등 국민정서에 호소하는 대책으로는 더 이상 물 부족을 해결할 수 없다는 것이 전문가들의 일치된 견해다.

정부는 그 동안 여러 차례 댐 건설을 추진했지만 환경파괴론에 밀려 검토에 머물곤 했다. 댐이 건설되면 수질이 악화되고 생태계의 파괴로 동식물이 사라질 것인가?

댐이 건설되면 물이 고이게 되어 수질이 나빠진다고 인식하고 있는데 수질 악화의 주요 원인은 오염물질의 유입이라 할 수 있다. 저수지 수질이 저하되는 것은 주로 조류(藻類)의 과잉 발생에 의한 부영양화 때문이다. 이는 댐 상류로부터 부영양화의 원인으로 작용하는 질소나 인을 함유한 생활하수 및 축산폐수가 지속적으로 유입되기 때문이다.

댐 상류에 환경기초시설을 완비해 오염원의 유입을 차단하고 댐 내에서 적절한 수질 보존방안이 강구된다면 댐은 상수원으로서 깨끗한 물을 공급할 수 있을 것이다.

고인 물이 썩는다는 논리로 **수자원 확보**를
포기하는 것은 경제적인 **관점**에서 볼 때
비경제적인 논리라고 할 수 있다.

또 댐을 건설하면 무조건 생태계가 파괴된다는 생각은 옳지 않다. 댐이 건설돼 유수 생태계가 담수 생태계로 변화함에 따라 일시적인 환경상의 변화를 수반하는 것은 불가피한 환경적 영향이라고 봐야 한다.

댐 건설로 인한 일반적인 변화로는 조류의 발생량 증가를 들 수 있다. 또 수생식물 등은 하천보다 담수에 적합한 종으로 변해갈 것이다. 특히 어류는 생활폭도 넓고 적응 능력이 커 새로운 환경에 쉽게 적응할 것으로 전문가들은 분석하고 있다.

결국 댐 건설로 인해 부분적인 생태계의 변화는 초래되나 환경 변화를 최소화하려는 노력과 친환경적인 댐 건설로 그 영향은 줄일 수 있으며, 일부 종에게는 오히려 서식환경이 좋아지기도 한다.

댐 건설을 마냥 늦춘다면 후손들에게 「물 기근 국가」를 물려줄 수밖에 없다. 물이 부족하면 경제활동에 차질이 빚어지는 것은 말할 필요도 없다. 친환경적 댐을 건설해 물 부족 사태에 대비하는 노력이 절실하다.

화폐 공급을 늘리면 금리가 하락한다?

금리가 하락하면 투자가 증가하고 소비도 늘어난다. 이것은 경제학원론에 나오는 이야기다. 그래서 정부가 취할 수 있는 대표적인 금융정책 가운데 하나가 금리를 조정하는 것이다. 그러나 일본에서는 이미 이 같은 금리정책이 효력을 잃은 지 오래다. 2001년에는 미국에서조차 수차례에 걸쳐 금리인하를 단행했음에도 불구하고 경기회복 조짐이 나타나지 않고 있다.

금융당국이 금리(이자율)를 낮출 목적으로 화폐공급량을 증가시킨다고 하더라도 경제주체들의 현금 선호가 강한 경우 금리 하락으로 연결되지 못하는 상황이 발생할 수도 있다. 이처럼 금리 조정을 통한 금융정책이 효과를 발휘하지 못할 때 경제가 「유동성 함정(liquidity trap)」에 빠졌다고 한다.

금리가 하락하면 가장 민감하게 영향받는 것이 투자다. 돈을 갖고 있는 사람들이 투자를 할 것인지 말 것인지를 가늠하는 기준은 금리다.

투자를 해도 금리만큼 돈을 벌지 못한다고 판단하게 되면 투자를 하지 않을 것이다. 따라서 금리가 낮아지면 투자를 늘릴 것이고 금리가 올라가면 투자를 덜하게 된다.

그러나 금리가 워낙 낮으면 금리는 더 이상 중요한 판단기준이 되지 않는다. 다른 경제여건, 예를 들어 앞으로의 경기전망 등이 투자를 결정하는 데 더 중요한 기준이 된다. 따라서 금리를 낮추더라도 투자는 이에 반응하지 않는다.

소비도 마찬가지다. 보통 금리가 높아지면 사람들은 현재의 소비를 다음 시기로 늦추고, 금리가 낮으면 현재의 소비지출을 늘린다. 말하자면 소비의 시기를 어떻게 선택할 것인가 하는 기간 선택의 문제에 있어서 금리가 중요한 역할을 하게 된다.

그러나 금리가 아주 **낮아지게** 되면
소비의 선택에 있어서 금리의 **역할**이
현저히 **감소**한다.

금리가 하락해도 미래에 대한 불안심리 때문에 사람들은 현재의 소비를 늘리기보다 저축을 선호하게 되는 것이다.

금리가 낮아져도 가계에서 소비지출을 늘리지 않고 기업들이 투자지출을 늘리지 않으면 유동성 함정에 빠지게 되고, 정부가 선택할 수 있는 정책의 여지는 그만큼 좁아지게 된다.

최근 일본의 경우가 이 같은 유동성 함정의 전형적인 예로 거론
되고 있다. 금융회사는 부실채권 때문에 빌려줄 돈이 충분치 않고,
기업은 초과 설비로 새로운 투자에 대한 유인이 없고, 소비자들은
불안한 미래 때문에 쉽사리 지출을 늘리지 않고 있다. 명목금리조
차 거의 0%에 가까운 수준임에도 불구하고 장기불황이 지속되고
있는 것이다.

한편 미국의 유명한 경제학자인 폴 크루그먼 교수는 이 같은 상
황을 타개하기 위해 지속적인 통화증발을 통해 정부가 인위적으로
인플레이션을 유도하고 실질금리를 0% 이하로 끌어내릴 것을 권하
기도 했다.

3

경제 이슈 대탐험

과거 영국도 지금의 일본과 비슷한 악몽을 경험했다.

1979년 집권한 영국의 대처 정부는 「빅뱅(Big Bang)」으로 불리는

금융개혁을 단행했고 개혁작업의 일환으로 주택금융 금리를 떨어뜨렸다.

싼 금리로 주택자금을 빌릴 수 있게 되자 영국의 집값은 1986년부터

급등하기 시작했다. 1986~89년까지 4년 동안 신축 주택의 가격은

연평균 19%, 기존 주택값은 18%나 올랐다.

신축 주택은 1988년 한 해에만 26%나 가격이 급등하기도 했다.

하지만 주택가격의 비정상적인 상승은 오래 가지 못했다.

인플레이션(물가 상승) 압박에 시달리던 영국 정부는

주택자금 금리를 1990년 들어 두 배 넘게 올렸고,

이 때부터 주택가격은 매년 7% 이상씩 급락하게 된다.

공기업 민영화, 피할 수 없는 선택인가

공기업 민영화를 둘러싼 이해 당사자들 사이의 의견 충돌은 항상 첨예하게 대립되어왔다. 찬성론자들은 『민영화가 경영효율을 높이는 최고의 방안이 될 것』이라고 주장하는 반면, 반대론자들은 『공기업 민영화가 별다른 실익도 없이 대규모 실업사태와 공공요금 인상을 불러올 것』이라고 비판한다. 공기업 민영화 계획이 겉돌게 된 주된 이유다.

그렇다면 근로자 등이 강력하게 반대할 뿐 아니라 사회적 갈등을 불러오고 있는 공기업 민영화 정책을 정부는 왜 『더 이상 늦출 수 없는 대세』라며 강행하는 것일까?

공기업 민영화를 추진하는 정부의 확고한 명분은 공기업의 경영 합리화다. 한국전력·철도청 등 정부가 직접 경영하는 공기업이나 공공사업의 경우 시장경쟁이 전혀 없는 독점사업으로 운영되면서 경영효율성이 민간기업에 비해 크게 떨어지고 있다는 판단에 따른 것이라 할 수 있다.

실제, 국가가 직접 운영하는 철도사업은 민간기업에 비해 경영 효율이 크게 떨어지고 적자 경영이 해마다 반복되는 문제점을 안고 있으면서도 별다른 개선책을 내지 못하고 있다고 비판받는다. 전력 산업의 경우도 국가가 「한국전력」이라는 공기업을 통해 직접 관장 하다 보니 소비자들에게 「전력은 언제, 어디서나 싼값에 사용할 수 있는 것」이라는 잘못된 인식을 심어줬다는 비난을 받고 있다. 이로 인해 사회적 비용 부담만 크게 늘렸다는 것이다. 현실적으로 한국 전력은 값싼 전기를 무제한으로 공급하기 위해 수십조 원에 달하는 외국자본을 빌려와야 했고, 현재 이 빚은 전기요금 수입 등 자체 자 금으로 도저히 갚기도 어려운 상황에 빠져 있다.

이런 상황을 고려하면 정부가 1997년 말 발생한 외환위기를 수 습하는 과정에서 필요한 자금을 조달하기 위해 공기업 민영화를 억 지로 추진한다는 비판론자의 지적은 「민영화 문제」의 본질과는 거 리가 있다. IMF 구제금융 이후 진행되고 있는 민간기업의 구조조정 을 독려하기 위해 공기업에 대해서도 강도 높은 개혁을 추진한다는 주장 역시 하나의 현상일 뿐 문제의 핵심은 아니다.

오히려 노동계 등 「공기업 민영화」 반대론자들이 주장하는 『민 영화로 인해 각종 공공요금이 인상될 수 있고 공익적 성격이 강한 재화(財貨)와 서비스의 공공적 기능이 훼손되며 고용 불안을 야기 할 수 있다』는 점 등이 좀더 현실적이면서도 설득력을 갖춘 반대 사유라 할 수 있다. 민영화로 인해 발생할 수 있는 갖가지 후유증을 최소화하는 차원에서 반드시 검토해야 할 사안이기도 하다.

먼저 요금 인상에 대한 우려는, 이윤 획득이 일차적 목적인 민간 기업이 공기업보다 많은 수익 창출을 위해 필연적으로 가격 재조정에 나설 것이고, 이 때는 정부로서도 직접 통제하기 어렵다는 데서 나온다. 실제 공기업 민영화를 우리보다 앞서 단행한 일본과 영국 등의 경우 철도요금이 크게 오른 것으로 알려져 있다.

공기업의 공공적 기능 훼손은 지금껏 상업적 수요가 많지 않은 산간벽지 등에도 국민 편의를 위해 철도와 전력을 공급해왔지만 앞으로 민영화가 이뤄지게 되면 더 이상 이 같은 서비스를 제공하기 힘들어진다는 데서 출발한다. 공기업은 수요자가 많지 않아도 국민들의 기초 생활을 보장하기 위해 재화와 서비스를 공급해왔지만 이윤 획득이 중요한 민간기업으로서는 그 같은 책임을 지지 않을 것이고, 또 그럴 의무도 없기 때문이다.

고용 불안에 대한 우려감도 공기업 민영화의 큰 걸림돌이 되고 있다. 민영화가 이뤄지면 경영 효율을 높이기 위해 대대적인 조직 혁신이 추진될 가능성이 큰 것도 사실이다.

결국 공기업 민영화와 관련한 지금의 **진통**은 그 동안 정부가 직접 관장해왔던 **공공부문**의 **사업영역**을 민간기업으로 이관하는 데 따른 이해 당사자들의 **이익 충돌**에서 빚어진 측면이 많다고 할 수 있다.

하지만 공기업의 민영화 추세는 굳이 정부의 주장이나 설명이 아니더라도 세계적인 흐름이자 추세가 됐다. 최근 들어서는 한 걸음 나아가 정부 고유의 영역인 행정 서비스조차 민간에 위탁하는 선진국이 속속 등장하는 분위기다. 그만큼 경쟁 시스템 도입을 통한 효율성 향상 효과가 크기 때문이다. 따라서 우리로서도 이해 당사자의 의견 충돌을 이유로 무작정 민영화를 늦춰서는 곤란하다. 서로 다른 의견을 절충하면서 균형점을 찾아가려는 노력과 함께 국가 전체의 이익을 최우선적으로 고려하는 자세가 필요하다.

정부는 노동계 등 직접적인 민영화 이해 당사자는 물론, 전력ㆍ철도 등 공공재화의 최종 수요자인 국민들에게 공기업 민영화의 불가피성을 충분히 설명하는 방식으로 이해를 구해야 한다. 공기업의 부실 경영을 더 이상 국민의 세금으로 충당하기 어렵다면 현실적인 문제점들을 소상히 밝혀야 한다. 또 민영화를 통해 어떻게 해당 기업의 경영효율을 높여 국가 전체, 그리고 국민 모두에게 이익이 되도록 할 것인지를 알리고 설득해야 한다.

노동계 등 민영화 반대론자도 무조건적인 반대, 반대를 위한 반대만을 고집해서는 곤란하다. 현실적으로 공기업의 비효율적인 경영을 무작정 방치하기 어려운 만큼 민영화정책의 근본 취지를 인정하는 자세를 갖춰야 한다. 나아가 공기업의 민영화가 해당 기업의 실질적인 경영효율 제고로 이어지고, 민영화로 인해 발생할 수 있는 문제점을 최소화할 수 있도록 실천적인 대안을 내놓는 데 주력해야 한다. 정부로 하여금 과거 공기업이 가졌던 최소한의 공익적 기능을 유지토록 하는 방안과 민영화 이후 민간기업의 무분별한 가격 인상을 제어할 수 있는 방안 등을 마련하도록 촉구하는 게 훨씬 바람직하다.

과거 전화사업의 예에서 보듯 부작용을 최소화하는 방식으로 추진되는 민영화는 결코 정부의 잘못된 선택이라고 무작정 비판하기 어렵기 때문이다. 전화사업의 경우 공기업 독점체제에서 민간기업 끼리 경쟁하는 체제로 바뀐 이후 소비자인 국민 대다수는 예전보다 훨씬 좋은 서비스를 누리고 있다는 점을 되새겨야 한다. 뿐만 아니라 국내 통신산업의 눈부신 발전 또한 민간기업들의 치열한 시장경쟁이 불러온 시너지 효과라고 할 수 있다.

• 공기업 민영화로 인해 발생할 수 있는 부작용은 무엇인가?

• 공기업 민영화의 궁극적 목표를 감안할 때 민영화 외에 대안은 없을까?

기업규제 완화, 어떻게 볼 것인가

정부의 기업규제 완화정책을 놓고 찬반 논란이 끊이지 않고 있다. 「자유로운 기업 경영활동을 막는 각종 규제를 하루빨리 풀어야 기업경쟁력을 높일 수 있다」는 주장과 「지나친 규제 완화정책이 그룹 총수 1인이 지배하는 전근대적인 기업 경영을 계속 용인하는 결과를 가져올 것」이라는 비판이 팽팽히 맞서고 있다.

특히 참여연대 등 기업규제 완화정책을 비판하는 시민단체들은 「정부가 재벌기업의 압력에 굴복해 너무 많은 기업규제를 완화하고 있다」며 비판하고 있다. 시민단체들은 무엇보다 그 동안 정부가 취해온 대기업정책의 핵심이라 할 수 있는 「30대 대규모 기업집단 지정제」를 폐지한 데 대해 강도 높게 비판한다. 시민단체의 이 같은 비판은 30대 기업집단 지정 폐지로 인해 과거 대기업들의 잘못된 관행인 「문어발식 기업 확장」이 재현될 수 있다는 현실적인 우려 때문이다.

사실 투명한 경영체계를 갖지 못한 채 총수 1인이 전체 경영권을 행사하는 전근대적인 기업지배 관행이 되살아나면 건전한 민주·시장경제체제 발전에 걸림돌이 될 수밖에 없다. 시민단체 등의 인식처럼 과거 대기업들의 무분별한 경영행태가 1997년 말 외환위기를 초래한 주요 요인이었다는 점도 부인하기 어렵다.

외환위기 이전까지만 해도 재벌기업들은 이익을 내지 못할 뿐 아니라 향후 사업 전망도 불투명한 계열기업을 살리기 위해 무차별적으로 지원에 나서는 게 하나의 관행이었다. 부실 계열사에 우량 계열사가 직접 자금을 빌려주거나 은행에서 돈을 빌릴 수 있도록 보증을 서는 것이 전혀 이상할 게 없었다.

그러나 이러한 관행은 우량기업을 부실 계열사와 함께 경영난에 빠지도록 하는 직접적인 원인이 됐다. 또 우량기업의 부실 계열사 지원이 특정 재벌그룹만의 문제가 아니라 대다수 대기업의 공통적인 문제로 확대되면서 국가경제 전체가 위기를 맞았다. 부실한 기업 하나가 다른 우량기업마저 쓰러뜨리는, 부도 도미노 현상을 불러왔고 이는 우리 경제가 감내하기 힘든 수준이었다. 잘못된 기업 경영행태가 외환위기를 초래했다는 주장이 타당성을 갖는 이유다.

시민단체 등이 기업규제 완화를 비판하는 또 하나의 이유는 소액주주 권리가 침해받을 소지가 크다고 보기 때문이다. 참여연대에 따르면 재벌기업 총수와 그 친족이 보유한 계열기업 지분율은 평균 7.69%(2001년 4월 기준)에 불과하지만, 실제는 전체 계열사의 경영권을 좌지우지하고 있다. 반면 소액주주들은 훨씬 많은 지분을 갖고 있으면서도 기업 경영에 아무런 목소리를 내지 못하고 있다. 시민단체들은 이 같은 불합리 측면을 개선하기 위해선 약자(소액주주)의 권리를 보호하기 위한 기업규제와 제도적 장치가 더욱 강화돼야 한다고 목소리를 높이고 있다.

반면 전국경제인연합회 등 주요 경제단체와 대기업들은 『정부의 기업규제 정책이 기업경쟁력을 갉아먹는다』며 대폭적인 규제 완화를 요구하고 있다.

자기 돈이 없으면 신규 투자를 어렵게 하는, 이른바 출자총액제한이나 부채 규모를 자기자본의 일정한 범위 이내로 묶는 부채비율 규정 등의 기업규제가 기업의 자유로운 경영 활동을 가로막고 있다고 주장한다. 또 소액주주들의 지나친 경영 간섭을 용인하는 제도적 장치가 무분별하게 도입되는 것도 기업경영을 제약하는 요인이 되고 있다고 지적한다.

이에 따라 기업들은 기본적으로 명백한 범죄행위 등이 아니라면 대주주와 경영자가 자유롭게 기업을 경영할 수 있도록 불필요한 규제를 푸는 게 옳다는 입장이다. 어떤 사업을 새로 추진할지에 대한 판단에서부터 필요한 투자자금을 어떻게 조달할지에 대한 결정, 그리고 불가피하게 부채 규모를 일시적으로 늘릴 수밖에 없는 결정 등에 대해서도 기업이 자율적으로 판단할 수 있어야 한다는 주장이다. 소액주주의 권한 보호나 경영의 투명성 확보 등도 필요하긴 하지만 이 분야에서도 지나친 보호장치는 기업 경영을 옥죌 뿐이고, 이는 결국 기업경쟁력의 약화로 이어질 수밖에 없다고 비판한다.

경제계는 특히 세계시장에서 무한경쟁에 시달리는 국내기업들에게 외국에는 없는 각종 규제를 강요하는 것은 『한쪽 다리는 쓰지 말고 달리기에서 이겨달라』고 요구하는 것과 같은, 터무니없는 것

주요 경제단체와
대기업들은
대폭적인 규제 완화를
요구하고 있다.

이라고 주장하고 있다. 이처럼 기업규제 완화를 바라보는 경제계와
시민단체의 시각은 영원히 합쳐질 것 같지 않은 철로처럼 평행선을
달리고 있다.

결국 규제 완화와 관련한 정책적 판단과 제도 개선은 정부의 몫
일 수밖에 없다. 따라서 정부로서는 양측 주장을 충분히 검토해 전
근대적인 기업 경영행태의 불합리한 점을 개선하되 기업경쟁력을
지속적으로 높일 수 있는 방안을 찾아가는 노력이 필요하다. 특히
꼭 필요한 규제는 강화하되 규제를 위한 규제는 없애는 게 세계적
인 추세라는 점도 반드시 고려해야 한다.

우선 규제의 합리화(re-regulation)가 필요하다. 과거에 만들어진
기업 관련규제가 현 시점에서 당초의 취지대로 작동하고 있는지,
그리고 규제를 다른 형태로 바꾸거나 축소해야 할 필요성이 없는지
를 따져봐야 한다. 예를 들어 대기업이 과거처럼 무분별하게 계열
사 확장에 나서거나 부실 계열사를 지원토록 해서도 곤란하지만 이
때문에 사업 전망이 밝은 분야에 대한 투자가 원천 봉쇄돼서도 안

된다. 출자총액제한제도는 그런 측면에서 전면 검토가 필요한 부분이라 할 수 있다.

30대 기업집단 지정제의 경우도 **외환위기** 이후 경제계 판도가 크게 바뀐 만큼 **제도 보완**이 불가피해졌다.

이와 함께 획일적인 정부규제를 민간 분야에서 스스로 감시하고 감독할 수 있는, 자율규제로 바꿔가야 한다. 정부가 부채비율규정을 강제로 적용토록 하지 않아도 은행이 자율적으로 부채가 많은 기업에 대해 대출을 줄이는 관행이 정착된다면 훨씬 효율적인 기업 경영에 대한 감시와 감독이 가능할 게 분명하다.

또 재벌기업의 계열사끼리 부당한 거래를 일삼거나 부실회사에 대한 지원이 이뤄질 때 주식시장에서 이를 엄격히 심판할 수 있는 체계가 갖춰진다면 더 이상 재벌의 선단식 경영은 발붙일 틈이 없어진다. 다만 이 같은 경우에도 국제적인 관행에 걸맞게 기업 경영의 투명성을 높이고 대주주의 무분별한 기업 경영관행을 근절시키며 소액주주의 기본적인 권리를 보호하는 최소한의 장치는 사회적 합의를 거쳐 마련돼야 한다.

- 규제 완화를 둘러싼 찬반 논란은 어느 쪽이 보다 타당성을 가질까?
- 시장경제체제에서 규제는 어떤 경우에 필요할까?

주5일 근무제 도입에 대한 논란

국민 삶의 질(質)을 향상시키겠다면서 정부가 도입키로 한 「주5일 근무제」를 둘러싸고 경영계와 노동계가 한치 양보 없는 의견 대립을 보였다. 정부가 주5일 근무제를 민간기업에 앞서 공무원 사회에 먼저 도입하는, 일종의 절충안을 내놓으면서까지 대타협을 유도하고 있지만 좀체 타협점을 찾지 못하고 있다.

그렇다면 주5일 근무제의 조기 도입을 요구하는 노동계와 주5일 근무제 도입에 따른 큰 폭의 비용 부담 증가를 우려하는 경영계의 주장 사이에 타협점은 없는 것일까?

노동계와 시민단체가 한 목소리로 주5일 근무제 도입을 요구하는 데는 국민 삶의 질을 한 단계 높이기 위해서는 실질적인 근로시간 단축이 선결돼야 한다는 인식을 갖고 있기 때문이다. 또 주5일 근무제는 오랜 논의를 거쳐 사실상 국민적 합의에 도달한 사안인 만큼 더 이상 재론의 여지가 없다는 입장도 밑바탕에 깔려 있다.

노동계는 국제노동기구(ILO) 보고서에서 보듯, 한국의 연평균 노동시간이 세계에서 가장 긴 수준(2,474시간 : 2000년 기준)으로 노동시간 단축은 무엇보다 시급히 해결해야 할 현안이라고 강조한다. 한국의 산업재해 사망자 비율(중대 재해율 기준)이 세계에서 가장 높은 수준이라는 점 역시 세계 최장 수준의 노동시간과 무관치 않다는 게 노동계 입장이다.

이와 함께 근로자들의 여가시간 부족으로 인해 가족 간 유대가 약화되는 등 장시간 노동이 국민생활 전반에 미치는 해악은 일일이 열거할 수 없다고 노동계는 강조하고 있다.

따라서 노동계와 시민단체들은 주5일 근무제의 조기 도입이 장시간 노동으로 인한 우리 사회의 각종 폐해를 치유하면서 신규고용 창출을 통한 실업문제 해결에도 크게 기여할 것으로 전망한다. 뿐만 아니라 여가시간 확대를 통한 삶의 질 향상, 생산성 향상을 통한 국가경쟁력 확대 등의 다양한 긍정적 효과를 가져올 것으로 분석하고 있다. 이외에 근로자의 능력 개발 및 자아 실현의 기회를 확대하고 남·녀 모두에게 직장과 가정을 양립시킬 수 있는 여건을 제공할 것으로 기대하고 있다. 따라서 한국이 빠른 시일 안에 선진국 대열에 진입하기 위해 반드시 이뤄야 할 국가과제라는 게 노동계의 기본 인식이다.

이에 대해 전국경제인연합회·한국경영자총협회 등 경영자단체들은 『갑작스런 주5일 근무제 도입으로 인해 개별 기업은 물론 국가경제 전체가 추가적인 비용 부담에 시달릴 것』이라고 주장한다. 백번 양보해 주5일 근무제가 세계적인 추세라는 점을 고려하더라도 이 제도를 국내에 도입하기에 앞서 반드시 부작용을 줄이는 대 책부터 세워야 한다는 입장을 갖고 있다.

경영계에서 이처럼 주5일 근무제 도입에 부정적인 입장을 보이는 이유는 근로시간 단축이 기업의 노동비용 부담 증가로 이어질 것으로 보기 때문이다. 당장 법정근로시간이 줄어들게 되면 과거와 같은 생산량을 얻기 위해 추가적인 고용이 필요하고, 이는 결국 기업의 비용 증가와 생산성 저하를 가져온다는 분석이다. 특히 인건비 증가에 민감할 수밖에 없는 중소기업들은 법정근로시간 단축으로 인해 중국 등과의 경쟁에서 크게 뒤지게 될 것이라는 불안감을 나타내고 있다.

이에 따라 경영계는 현재 우리의 경제 상황과 국민소득 수준을 감안할 때 법정근로시간 단축이 전제되는 주5일 근무제 도입은 시기상조라고 강조한다. 특히 경영계는 대부분의 선진국들은 1인당 국민소득이 2만~3만 달러를 넘어섰을 때 법정 근로시간을 단축했다는 점을 참고 사례로 제시하고 있다.

그럼에도 불구하고 법정근로시간을 단축해야 한다면 기업경쟁력과 국가경제에 미치는 충격을 최소화할 수 있도록 합리적이고 생산적인 방향에서 추진해야 한다는 게, 양보할 수 있는 마지막 카드라는 점도 분명히 밝히고 있다.

따라서 현 시점에서 경영계와 노동계를 모두 만족시키는 타협점은 국민 삶의 질을 한 단계 끌어올리기 위한 주5일 근무제 도입을 점진적으로 추진하는 가운데 기업의 노동비용 증가를 최소화하기 위한 방안을 함께 마련하는 데서 찾아야 할 것으로 보인다. 이를 위해서는 노동생산성을 획기적으로 높일 수 있는 방안을 찾거나, 아

니면 갑작스런 노동비용 증가를 막기 위한 방안을 찾기 위해 노동
계와 경영계 모두 힘을 쏟아야 한다. 구체적으로 법정휴무 및 휴가
일수 축소나 초과근로수당 조정 등에서 보다 전향적인 의견 조율이
필요할 것으로 보인다.

현실적으로 여가를 중시하는 국제사회의 흐름과 삶의 질 향상에
대한 국민적 욕구를 감안할 때 주5일 근무제는 피할 수 없는 대세
가 되고 있다. 이미 미국·영국·일본 등 선진국뿐 아니라 중국 등
후발 개발도상국조차 주5일 근무제를 시행하고 있다. 선진국 클럽
으로 불리는 경제협력개발기구(OECD) 주요 회원국 가운데 이 제
도를 도입하지 않은 나라는 사실상 한국이 유일하다는 점도 분명히
고려해야 할 부분이다.

따라서 지금부터라도 다시금 주5일 근무제 도입에 따른 부작용
을 최소화하면서 이 제도를 성공적으로 정착시켜나갈 수 있도록 정
부와 경영계, 노동계 모두는 협력하고 노력해야 한다. 경영계와 노
동계가 합리적인 비용분담 원칙에 합의하는 가운데 국제적인 기준
과 우리의 현실여건을 감안해 이 제도를 도입한다면 주5일 근무제
는 우리 사회의 선진화를 한층 앞당길 수 있는 긍정적인 제도가 될
게 분명하다.

모두가 예상하는 대로 국민 삶의 질이 크게 향상될 뿐 아니라 근
로자 모두의 여가시간이 확대되면서 늘어나는 주말 여가객을 위한
레저·여행산업 등을 새롭게 발전시키는 밑거름이 될 수 있다. 적어
도 이들 분야에서 적지 않은 신규고용 창출 효과가 기대된다는 점
에서 주5일 근무제는 국가경제 성장에 플러스 효과를 가져다 줄 것
이다.

경제 외적인 측면에서 보면 **노동계**에서 주장하는
바와 같이 근로자 **여가시간**의 확대는
국민건강 증진으로 이어질 개연성이 크다는
분석이 **지배적**이다.

• 기업에서는 왜 주5일 근무제 도입에 부정적인 입장을 보일까?

• 주5일 근무제가 국가경제에 가져다 줄 긍정적인 결과는 무엇일까?

끝없는 논쟁, 대기업의 은행소유 제한

대기업의 은행지분 소유를 허용할 것인지, 허용한다면 어느 범위까지 터줄 것인지를 놓고 명확한 결론 없는 논쟁이 계속되고 있다. 한때 산업자본이 소유할 수 있는 은행주식 한도를 기존의 4%에서 10%로 늘리도록 하는 은행법 개정안에 대해 정부와 경제계, 그리고 시민단체가 첨예한 의견 대립을 보이기도 했다.

정부는 『은행에 책임경영체제를 도입하기 위해서는 피할 수 없는 선택』이라고 밝히는 반면, 시민단체와 일부 경제학자들은 『산업자본의 금융 지배를 사실상 허용한 것으로 은행의 사금고화가 우려된다』고 반발하고 있다. 또 경제계는 『실효성도 없는 법 개정을 놓고 정부와 시민단체가 공연한 입씨름을 벌인다』며 냉소적인 입장을 보이고 있다.

『은행에 주인을 찾아줘야 한다』는 주장은 사실상 공기업 형태로

운영돼온 은행이 구습에서 벗어나 스스로 발전할 수 있는 계기를 마련하고, 이를 토대로 국내 금융산업 전체가 새롭게 도약하는 발판을 제공하는 차원에서 나왔다. 방만하고 경쟁력이 떨어지는 은행경영의 문제가 기본적으로 확실한 주인이 없는 데서 비롯된 만큼 하루속히 책임경영이 이뤄질 수 있는 경영 및 지배구조를 갖춰야 한다는 것이다. 우리나라 은행산업의 낙후성이 과거 외환위기를 불러온 주요한 요인 중 하나라는 점에서, 은행 주인 찾아주기는 대다수 국민들로부터도 공감대를 얻고 있다.

그러나 구체적인 「주인 찾아주기」 방법을 놓고서는 이해 관계자 모두 생각이 다르다. 시민단체와 일부 경제학자들은 『은행산업 발전을 위해서는 정부은행도 곤란하지만 재벌은행은 더더욱 안 된다』는 강경 입장이다. 이에 대해 대다수 기업들은 『엄격한 경영감독이 이뤄진다면 대기업의 은행 소유 자체만을 놓고 문제시해서는 곤란하다』고 반박하고 있다.

또 다른 당사자인 정부는 대기업이 은행을 직접 소유, 경영하는 데는 부정적이지만 그렇다고 일정한 범위 내에서 지분을 갖는 것조차 막을 명분은 없다는 인식을 갖고 있다.

그렇다면 대기업이 은행을 직접 소유, 경영하게 되면 구체적으로 어떤 문제가 발생할 수 있을까?

대기업의 은행 소유를 반대하는 진영에서는 대기업이 은행을 직접 갖게 되면 기업 부실을 은행으로 전가시키게 될 것이라는 현실적인 우려를 내놓고 있다. 특히 1997년 말 외환위기 직후 자금난에 빠진 일부 대기업들이 계열 금융회사를 동원해 무리하게 자금을 끌어들이면서 금융 시스템은 물론 나라경제 전체가 붕괴위기로 몰렸던 사실을 생각한다면 산업자본과 금융자본은 어떤 경우라도 분리해야 한다고 강조한다.

또 국가경제력이 일부 대기업에 편중된 마당에 앞으로 대기업의 은행 소유까지 허용한다면 경제력 집중 문제는 도저히 해결할 수 없는 수렁으로 빠져들 것이라는 점도 뚜렷한 반대 사유의 하나다. 이에 따라 반대론 진영에서는 은행 주인 찾아주기는 해당 은행의 주식을 분명한 대주주가 없도록 완전히 분산시킨 뒤에 경영은 전문 경영인에게 맡기는 방식이 가장 바람직하다는 입장을 나타내고 있다.

반면 대기업의 은행 소유 찬성론자들은 대기업에 대해서도 은행 경영의 문호를 열어야 한다는 입장이다. 이와 함께 반대론 진영이 주장하는 방식의 은행 주인 찾아주기는 은행에 책임경영체제를 정착시킬 수 있는 현실적인 방안이 될 수 없다고 비판한다. 또 그 같은 방식은 외환위기 이전에 정부가 시행했던 은행 민영화 방안으로 책임경영체제 도입이라는 애초의 목표와도 거리가 멀다는 견해를 나타내고 있다. 과거의 경험으로 미루어볼 때, 현재 정부가 소유하고 있는 은행지분을 민간이 인수한다 해도 지배주주가 출현할 수 없도록 지분을 완전 분산시키게 되면 은행 경영이 실질적으로 정부 입김에서 완전히 벗어나 자율적으로 이루어지기 어렵다는 인식에 따른 것이다.

찬성론 진영에서는 또 대기업의 은행 사금고화를 우려해 은행지분 소유와 관련된 제도 개선을 마냥 미룬다면 은행산업은 영구히 국제경쟁에서 뒤질 수밖에 없다고 지적한다. 세계적인 금융회사들이 대부분 은행·보험·증권 등 여러 금융사업을 겸업하는 추세라는 점도 대기업의 은행 소유를 허용토록 해야 하는 이유로 거론된다. 새로운 흐름에 맞춰 대기업 소유의 증권·보험회사들이 겸업화·대형화 흐름에 적극 부응할 수 있도록 한다는 측면에서도 산업자본의 은행업 진출은 허용돼야 한다고 강조하고 있다.

결국, 이 같은 점을 고려할 때 은행지분 소유 문제의 해법은 산업자본의 은행 지배에 따른 부작용을 최소화하는 가운데 어떻게 은행에 대해 책임경영체제를 확립해갈 것이냐에서 찾아야 한다고 할 수 있다. 다시 말하면 은행산업 경쟁력 약화의 직접적인 원인으로 지목된 관치금융의 그늘에서 조속히 벗어날 수 있도록 하면서 은행이 대주주의 사금고로 전락할 수 있는 가능성을 미리 차단하고, 금융산업 경쟁력 강화를 위해 책임경영체제를 도입하는 일을 동시에 달성하기 위한 묘수가 필요하다. 따라서 은행경영에 대한 확실한 감독시스템을 마련한다는 전제 아래 단계적으로 대기업의 은행 소유제한을 풀어가는, 보다 전향적인 접근방법이 요구된다. 현실적으로 각종 폐해만을 우려해 산업자본의 은행 지배를 차단하는 데만 집착할 경우, 자칫 은행의 책임경영체제 확립이 요원한 과제로 남을 수밖에 없다는 점도 고려해야 하기 때문이다.

실제 미국·영국 등 상당수의 **선진국**들은
대기업의 은행 소유를 강제적으로 막기보다는
철저한 금융감독과 회계·공시제도 도입,
대주주 대출 등 내부자 거래에 대한 **엄격한 규제**를 통해
대기업의 은행 **사금고화**를 **차단**하고 있다.

한국개발연구원(KDI)도 2001년 연구보고서를 통해 『대기업의 은행 소유를 규제할 필요가 있긴 하지만, 주식 보유한도를 직접적으로 제한하는 형식보다는 철저한 금융감독을 통해 건전한 은행 경영이 이뤄지도록 지도하는 간접적인 방법을 동원하는 게 더 바람직하다』는 의견을 내놓은 바 있다. 분명한 목표를 설정한 뒤 그 목표를 이루기 위해서는 역효과를 최소화하는 가운데 현실적으로 실현 가능한 방안을 찾아나가는 게 보다 바람직한 정책 선택이라는 점에서 검토할 가치가 충분한 보고서로 해석된다.

생각해 보기

- 대기업 등 산업자본이 은행을 소유, 경영할 때 어떤 부작용이 생길까?

- 국가경제적으로 본다면 국유은행과 산업자본이 지배하는 은행 중 어느 쪽이 나을까?

법인세 폐지, 타당한 주장인가

국가경제에 새로운 활력을 불어넣기 위해 법인세·소득세 등의 세율(稅率)을 대폭 내려야 한다는 목소리가 날로 높아지고 있다. 특히, 국가의 미래를 위해 법인세를 전면 폐지하자는 주장까지 공개적으로 제기되는 상황이다.

국내기업들은 OECD 회원국을 비롯, 세계 각국이 법인세율 인하 경쟁에 나서고 있는 만큼 「기업하기 좋은 나라」를 만들기 위해서는 우리 정부도 법인세율의 획기적인 하향 조정 또는 전면 폐지를 검토해야 한다는 입장을 나타내고 있다.

한 발 나아가 주한 외국인 기업들은 개인소득세율의 인하를 요청하고 있는 상태다.

이에 반해 정부는 절대적인 법인세율 수준이 아직 선진국에 비해 높지 않을 뿐 아니라 세율체계를 자칫 잘못 손대면 세수(稅收)에

구멍이 생긴다며 난색을 표시하고 있다. 특히 외환위기 이후 적자 국채를 발행하며 근근히 재정을 꾸려가는 상황에서는 「균형재정 달성」 목표를 어떤 사안보다 최우선적으로 고려할 수밖에 없는 처지라고 강조한다.

국내에서 법인세율 인하 요구가 본격적으로 제기된 것은 극심한 경기 침체를 겪던 지난 2001년으로 거슬러 올라간다. 당시 정부는 예산을 확대 집행하는 방식으로 경기 활성화를 추진한 반면, 일부 정치권과 기업들은 감세(減稅)정책을 통한 경기회복정책을 마련할 것을 줄기차게 요구했다. 이른바 경기를 살리기 위한 정책수단으로 감세가 효과적이냐, 재정 확대가 바람직하냐를 놓고 치열한 논쟁이 벌어지면서 법인세율 인하가 구체적으로 제안된 것이다. 특히, 이 논쟁이 진행되는 과정에서 국가경제의 성장잠재력을 확충하는 차원에서 법인세를 전면 폐지하자는 주장도 경제계와 일부 조세학자들로부터 제기됐다.

법인세 폐지 찬성론자들은 세금 폐지가 쉬운 작업이 아니지만 국가경제의 미래를 결정짓는 중요한 과제로서 최우선적인 검토가 필요하다고 밝힌다. 또 몇 가지 경제지표가 좋아져 앞으로 경기 침체에 대한 우려가 사라진다 해도 「국가경쟁력의 획기적 강화」라는 우리 경제의 본질적이고도 구조적인 문제가 해결된 것이 아닌 만큼 보다 근본적인 개선책을 찾아야 한다고 강조하고 있다.

최근 들어 점차 하락세를 나타내는 경제의 성장잠재력을 끌어올리기 위해서는 보다 생산적인 부문에 자본을 집중 투입하기 위한 근원적인 대책을 세워야 하고, 그 대책으로 법인세 폐지를 고려할 수 있을 것이라는 주장이다.

특히 갈수록 빨라지는 과학기술 발전 속도를 따라잡고 급부상하는 중국과의 경쟁에서 뒤지지 않기 위한 투자를 서둘러야 한다고 강조한다. 이 같은 주장의 밑바탕에는 국가가 세금을 걷어 성장잠재력을 높이는 투자에 나서는 것보다 기업이 그 돈으로 직접 투자활동을 벌이는 게 훨씬 효율적이라는 인식이 깔려 있다.

사실 법인세 폐지는 우리나라에서만 제기되는 주장은 아니다. 1960년대 이후 많은 재정학자들이 법인세 폐지에 대한 논의를 지속해왔다. 최근에는 미국 부시 행정부에서 재무부장관을 지낸 폴 오닐이 직접 나서『법인세를 폐지하고 세제를 단순화하는 방식으로 미국경제의 효율성을 높이는 파격적인 세제개편안을 검토할 필요가 있다』는 명시적인 발언을 하기도 했다.

법인세 폐지론자들은 이와 함께 법인세가 중복과세의 표본이라는 점도 문제점으로 꼬집고 있다. 기업이 이익을 남기면 이에 대해 법인세 과세가 일차적으로 이뤄진 뒤 배당소득 및 급여소득 등에 이차 과세가 이뤄지고 있는 만큼 법인세는 중복과세가 된다는 지적이다.

그러나 정부와 시민단체 등은 기업과 경제단체 등의 이 같은 법인세 폐지 또는 법인세율의 획기적인 축소 주장에 대해『장기 과제로 연구해야 할 사안은 될지 모르지만 현재로선 수용 불가능한 견해』라고 주장하고 있다.

반박의 논지는 법인세를 대폭 축소하거나 폐지하는 게 기업의 투자 활성화를 불러올 뿐 아니라 장기적으로 경제의 성장잠재력을 확충하게 될 것이라는 분석에 동의하기 어렵다는 점으로 요약된다. 또 현재로선 법인세 인하가 곧바로 투자 증대로 이어진다는 실증적이고도 명시적인 연구 결과를 찾기 어렵다고 비판한다.

이와 함께 법인세 폐지가 자칫 조세 형평성을 저해할 수 있다는 점도 수용불가론의 주요 이유다. 아무리 줄인다 해도 일정한 수준의 국가예산이 필요한 상황에서 법인세를 폐지하거나 세율을 낮추면 세수 부족분을 근로소득세 등을 올려 메워야 하는데, 이는 부(富)의 분배구조 악화로 이어진다고 반박하고 있다.

정부는 이와 함께 우리나라의 현행 법인세율(27%)이 대부분의 OECD 회원국에 비해 낮은 수준일 뿐 아니라 전체 기업의 90% 정도가 과세표준 1억 원 이하로, 16%의 낮은 세율을 적용받고 있어 세율 조정조차 어렵다는 입장이다. 또 우리나라의 경우 각종 법인세 비과세 및 감면제도가 많아 기업의 실제 세부담률은 약 23%에 불과한 수준이라고 밝히고 있다. 아울러 사회복지와 교육·도로·항만 등 사회간접자본(SOC) 투자에 대한 재정수요가 지속적으로 증가할 것으로 예상되는 만큼 법인세제의 근간을 바꿀 수 없다는 원칙을 고수하고 있다.

현재 36%인 소득세 최고율 역시 미국(38.6%), 영국(40.0%), 중국(45%), 일본(37%)에 비해 낮고 소득세가 전체 세수에서 차지하는 비율이 20%에 육박하고 있어 세율 하향은 어렵다는 입장을 밝힌 바 있다.

지금까지 살펴본 바에 따르면 법인세 폐지 또는 대대적인 세율 하향 조정은 국가경제의 성장잠재력을 높이는 차원에서 장기적으로 검토해야 할 사안이긴 하지만 당장 수용하기는 힘들다는 지적이 보다 설득력을 갖췄다고 할 수 있다. 국가가 세금을 걷어 직접 투자에 나서야 할 공공영역이 엄연히 존재하고, 또 그 투자 수요가 날로 증가하는 추세를 감안할 때 무조건적인 세금 폐지는 국가 존립 기반을 위태롭게 할 수도 있기 때문이다.

현실적으로 **법인세 수입**이 국가재정에서 차지하는 비중이 여전히 **높다**는 점도 무시하기 어렵다.

다만 낮은 세율은 「기업하기 좋은 나라」를 만들고 국내외 기업의 적극적인 투자를 유도하게 된다는 점에서, 국가경제의 미래 성장 동력을 확충하는 차원에서는 항상 염두에 둬야 할 대목임에 분명하다.

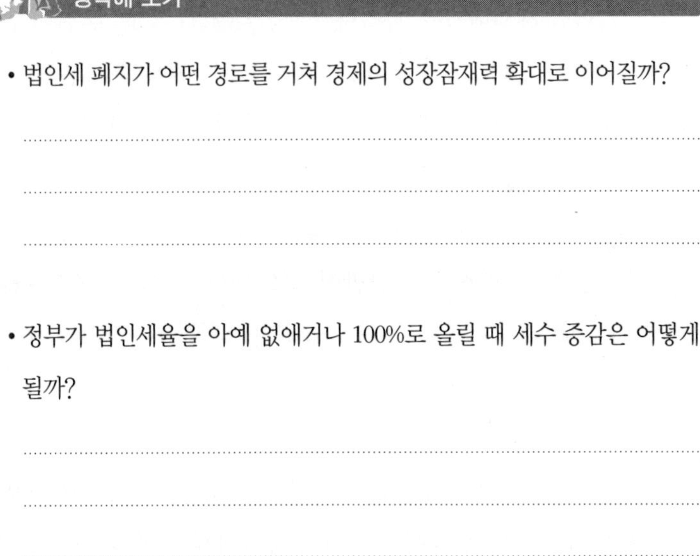

- 법인세 폐지가 어떤 경로를 거쳐 경제의 성장잠재력 확대로 이어질까?

- 정부가 법인세율을 아예 없애거나 100%로 올릴 때 세수 증감은 어떻게 될까?

기업 해외매각, 국부(國富) 유출인가

부실기업의 해외매각을 둘러싸고 「국부(國富) 유출」 논란이 끊임 없이 제기되고 있다. 또 정부가 소유한 공기업 지분의 일부 또는 전부를 해외 투자자에게 파는 것을 놓고도 똑같은 주장이 제기되고 있다. 이 같은 논란으로 인해 하루속히 처리돼야 할 부실기업 정리작업이 지연되면서 국가경제에 적지 않은 부담을 주고 있는 상황이다.

국내기업의 해외매각은 일반적으로 외국인 직접투자(Foreign Direct Investment:FDI)를 통해 이뤄진다. 외국 투자자가 국내기업의 기존 주식 또는 신규발행 주식의 일정 부분을 매입, 경영권을 확보하는 형태라고 보면 된다.

정부는 이에 따라 기업 해외매각은 외국자본이 국내로 들어와 사업을 벌이게 된다는 점에서 오히려 국가경제 발전에 도움이 된다고 강조한다. 또 부실기업이 국내에서 정리절차를 거쳐 청산되는 것보다 싼값이라도 해외에 매각한 후 경영을 정상화하는 게 더욱 이득이라고 밝히고 있다. 물론 헐값 규정도 자의적인 측면이 강하다고 반박한다.

따라서 기업 매각은 「국부 유출」이 아니라 「국부를 창출하는 과정」으로 이해해야 한다는 게 정부의 공식 입장이다. 공장시설 등을 뜯어내 해외로 송출하는 경우가 아니라면 기업의 소유주만 외국 투자자로 바뀔 뿐 생산 활동은 과거와 마찬가지로 국내에서 진행된다는 점에서 기업 해외매각을 꺼릴 이유가 없다는 것이다. 여기엔 국내에서 상품을 생산하고 사람을 고용하며 세금을 내는 기업은 곧 우리 기업이라는 인식이 깔려 있다.

정부는 아울러 기업 매각을 통한 외국인 투자유치가 원금과 이자 부담 없이 안정적으로 외국자본을 끌어들이고 생산을 증대시키며 일자리를 만들어내는 긍정적인 결과를 가져온다고 설명한다. 동시에 첨단기술과 선진경영기법을 배울 수 있고 투명한 기업경영을 뿌리내리게 하며 수출을 늘리고 수입을 줄이는 효과가 크다고 지적하고 있다. 기업 해외매각을 통해 일석오조(一石五鳥)의 효과를 얻을 수 있다는 얘기다. 또 영국 등 여러 선진국의 사례를 볼 때 외국인 투자유치는 해당 국가에 더 큰 이익을 가져다 줬다고 지적하고 삼성전자, SK텔레콤 등 주가가 높고 우량한 국내기업들은 이미 외국인들의 지분이 더 많은 기업이라고 밝히고 있다.

반면 국부 유출을 우려하는 쪽에서는 일시적으로 경영이 어렵다고 해도 잠재가치가 큰 국내기업을 외국자본에 헐값으로 매각하는 것은 「명백한 국가 부(富)의 유출」이라고 지적하고 있다. 정부가 단기적인 부실기업 처리에만 몰두하다 제값도 받지 못한 채 기업을 판 사례가 적지 않다는 주장이다. 실제 제일은행이나 대우자동차 등을 굳이 해외 투자자에게 매각할 필요가 있었느냐는 본질적인 의문을 제기하고 있다. 하이닉스반도체 처리를 놓고서도 똑같은 문제가 쟁점으로 떠오른 바 있다. 해외 투자자에게 매각하는 조건이라면 국내 다른 기업에게 팔 수도 있었을 것이라는 점에서, 결과적으로 기업 해외매각은 부(富)를 유출시킨 것이라는 비판이다.

또 기업 해외매각에는 정부가 강조하는 것처럼 긍정적인 요소만 있는 게 아니라 여러 부정적인 측면도 존재한다고 강조한다. 주요 역기능으로는 경제 주권이 침해받거나 국내 자본이 위축될 수 있다는 점 등이 거론된다. 외국인 투자자로 인해 정부의 산업정책 방향이 훼손될 수 있을 뿐 아니라 노동·환경·안보와 같이 공익성이 강한 영역에 대한 정책 결정에도 자칫 영향이 미칠 것이라는 우려다. 또 기업 해외매각이 단기적으로 기업 내 구조조정에 따른 고용 불안을 불러오고 장기적으로는 국내산업의 기술정보 유출, 외국인 자본의 국내 주요산업 지배로 인한 경제 주도권 상실 등을 가져올 것이라고 지적한다.

하지만 국부 유출론을 주장하는 측에서도 외국인 투자유치의 긍정적인 측면을 도외시한 채 이를 무조건 막아야 한다는 입장은 아니다. 국내기업의 주인이 외국 투자자로 바뀌는 데 대한 국민 정서상의 거부감을 부분적으로 등에 업고 있긴 하지만 시대착오적인 국수주의나 외국인 혐오증(xenophobia)을 토대로 이 같은 주장을 내놓는 것은 아니라는 얘기다.

앞서 살펴본 대로 부실기업 매각이나 공기업 민영화를 통한 외국인 투자유치가 가져오는 효용은 매우 크다. 당장 외국자본의 힘

을 빌려 경제의 체질을 강화할 수 있고 부실기업 처리를 앞당길 수 있으며 국가신인도 향상에도 도움이 된다. 1990년대 이후 중국이나 아세안(ASEAN)은 외국인 투자를 적극적으로 받아들여 경쟁력을 향상시키면서 한국을 위협할 정도로 성장했다는 점은 엄연한 사실이다.

그렇지만 국내기업이나 투자자를 완전 배제한 채 외국인 투자자에게만 부실기업 등을 매각하는 것은 반드시 되짚어볼 필요가 있다.

과거에 비해 **자본의 국적성**이 많이 희석되긴 했지만
다국적 기업과 무국적 기업은 **동의어**가 아니다.

예컨대 다국적 기업 네슬레는 생산의 90% 이상을 스위스 이외의 전세계 공장에서 수행하지만 장기 전략 수립과 핵심적인 연구·개발 업무는 모국 스위스에서 맡고 있다. 이처럼 외국인 투자기업의

의사 결정에는 여전히 모국에 대한 고려가 상당히 작용하고 있다는 점을 염두에 둬야 한다.

따라서 해외 투자자를 대상으로 한 부실기업 매각이나 공기업 민영화는 긍정적인 측면과 부정적인 측면을 면밀히 검토한 뒤 사안별로 합리적인 대응에 나서는 게 보다 바람직한 것으로 보인다. 기업 해외매각에 대한 정부의 정책기조를 「주체적·선별적 대응」으로 명시적으로 바꿔야 한다는 주장에도 귀를 기울일 필요가 있다. 긍정적인 측면과 부정적인 여파가 상존하는 상황에서 『외자 유치 외에 대안이 없다』거나 『성급한 해외 매각은 국부 유출일 뿐』이라는 주장은 어느 쪽도 「절대 선(善)」으로 보기 어렵다.

따라서 대우자동차 매각 과정에서 제기된, 해외 자동차업체의 하청 생산기지로 전락할 수 있다는 세간의 우려는 언제나 되짚어봐야 할 숙제다. 물론 다행스럽게도 미국 제너럴 모터스(GM)는 대우자동차를 인수하는 본계약을 맺으면서 대우차 공장을 단순한 하청 생산기지로 활용하지 않을 것이라는 뜻을 밝혔다. 그러나 만에 하나라도 GM이 대우차를 하청 생산업체로 전락시키는 전략을 택했다면 우리나라 자동차 산업은 장기적인 기술 축적 등에서 큰 손해를 볼 수밖에 없다. 이는 국가경제 전체로도 엄청난 손실이다.

- 기업 해외매각이 어떤 점에서 국부 유출로 이어질 수 있을까?
- 제일은행 해외매각이 가져다 준 긍정적인 측면과 부정적인 측면은 뭘까?

관치경제와 시장경제

김대중 정부는 1998년 집권 이래 줄곧 「시장경제와 민주주의의 병행 발전」을 제1의 국정목표로 내세워왔다. 그럼에도 과거 1960년대 이후 개발경제시대 때와 마찬가지로 우리 경제를 움직이는 동력은 「보이지 않는 손(invisible hand)」으로 불리는 「시장(market)」이 아니라 정부의 간섭과 개입을 뜻하는 「관치(官治)」라는 비판이 수그러들지 않고 있다.

일부에서는 정부에 의한 시장 개입이 지나쳐 자본주의의 본질을 위협하는 수준에 이르렀다고 지적하고 있다. 이른바, 「관치경제 청산법」을 제정해야 한다는 목소리가 나올 정도다. 정부는 이에 대해 『지금은 시장경제로 가는 과도기적 상황』이라고 반박하며 「관치경제론」 주장에 이의를 제기한다. 최근 관치경제가 심화된 것으로 비쳐지는 것은, 1997년 말 발생한 외환위기를 극복하기 위해 부실 금융회사에 공적 자금을 투입하고 기업 및 금융개혁을 추진하는 과정에서 불가피하게 생긴 일시적인 현상일 뿐이라는 해명이다.

관치경제를 둘러싼 논란이 이처럼 뜨거운 것은 관치의 폐해가 그만큼 크다는 데 누구나 공감하기 때문이다. 실제, 관치경제의 폐해가 얼마나 심각한지는 고통스럽기 그지없었던 외환위기의 뿌리가 여기서 출발한다는 데서 분명히 드러난다.

한국이 단기간에 이룩한 산업화의 이면에는 정부가 시장을 대신해 경제자원을 동원하고 투자와 분배에 결정권을 행사하는, 이른바 정부 주도의 「관치경제」가 자리잡고 있다. 관(官)이 주도하는 권위적인 의사 결정이 훨씬 효율적인 시기였다고 할 수 있다. 하지만 이러한 압축 성장은 알게 모르게 사회 전반에 걸쳐 도덕적 해이와 비효율, 그리고 관료적 경직성과 정실주의를 자리잡게 했고, 이는 산업경쟁력의 약화와 금융산업의 낙후를 불러왔다.

따라서 산업과 금융의 총체적인 부실이 외환위기를 불러온 근본적인 이유라고 한다면, 외환위기는 관치경제체제에서 비롯된 불행한 결과임에 분명하다. 시장 자율의 건전한 경제 발전을 저해하는 시스템을 만들어낸 원죄가 관치경제에 있다는 얘기다. 그러나 문제는 외환위기 이후에도 시장경제체제 발전을 가로막는 관치경제의 잘못된 관행이 여전히 개선되지 않고 있다는 데 있다.

흔히, 관치라 불리는 「정부에 의한 시장 개입」 수단은 크게 두 가지로 나뉜다. 하나는 금융을 통해서, 다른 하나는 규제를 통해서다. 먼저 금융 측면에서 관치가 심화됐다는 증거는 너무나 명백하다. 공적 자금 투입에 따른 당연한 결과이기는 하지만, 외환위기 이후 11개 시중은행 가운데 8곳(2001년 말 현재)이 사실상 정부 지배 아래 들어가 있다. 정부 및 정부산하기관이 최대 주주인 시중 은행은 우리·조흥·외환·서울·국민·평화은행 등 6개이고, 제일은 정부가 두번째로 큰 주주다. 상황이 이렇다 보니 민간은행의 70%(자본금 기준)가 환란 이후 정부의 직접적인 지배를 받고 있다.

제2금융권도 예외는 아니다. 명맥만 유지하고 있는 종합금융회사의 태반이 정부가 지배하는 우리금융지주회사 자회사로 편입돼 있다. 대한생명과 서울보증보험, 한국투신, 대한투신, 대우증권 등 외환위기 이후 정부 지배를 받게 된 금융회사는 그 밖에도 셀 수 없이 많다.

이처럼 정부에 의한 금융기관 지배력이 현저히 높아지다 보니 관치금융이 심화되는 것은 필연적이다. 그렇지 않아도 관치에 길들여져 있는 금융회사로서는 정부가 대주주로 있는 상황에서 정부 뜻을 거부하기 힘들기 때문이다.

관치경제 심화는 금융부문 외에 외환위기 이후 새롭게 도입된 각종 기업규제에서도 발견된다. 경제위기 극복을 위해 불가피한 조치였다고는 하지만 기업의 부채를 자기자본의 200% 범위 내로 묶고 64개 기업집단에 대해 주채권은행과 재무구조개선 약정을 맺도록 한 것 등이 대표적인 예다. 내용의 타당성 여부를 차치하고 형식적으로는 새로운 규제가 생긴 것이다. 기업들은 이외에도 자율경영을 제약하는 수많은 행정 관행이 존재한다고 비판한다.

이처럼 시중 은행을 비롯한 상당수 금융회사가 정부 지배를 받는 상황에서 이들 기업규제는 민간기업까지 직접적으로 정부 눈치를 보거나 은행을 통해 간접적으로 눈치를 볼 수밖에 없도록 하는 결과를 가져왔다. 「관치 공화국」이라는 비판의 목소리가 갈수록 드

높아지는 사연이 여기에 있다.

이유가 뭐든 간에 관치경제 관행을 하루라도 빨리 청산해야 한다는 데는 별다른 이견이 없는 상황이다. 당장 정부 스스로도 관치경제 청산에 동의하고 있다. 관치에 길들여진 경제체제에서는 그만큼 시장 자율성이 침해받을 수밖에 없고, 이는 궁극적으로 경쟁력 저하로 이어진다는 사회적 공감대가 형성됐다고 할 수 있다.

이에 따라 정부 지배를 받는 금융회사를 민영화시키기 위한 작업과 함께 기업규제를 완화하고 관치경제의 관행을 근절시키려는 움직임이 점차 가시화되고 있다. 그러나 과도한 규제가 존재하는 한 관치 청산은 구호에 그칠 수밖에 없고, 대다수 금융회사가 국유화된 상태로는 시장자율을 아무리 외친다 할지라도 공허한 메아리가 되게 마련이다.

자본주의 경제체제의 근간은 시장이다.

정부의 의지가 아니라 수많은 시장 참가자들의 의지에 따라 가격이 결정되고 부실기업 퇴출이 정해지는 메커니즘은 실로 대단한 위력을 발휘한다. 수많은 시장 참가자들의 의지, 즉 애덤 스미스가 얘기한 「보이지 않는 손」은 관치경제체제의 결정 시스템보다 훨씬 우월한 경쟁력을 갖는다는 게 정설이다. 이는 시장경제체제가 발전한 나라가 곧 선진국이라는 평범한 사실에서 경험적으로 증명되고 있다.

물론 정부에 의한 시장 개입이 언제나 배척돼야 하는 것은 아니다. 근대 경제학이론은 시장 메커니즘이 정상적으로 작동하지 않는, 극히 예외적인 경우에 한해 최소한의 범위 내에서 정부 개입이 이뤄질 수 있고, 또 이뤄져야 한다는 일관된 원칙을 세워놓고 있다. 따라서 성숙한 시장이 없는 경제는 일시적으로 번성할 수는 있지만 영속적인 번영을 약속하지는 못한다는 점에서, 하루빨리 관치의 구태를 벗고 시장자율을 확대하는 노력이 절실히 요구된다. 이는 외환위기의 값진 교훈을 경제 재도약의 발판으로 삼는 과정이자 궁극적으로는 국가경쟁력을 높일 수 있는 길이기도 하다.

생각해 보기

• 관치경제는 왜 종국에는 국가경제 발전을 저해하는 요인이 될까?

• 시장(market)의 결정은 언제나 옳은 것일까? 또 정부의 시장 개입은 무조건 잘못인가?

적자재정이 갖는 의미

외환위기 이후 계속된 재정(財政)적자로 인해 국가부채가 빠르게 증가하면서 이를 걱정하는 목소리가 높아가고 있다. 또 지난 1998년을 기점으로 5년 연속 적자예산이 편성되면서 나라 살림살이가 앞으로 헤어나기 힘든 빚더미에 짓눌리게 되는 것 아니냐는 우려도 많다.

재정적자는 정부의 연간 예산지출이 세금 등 수입보다 많을 때 발생한다. 적자가 생기는 이유는 조세 수입보다 지출액이 많을 경우 정부가 국채를 발행해서라도 부족액을 메울 수밖에 없기 때문이다. 또 국가채무는 재정적자로 인해 정부가 국채 발행 등을 통해 민간에서 빌린 돈의 총액을 뜻한다. 결국 계속되는 재정적자는 국가부채를 증가시키고 정부는 이 빚의 원금과 이자를 갚는 데 다시 예산을 써야 하는 악순환을 부른다.

지금 중앙 및 지방정부가 직접 갚아야 할 부채 규모는 이미 120조 원(2001년 말 기준)을 훌쩍 뛰어넘었다. IMF 등이 사용하는 공식 기준은 아니지만, 일부에서는 공기업 및 정부출연기관 부채 등을 합친, 넓은 의미의 국가채무는 1,000조 원을 상회한다고 지적한다. 국가부채 120조 원은 한 가구당 1,000만 원씩 갚아도 모자라는 규모다. 2002년 정부 예산(105조 8,800억 원)을 모두 부채 상환에 사용해도 다 갚을 수 없는, 실로 엄청난 금액이다.

국가가 계속 돈을 찍어내 빚을 갚거나 세금을 더 거두어 갚으면 될 것 아니냐고 생각할지 모르지만 문제는 그렇게 간단치가 않다. 돈을 무작정 찍어내면 인플레이션으로 인해 종국에는 돈의 가치가 하락하고 국가경제는 마비될 수밖에 없다. 세금을 더 걷는 것도 현실적으로 한계가 있다. 미국 경제학자 래퍼가 제시한 것처럼, 세율을 높이는 만큼 정비례해서 세수(稅收)가 늘어나는 것은 아니기 때문이다.

물론 국가도 불가피하게 빚을 질 수 있다. 갑자기 경기가 나빠져 정부의 세금 수입이 최소한의 지출소요액을 감당하기 어려우면 일시적으로 빚을 얻을 수밖에 없다. 또 경기를 활성화하기 위해 정부 예산을 늘리는 경우도 허다하다. 추가경정예산을 편성하는 방식으로 한 해 예산을 늘려 도로·항만·공항과 같은 사회간접자본 투자에 적극 나서는, 경기진작정책이 대표적인 예다. 외환위기 직후 경제를 살리기 위해 적자 국채를 발행해 마련한 공적 자금을 부실 금융회사 등에 투입한 것을 생각하면 쉽게 알 수 있다. 이 같은 적자재정은 투자성 부채이기 때문에 잘만 활용하면 경제발전과 국민복지 향상에 도움이 된다.

문제는 소모성 부채다. 투자를 위해 돈을 빌리는 게 아니라 국가 부채를 상환하고 공무원 급여 지급 등의 경직성 경비 충당을 위해 빚을 지는 경우가 이에 해당한다.

지금 우리나라는 정부부채의 이자를 갚기 위해 국채를 발행하는 악순환에 접어들 위기에 처해 있다. 이에 따라 앞으로도 재정적자가 지속되고 국가부채가 더 늘어나면 정부의 재정 운영에 심각한 문제가 발생할 수 있다는 경고가 잇따르고 있다.

우선, 사회간접자본과 같은 생산적인 분야에 예산을 투자하기 어렵게 된다. 또 국가부채가 계속 쌓이면 후손들에게 부채 상환의 책임을 떠넘기는 부끄러운 상황도 발생한다. 부채 상환을 위한 국채 발행이 계속되면 금융시장을 교란시키게 된다. 국공채 발행이 증가하면 채권가격을 하락(금리 상승)시키게 되고 정부가 시중 돈을 끌어가는 만큼 민간기업은 그만큼 시장에서 돈을 빌리기 어려울 수밖에 없다. 경제학이론에서 말하는 구축효과(驅逐效果 · crowding-out effect)가 발생하는 것이다. 구축효과가 발생하면 민간투자 감소와 인플레이션, 그리고 경상수지 적자가 나타나고 종국에는 국가경제를 위축시키게 된다.

앞서 밝힌 대로 지금의 늘어난 정부의 재정적자와 국가부채는 1997년 말 외환위기 이후 조성된 공적 자금과 극도의 경기침체를 극복하기 위해 투입된 돈이 대부분으로, 불가피했던 측면이 강하다. 부실기업과 부실금융회사를 처리하고 무너진 시장 시스템을 복구하기 위해 피할 수 없는 적자였다는 얘기다. 결과적으로 적자 재정이 위기 극복의 선도적 역할을 했다는 게 일반적인 평가이기도 하다.

그러나 직접적인 위기가 극복된 지금의 상황에서는 적자재정에 대한 정부의 인식과 대응이 분명히 달라져야 한다. 물론 정부 스스로도 2003년 예산부터는 수입과 지출을 맞추는, 균형재정으로 복귀하겠다는 의지를 밝혔고 더 이상 적자 국채를 발행하지 않겠다고 공언하고 있다. 당장에 흑자재정을 이뤄 국가부채를 단계적으로 줄일 수는 없을지라도, 우선 균형재정부터 이뤄가겠다는 정부의 계획은 옳은 판단이다.

하지만 재정적자는 한번 발생하면 그것을 해소하는 데 매우 오랜 시간이 걸린다는 점을 충분히 감안할 필요가 있다. 따라서 균형재정 확립을 위한 분명한 대책을 마련하는 작업부터 선행돼야 한다. 미국의 경우 갖은 노력을 해왔음에도 1960년대에 시작된 재정적자를 30년이 지난 1990년대에 와서야 겨우 해소했다. 일본은 1993년 이래 지금까지 재정적자의 악순환에 허덕이고 있고 영국의 사정도 마찬가지다.

재정을 적자에서 **흑자**로 **반전**시키기 위해서는 세수를 증대하고 **정부지출**을 줄여 가능한 빠른 시일 안에 적자 규모부터 **줄여나가는** 게 중요하다.

이를 위해선 당장 획기적인 세수 증대가 어려운 만큼 불요불급한 정부지출을 줄여나가는 수밖에 없다. 국가부채 이자상환금 등 꼭 필요한 경직성 예산이 많다고 하더라도 연간 지출 목표를 세우고 이를 달성토록 해야 한다. 목표가 달성되지 않을 경우엔 모든 정부

지출을 일률적으로 감소시키는 특단의 조치도 검토해야 한다. 다만 정부지출을 줄이더라도 경제 성장의 잠재력을 유지하기 위한 최소한의 투자가 축소돼서는 곤란하다.

예상보다 많이 걷힌 세금 수입이나 예산 가운데 쓰고 남은 돈 등의 세계잉여금(歲計剩餘金)은 반드시 국가부채 상환에 사용토록 한다는 원칙을 세우는 것도 필요하다. 차제에 정치권에서 제기된 바 있는, 적자재정을 흑자로 되돌리기 위한 「재정 건전화를 위한 특별법」 제정에 대해서도 적극적인 검토가 요구된다.

• 누적된 적자재정이 가져오는 부작용은 뭘까?

• 적자재정과 국가부채 사이에는 어떤 상관관계가 있을까?

버블 경제, 왜 문제인가

버블(bubble·거품)은 안정적인 경제성장의 걸림돌이다. 부동산 등의 자산가격이 지나치게 급등하는 현상인 버블은 그 거품이 꺼지면 경제위기의 직접적인 요인으로 작용하기 때문이다. 물론 자산가격 상승이 경제에 전혀 도움이 되지 않는 것은 아니다. 경제가 침체기에서 벗어나 상승세로 돌아서는 시점에서의 자산가격 상승은 수요 확대라는 측면에서 유익한 기능을 갖는다. 신기술 분야와 관련된 버블의 경우 기술 개발과 사회간접자본을 확충하는 순기능이 있다. 그러나 버블의 긍정적 역할은 여기에서 그친다.

버블 경제는 일반적으로 투기 수요와 맞물려 있다. 경제의 기초체력이 뒷받침되지 않는데도 부동산·주식 등의 자산가격이 상승하고 그것이 더 많은 사람들의 투기를 유발해 가격이 치솟는 것이다. 그래서 투기적 버블(speculative bubble) 현상이라고 풀어쓰기도 한다. 또 경제의 기초체력에 비해 부동산 등의 특정한 자산가격이 투기적 과수요로 인해 지나치게 상승할 때 이를 「버블 경기」라한다.

문제는 정부의 강제적인 개입에 의해서건, 시장의 자율적인 판단에 의해서건 버블이 한번 붕괴되기 시작하면 국가경제 전반에 걷잡을 수 없는 해악을 미친다는 데 있다. 버블은 일반적으로 「자산가격 상승→내수 확대→자산에 대한 가수요→자산가격 재상승」이라는 전형적인 순환고리를 통해 형성된다. 이어 「자산가격 상승→담보가치 증대→대출 증가→자산수요 증대」라는 메커니즘을 작동시킨다.

일면 긍정적인 경기순환 흐름으로 보이는 이러한 흐름에는 적지않은 문제점이 내포돼 있다. 버블이 파열되는 순간에는 「자산수요 감소→대출 축소→담보가치 하락→자산가치 재하락」의 반대 과정을 거치며 경기는 급속히 냉각된다. 급속한 내수 감소도 동반된다.

장기 침체를 겪고 있는 일본경제를 보면 버블 경기의 폐해가 얼마나 큰지를 한눈에 알 수 있다. 일본의 장기 경기침체는 부동산 버블이 갑작스레 꺼진 1990년대 초부터 시작됐다. 1980년대 미국에 버금가는 경제대국으로 도약했던 일본이지만 하루아침에 사라진 거품경기로 인해 지금까지 끝없는 불황의 고통을 겪고 있다. 버블이 꺼지면서 물가 하락과 경기 후퇴가 반복되는 디플레이션 악순환(spiral deflation)이 초래된 탓이다.

일본은 초저금리에도 불구하고 1990년대 초 이후 10년 넘게 자산가치의 끝없는 하락과 더더욱 축소되는 소비수요로 인해 탈출구가 보이지 않는 장기 불황에 시달리고 있다. 자산가격의 하락은 심

각한 금융 부실로 이어졌다. 일시에 버블이 붕괴되면서 자산가격이 하락했고 이 때문에 부동산 등의 자산을 담보로 대출을 늘려온 금융회사들이 엄청난 채권 손실을 봐야 했기 때문이다.

한 발 나아가 금융회사의 부실은 기업 투자의 위축, 그리고 기업 이윤의 감소를 가져왔고 이는 곧바로 경기침체를 불러왔다. 일본경제는 「버블 붕괴→자산가격 하락→금융 부실→투자 위축→경기침체→기업 부도 및 실업 증가→소비 감소→자산가격 하락」이라는 전형적인 장기 침체의 순환고리를 벗어나지 못하고 있다.

과거 영국도 지금의 일본과 비슷한 악몽을 경험했다. 1979년 집권한 영국의 대처 정부는 「빅뱅(Big Bang)」으로 불리는 금융개혁을 단행했고 개혁작업의 일환으로 주택금융 금리를 떨어뜨렸다. 싼 금리로 주택자금을 빌릴 수 있게 되자 영국의 집값은 1986년부터 급등하기 시작했다. 1986~89년까지 4년 동안 신축 주택의 가격은 연평균 19%, 기존 주택값은 18%나 올랐다. 신축 주택은 1988년 한 해에만 26%나 가격이 급등하기도 했다.

하지만 주택가격의 비정상적인 상승은 오래 가지 못했다. 인플레이션(물가 상승) 압박에 시달리던 영국 정부는 주택자금 금리를 1990년 들어 두 배 넘게 올렸고 이 때부터 주택가격은 매년 7% 이상씩 급락하게 된다.

그 결과, 주택 구입을 위해 은행에서 대출받은 자금이 실제 주택가격보다 더 많은 경우가 잇따라 생겼고 빚을 갚지 못하는 사람도 속출했다. 자연히 은행이 대출을 하면서 담보로 잡은 부동산을 압류하는 사례가 급격히 증가했다. 결국 영국 금융회사들은 이 때의 부동산 버블 붕괴로 인해 수백억 달러의 손실을 입은 것으로 밝혀졌다.

우리나라의 경우도 경기 회복기에는 곧잘 「버블 경기 논쟁」이 불거지곤 한다. 올림픽을 치른 1980년대 후반부터 1990년대 초반까지 이 같은 논쟁이 벌어졌고 2002년에도 비슷한 상황을 겪었다. 특히 전세계적인 경기 부진의 영향으로 극심한 침체를 겪었던 2001년 국내경기 상황이 2002년 들어 부동산과 주식시장이 과열되는 조짐을 보이자 「국지적인 버블 경기론」에 대한 우려가 확산됐다. 당시 경기 회복에 대한 기대가 높아지긴 했지만, 수출과 투자가 여전히 부진한 상황에서 서울 등 대도시 지역의 아파트값이 폭등하는 현상이 계속되면서 이상과열 현상에 대한 우려가 커졌다. 주가 급등을 놓고도 버블이냐 아니냐를 놓고 치열한 논쟁이 벌어지기도 했다.

버블 경기 경계론자들은 저금리를 바탕으로 한 지속적인 경기 부양책의 부작용이라며 비판의 목소리를 높였다. 경기가 본격 회복되기도 전에 버블 붕괴로 인해 일본식 장기 침체에 빠질 수 있다고 경고했다. 특히 부동산 버블은 비생산적인 투기활동을 부추긴다는 점에서 생산 및 근로 의욕을 크게 감소시킬 것이라고 분석하면서 물가와 임금, 자산가격이 혹시라도 상호 상승효과를 내면 국가경쟁력을 갉아먹게 된다고 우려했다.

건전하고 안정적인 경제 발전을 위해서는 시중 부동(浮動)자금은 부동산과 같이 비생산적인 용처(用處)가 아니라 설비투자 등 보다 생산적인 곳에 쓰이도록 해야 한다. 그런 점에서 투기적 가수요에서 초래되는 버블 경기는 건전한 경제성장에 분명히 저해가 될 뿐이다. 따라서 경제정책 운용의 직접 당사자인 정부는 버블을 형성하는 순환 메커니즘을 상시적으로 세심하게 관찰해야 하고, 필요하다면 선제적 대응에 나서야 한다. 버블 경기의 끝은 언제나 장기 불황과 또 다른 경제위기일 뿐이다.

• 버블 경기로 인해 초래될 수 있는 부작용은 뭘까?

• 버블은 언제나 좋지 못한 것일까? 순기능이 있다면 어떤 것일까?

교육개혁과 시장경제 논리

고교평준화정책을 지속하느냐의 여부를 둘러싼 찬반 논란이 뜨겁다. 대학에 학생 선발의 자율권을 주고 「기여 입학제」 도입을 허용하는 문제를 놓고서도 말들이 많다. 2002년 초에는 수도권 지역의 일부 학부모들이 『고교평준화제가 헌법에 보장된 교육을 받을 권리와 행복추구권을 침해하고 있다』며 헌법재판소에 헌법 소원을 제기하기도 했다.

정부 내에서도 교육정책을 주관하는 부처와 경제정책을 담당하는 부처 사이에 입장 차이를 보이고 있다. 교육부는 고교평준화 폐지가 자칫 고교교육에서도 과열 경쟁을 유발하고 국민 위화감을 조성할 소지가 크다는 생각인 반면, 재경부 등 경제 부처는 학부모와 학생에게 학교를 선택할 권리를 인정하는, 전향적인 인식 전환이 필요하다는 입장이다. 나아가 고교 간 우열을 인정해야 국제적으로 경쟁력 있는 인력을 양성할 수 있다고 설명한다.

현재 제기되는 교육 개혁론의 배경에는 국가경제의 지속 성장을 위해서는 효율적인 인적 자원 개발이 선행돼야 한다는 절박한 인식이 깔려 있다. 산업화를 거쳐 지식정보화 단계에 접어든 한국경제가 앞으로도 지속적으로 성장하려면 과거와 같은 단순한 노동과 자본 등 요소 투입의 증가가 아니라, 획기적인 기술혁신에 의한 생산성 증가를 이룰 수 있어야 한다는 주장이다. 급성장하는 중국시장을 위협 요인이 아니라 기회로 활용하기 위해서도 국가 전체의 역량을 높여야 하고, 이를 위해서는 인적 자원의 질이 중국보다 우수해지도록 적극적으로 유지, 관리해야 한다고 강조한다.

교육개혁론 진영에서는 이와 함께 강도 높은 교육 시스템의 변화를 요구하는 근거로 규제와 획일화·평준화에 초점이 맞춰져 있는 현재의 교육정책이 이미 경쟁력을 상실했다는 점을 꼽는다. 또 하향평준화정책은 교육의 효율성을 저하시킬 뿐 아니라 사회에 필요한 최소한의 엘리트 교육의 기회마저 박탈하는 부작용을 낳았다고 비판하고 있다.

아울러 대학이 발전하고 세계적인 교육 수준에 도달하려면 투자가 필연적이지만 사립대학의 재정여건이 날로 악화돼 투자 여력이 없는 상태인 만큼 기여입학제 도입을 검토해야 한다고 주장한다. 대학 스스로의 자율적인 재정 확보 노력이 필요하지만 현실적으로 한계가 있음을 인정해야 한다는 입장이다.

따라서 교육 투자의 효율성을 이뤄내기 위한 개혁작업 없이는 국가경제의 미래를 보장받기 어렵다고 목소리를 높인다. 개혁의 방식은 교육에 시장경제 논리를 반영토록 하는, 발상의 전환에서 찾아야 한다는 주장이다. 소비자에게 학교를 선택할 수 있는 권리를 주고, 능력이 뛰어난 학생은 보다 높은 질의 교육을 받을 수 있도록 하자는 것이다.

소득과 선호가 각기 다른 소비자를 충족시킬 수 있는 다양하고 전문화된 공교육이 제공되지 않는 한, 아무리 좋은 취지의 교육제도를 도입해도 「사교육 번창」과 같은 근원적인 문제는 해결될 수 없기 때문에 차라리 경제논리에 충실하자는 것으로 해석된다. 인위적으로 고교평준화를 시켜도 또다시 어느 정도의 우열의 차가 나는, 시장논리도 인정해야 한다는 주장이기도 하다.

결국 교육개혁론은 하향평준화를 고수하는 고교교육과 교육경쟁력 확보를 위한 투자가 사실상 어려운 현재의 대학으로는 향후 국가경쟁력을 한 단계 더 끌어올릴 우수인력 양성이 불가능하다는 입장에서 출발, 교육 시스템 전반을 획기적으로 탈바꿈시키자는 주장이라 할 수 있다. 그 동안 국민들의 높은 교육열을 수용하기 위해 「양적 확대」에 골몰해온 교육정책을 「질적 확대」로 바꿔야 한다는 지적이기도 하다.

그러나 우리 사회에는 교육시장에 경제논리를 적용하는 것은 「위험천만한 발상」이라는 반대편의 목소리가 여전히 주류를 형성하고 있다.

기여입학제만 하더라도 평등하게 **교육**받을 **권리**를 침해할 수 있고 부모의 **경제력**이 교육 기회로 **세습**된다는 측면에서 사회정서에 맞지 않는다는 **주장**이다.

자칫 이 제도가 도입되면 대학의 서열화를 조장할 수 있다는 점도 반대 이유다.

고교평준화정책에 대해서도 입시 과열을 막기 위한 마지노선이라는 생각을 갖고 있다. 지금의 평준화정책의 틀이 훼손되면 대학 입시는 물론, 고교 입시를 위한 과열 과외가 양산되고 가뜩이나 급증하고 있는 사교육비 부담도 천문학적으로 늘어날 것으로 우려한다. 다만, 평준화로 인해 교육의 질이 저하된다는 지적에 대해서는 본질적으로는 평준화제도 때문이 아니라 교육에 대한 정부 투자가 부족했기 때문이라고 반박하고 있다. 또 교육의 질을 높이기 위해서는 평준화제도 폐지가 아니라 외국어고 등의 특수 목적고와 자립형 사립고 등을 점차 늘리는 방식으로 문제점을 보완해야 한다고 강조하고 있다.

이렇듯 국민 대다수의 정서는 여전히 고교평준화정책의 폐지보다는 고수 쪽으로 기울어 있다. 경쟁에서 살아남은 소수 엘리트에게만 양질의 교육을 제공하게 되는 데 대한 저항과 반발 심리가 적지 않기 때문이다.

평준화 폐지 반대론자는 평준화제도의 원칙을 바꾸거나 기여입학제를 도입하면 교육평등권이 침해되고 고교 및 대학 서열화가 가속화되며 중학생들부터 과외 전쟁에 시달리게 될 것으로 우려한다. 종국에는 교육 정상화가 아니라 공교육 파탄으로 귀결될 수 있다고 주장하고 있다.

이렇게 볼 때 평준화와 기여입학제 찬성론이든 반대론이든 교육의 질을 높이기 위한 투자 확대와 제도 개선이 필요하다는 데는 어느 정도 일치된 인식을 갖고 있다고 할 수 있다. 또 교육의 질을 높이지 않고서는 안정적인 경제 성장과 국가경쟁력 확보에 지장을 초래할 것이라는 우려에 대해서도 공감대가 형성돼 있다.

다만 방법론에서 찬성론 진영은 교육시장에도 경제논리를 적용하자는 주장을 내놓고 있고, 반대론 진영은 경제논리가 아니라 정부의 투자 확대를 통해 교육여건을 개선해야 한다는 입장이다. 따라서 「공교육 붕괴와 학력 하향평준화」라는 교육 위기의 본질적인 문제를 해결하고 세계적인 경쟁력을 갖춘 인력 양성을 위한 전향적인 논의와 실천적 대안이 하루빨리 마련돼야 한다. 조만간 교육시장이 개방될 예정인 만큼 경쟁력 없는 교육 시스템은 더 이상 설 자리가 없다는 점도 인식해야 한다.

• 고교평준화정책의 긍정적인 측면과 부정적인 측면은 각각 무엇일까?

• 대학 기여입학제는 헌법에 규정된 교육기본권을 저해하는가?

새로운 패러다임, 환경경제 시대

경제 성장보다 환경 보전을 더욱 중시하는 선진국과 경제 개발을 우선시하는 개발도상국 사이의 갈등이 확대되고 있다. 좀더 구체적으로는 선진국들이 최근 들어 지구촌 환경을 보전하는 가운데 이뤄지는 경제 개발, 이른바 「지속 가능한 개발(Environmentally Sound and Sustainable Development : ESSD)」을 강조하고 나서면서 새롭게 경제 개발을 추진하는 개도국의 입지가 날로 좁아지는 추세다.

유럽연합(EU) 등 선발공업국들은 지구온난화협약 및 도하개발아젠다(DDA · 일명 뉴 라운드) 환경분야 협상을 통해 지구촌 환경 파괴를 유발하는 상품과 서비스의 생산 및 국제적인 이동을 강력하게 규제할 태세다. 반면 중국 · 인도 등 개도국은 환경 보호를 위한 선진국들의 지나친 규제 움직임은 후발개도국의 산업화를 가로막는 횡포일 뿐이라며 무분별한 환경규제에 강한 거부 반응을 나타내고 있다. 기후변화협약은 21세기 지구촌 경제질서를 뒤바꿀 거대한 폭풍으로 불린다. 지구온난화를 막기 위한 이 국제협약은 세계 각국으로 하여금 이산화탄소(CO_2) 등 온실가스 배출량을 자율 감축토록 규정하고 있다. 온난화현상이 세계 각지에서 이상기후 등을 불러오며 전 지구촌을 위기로 몰아넣고 있는 만큼 온난화의 직접적인 원인이 되는 석유·석탄 등 화석연료 사용을 획기적으로 줄여가자는 게 이 협약의 골자다.

EU 및 일본 등 30여 개 선진공업국은 이미 『2008~2012년의 연평균 온실가스 배출량을 지난 1990년 배출량의 95% 이하로 감축한다』는 목표를 담은 교토의정서를 만든 데 이어 이를 구체적으로 이행하기 위한 실무방안에도 합의한 상태다. 극단적으로 얘기하면 석유와 석탄 등 화석연료에 대한 의존도를 지금부터 최소 20년 전 수준으로 되돌리자는 구상이 현실화되고 있는 것이다.

앞으로 각국의 국내 비준작업을 거쳐 이 협약이 정식 발효되면 다량의 온실가스를 발생시키는 산업분야는 큰 타격을 받게 될 것으로 보인다. 물론 미국이 2001년 교토협약에서 탈퇴하면서 협약 비준에 부정적인 입장을 보여 협약이 빠른 시일 안에 발효될 것인지에 대한 의문이 남아 있긴 하지만, 어떤 형태로든 온실가스 감축을 위한 국제적인 노력은 날로 강화될 게 분명하다.

2001년 말 출범을 선언한 WTO 도하개발아젠다 환경협상도 「지구촌 환경경제 시대」의 막을 여는 기폭제가 될 전망이다. WTO 회원국들은 이 협상을 통해 환경 파괴를 유발하는 상품과 서비스의 생산과 이동을 줄이고 대신 친환경적인 상품 및 기술, 서비스 교역을 한층 확대토록 할 계획이다.

　또 환경 보호에 가장 적극적인 EU는 환경오염을 유발하는 공산품 수입을 규제할 움직임을 보이고 있다. 환경 친화적인 제품이 아니면 유럽 내 생산과 판매에 제약을 가한다는 계획 아래 단계적인 실천방안을 만들고 있다. 실제, 자동차 연비규제를 강화하고 있고 컴퓨터 등 IT(정보기술)제품의 폐기물 처리비용을 생산 및 판매업체에 전가할 움직임을 나타내고 있다. 유럽으로 수입되는 제품이 얼마나 환경 친화적이냐를 따져 기준치에 미달하면 불이익을 주는 방안도 마련하고 있다. 이는 환경 보호 문제가 조만간 무역장벽이 될 것임을 뜻하는 것이기도 하다.

　앞서 밝힌 대로 중국·인도 등 후발 개도국들은 이 같은 선진국의 강력한 환경규제 움직임에 대해 강하게 반발하는 분위기다. 그러나 이미 「환경경제 시대」로 진입해 있는 시계추를 뒤로 되돌리기는 현실적으로 어렵다. 또 친환경적인 경제 개발을 직접적으로 반대할 명분도 약하다. 물론, 산업화를 먼저 이룬 선진국들이 지금까지 지구촌 환경을 훼손한 주역인 만큼 앞으로 지구환경 보전을 위한 비용을 더 많이 부담해야 한다는 개도국의 주장 역시 타당성이 있다. 그렇다 하더라도 후발개도국에 지금 추진하는 공업화의 과정에서 똑같은 환경 훼손을 용납해야 한다는 주장은 지구촌 시민의 동의를 얻기 어렵다.

지구촌 경제는 이제 「환경경제 시대의 도래」라는 새로운 **패러다임**을 맞게 됐다.

환경경제 시대는 더 이상 지구촌 환경을 파괴하는 경제 개발이 용납되지 않는 새로운 시대라는 것을 뜻한다. 환경 친화적인 상품과 기술, 서비스로 무장하지 않으면 세계시장에서 살아남기 어려운 시대가 도래했다는 의미이기도 하다.

환경경제 시대의 도래가 앞으로 우리 경제에 몰고 올 충격파는 결코 적지 않을 것으로 예상된다. 예를 들어 선진국에서 먼저 시행키로 한 기후변화협약이 몇 년 후 한국에도 적용된다면 당장에 철강·석유화학·시멘트·조선 등 에너지 다소비형 주력 산업들은 커다란 곤경에 처할 가능성이 높다.

정부로서는 국제적인 합의에 따라 온실가스 감축 목표를 정해야 하고, 목표를 달성하기 위해 온실가스 발생이 많은 에너지 다소비형 산업분야에 대해 직·간접적인 규제를 가하고 불이익을 줄 수밖에 없기 때문이다. 이 경우 수출 주력 업종들이 곤란을 겪게 된다는 점에서 안정적인 경제 성장이 곤란해진다.

따라서 우리나라 역시 지금부터라도 환경경제 시대에 적극 대비하지 않으면 세계시장에서 생존하기 어렵다. 온실가스 배출은 석유·석탄 등 화석 에너지 이용에서 비롯된다는 점에서, 에너지 저소비형 경제체질부터 서둘러 갖춰가는 노력이 필요하다.

지난 1999년을 기준으로 할 때 우리나라는 연간 4억 1,000만 톤의 이산화탄소를 배출, 세계 10위권 온실가스 배출국이다. 더욱이 지난 10년 간의 온실가스 배출량이 연평균 8%씩 증가하는 추세를 감안하면, 빠르면 10년 후 세계 7위의 온실가스 배출국이라는 불명예를 안게 될 것으로 예상된다.

새로운 경제 패러다임으로 등장한 환경경제 시대는 에너지 산업

만의 문제도, 산업계만의 문제도, 정부만의 문제도 아닌 한국 전체
의 운명과 관련되는 「범국민적 문제」라는 인식이 필요한 시점이다.
또 앞으로는 환경 보전이 선행되지 않는, 그 어떠한 형태의 상품 및
서비스 생산과 교역도 국제시장에서 발붙일 틈이 없다는 점을 분명
히 기억해야 한다.

• 지속 가능한 개발은 과연 달성할 수 있는 명제일까?

• 지속 가능한 개발을 놓고 선진국과 개도국은 어떤 입장 차이를 보이는
가?

세계화와 반세계화의 끝없는 대립

20세기 후반부터 전 지구촌에 몰아닥친 세계화(globalization) 흐름은 이제 거스르기 힘든 대세가 됐다. 세계화가 인류 전체의 경제 발전과 번영을 가져올 유력한 수단으로 자리잡고 있는 데 따른 것이다. 이를 방증(傍證)하듯 세계화 노력은 국제연합(UN) 등 거대 국제기구는 물론 전세계 대다수 국가의 정부로부터도 폭넓은 지지를 받고 있다.

하지만 각국의 비정부기구(NGO)를 중심으로 한 반(反)세계화 운동도 비록 「세계화 흐름」에 비하면 작은 목소리이긴 하지만, 그 어느 때보다 확산되는 추세다. 세계화가 『선·후진국 간 빈곤의 격차를 오히려 확대시킨다』는 이들의 주장은 최근 들어 한층 과격해진 사회운동으로까지 발전했다. 전 지구촌이 예전보다 훨씬 빠른 속도로 세계화 물결을 향해 치닫고 있지만 그만큼 반세계화 진영의 반발 움직임 또한 거세지고 강력해진다고 할 수 있다.

세계화 흐름은 「자유로운 교역을 위한 세계 시장의 확대」라는 경제논리에서 시작됐다. 국경 없는(borderless) 교역, 즉 시장이 더 넓어지고 자유교역이 확대되면 세계경제는 보다 풍요한 발전을 거듭할 수 있다는 인식을 바탕으로 선진국은 물론 개발도상국과 후진국도 「열린 시장」을 줄기차게 이뤄가는 중이다.

세계화 진전의 핵심고리는 무엇보다 무역·투자 등 국가 간 경제활동이 급격하게 증가한 데서 찾을 수 있다. 지난 1960년대 이후 세계의 총생산(GDP) 성장률은 3~4%에 머문 반면, 수출물량 증가율은 GDP 성장률의 2배에 달했다. 직접투자 증가율도 1980년대 전반기를 제외하고는 10% 이상의 고도 성장을 지속했다.

이러한 국가 간 경제활동 확대가 「관세 및 무역에 관한 일반협정(GATT)」과 WTO 등으로 이어지는 다자(多者) 간 국제경제체제와 다양한 국제기구를 통해 세계화를 급진전시키고 있다. 최근의 인터넷 등 정보통신기술(IT)의 획기적인 발전 역시 세계화를 가속화시키는 촉매제가 됐다. EU, 북미자유무역협정(NAFTA), 동남아국가연합(ASEAN) 등 강화되는 지역협력체는 「무역장벽 해소를 통해 자유무역 질서를 확대하는 것으로, 개방을 확대한다는 측면에서 세계화의 또 다른 모습」일 뿐이다.

세계은행(IBRD)은 얼마 전 「세계화가 옳은 선택이라는 점」을 반증하는 하나의 조사자료를 내놨다. 이 자료에 따르면 세계화 흐름에 편승한 개발도상국의 1990년대 경제성장률이 세계화 추세에 편입되기를 거부하는 개도국에 비해 훨씬 높았다. 실제로 중국·인도·헝가리·베트남·우간다 등 이른바 「세계화 그룹」의 1990년대

1인당 국내총생산(GDP) 성장률은 평균 5%인 반면 남아프리카 및 구(舊)소련 연방국가, 콩고 등 비(非)세계화 국가들의 1인당 GDP 평균 성장률은 -1%였다.

IBRD는 이 조사를 바탕으로 세계화의 핵심 요소인 「자유무역의 확대」가 선진국은 물론 개도국의 경제 발전을 이끌고 있다고 지적했다. 선진국 진입을 눈앞에 둔 한국 등 선발개도국의 경제 성장뿐 아니라 최근 중국의 놀라운 경제 발전에서 보듯, 세계화 전략은 후진개도국의 경제 성장을 가져오는 중요한 흐름이라고 IBRD는 강조한다.

이처럼 세계화 흐름은 지구촌에서 더 이상 고립된 국가로 남아서는 지속적인 발전과 경제 성장을 이루기 힘들다는, 평범하지만 새로운 진리를 만들어내고 있다. 정보통신(IT) 기술과 세계화 흐름이 서로 상승효과를 내며 발전해가면서 과거와 같은 국가적 또는 지리적 장벽은 더 이상 무의미하기 때문이다.

세계화는 이제 「교역 확대」라는 경제적인 영역 외에 사람들의 생활방식이나 국가 사이의 관계에도 지대한 영향을 미치고 있다. 경제적인 차원이 아니더라도 국가와 국가 사이의 상호 의존성이 심화되면서, 한 국가 또는 지역의 문제가 과거와 같이 그 국가와 지역 안에 국한되지 않고 다른 지역에 파급될 수 있는 가능성이 급격히 증가하고 있다. 이에 따라 점점 더 많은 사안이 범세계적인 문제로 대두되고 있다.

그러나 굳이 반세계화 진영의 주장이 아니더라도 세계화 흐름에 대한 저항은 이 같은 「모든 문제의 세계화」에서 비롯되는 측면이 강하다. 세계화가 미국 등 선진국에 의해 주도되면서 개도국과 후진국의 고유한 목소리가 소외되고 있는 데 대한 반발이라 할 수 있다. 미국·EU 등 선진국 중심의 경제질서가 「세계화」라는 이름으로 전세계 국가에 강요되고 선진국의 정치·사회·문화질서가 지구촌 정치·사회·문화질서를 통합해가는 데 따른 우려가 커지는 것도 이 때문이다. 세계화가 가져오는 최대의 이익으로 꼽히는 경제적인 측면만 하더라도 선진국이 더 많은 이익을 가져간다는 비판을 받고 있다.

지난 1999년 12월 제3차 WTO 각료회의가 열린 미국 시애틀은 세계 각국에서 몰려든 비정부기구(NGO)의 격렬한 반세계화 시위로 인해 매캐한 연기와 폭력으로 물들었다. 당시 반세계화 시위대는 세계화의 진행 과정이 선진국의 이익을 극대화하는 양상으로 흘러왔다고 격렬하게 비판했다. 또 세계화가 저개발국의 빈곤 심화와 환경 파괴, 문화의 다양성 훼손 등 적잖은 부작용을 낳았다고 지적했다. 이와 함께 세계화의 진전으로 일부 국가의 경제위기가 곧바로 전세계 동반 위기를 불러오고 있는 데 대한 우려도 커지고 있다.

이처럼 선진국이 주도하고 있는 세계화 전략은 우리로선 분명 거부할 수 없는 흐름이지만 현실적으로 극복돼야 될 문제점도 적지 않은 게 사실이다.

따라서 우리가 「세계화 추세」의 진정한 승자가 되기 위해서는 반세계화 진영의 목소리에도 귀를 기울일 필요가 있다.

세계화는 새로운 질서를 만드는 과정이다. 당연히 한국이 세계화 추세의 참된 승자가 되기 위해선 질서 창출에 주도적으로 참여할 수 있어야 한다. 이를 위해선 지금까지와 마찬가지로 경제적 이익을 적극적으로 확보해가는 한편, 지금까지의 세계화 과정에서 소외된 개도국의 목소리에도 더욱 귀를 기울여야 한다. 이들은 한국의 주요 장래시장이다. 한 발 나아가 선진국 중심의 세계화에서 탈피, 한국의 정치·경제·사회·문화질서를 일류화하고 세계질서로 만들어가는 노력도 필요하다.

• 세계화는 우리에게 어떤 이득을 가져다 줄까?

• 반세계화 진영은 왜 세계화를 비판할까?

소액주주운동, 어떻게 볼 것인가

소액주주운동이 우리 사회에 커다란 반향을 불러오면서 이 운동에 대한 찬반 양론이 끊임없이 제기되고 있다. 소액주주운동이 소액주주들의 권익을 보호하고 기업 경영의 투명성을 확보하는 데 크게 기여하고 있다는 옹호론이 있는 반면, 무분별한 소액주주권 행사로 정상적인 경영활동이 위축되고 기업에 대한 시장의 불신이 야기된다는 비판론도 적지 않다.

말 그대로 소액주주운동은 독립된 개개인의 보유지분만으로는 기업 경영에 직접적인 영향력을 미치기 힘든 소액주주들이 상법과 증권거래법 규정에 따라 주주권을 모아 필요한 권리를 행사하는 것으로 법에 저촉되는 것은 아니다. 현행 법령은 증권거래소 등에 상장된 기업의 경우는 증권거래법, 미(未)상장기업은 상법에 일정한 지분규정을 정해놓고 그만큼의 지분이 있는 주주에게 임시주주총회 소집 청구권, 대표 소송 제기권, 회계장부 열람권, 이사해임 청구권, 주주제안권과 같은 주주 권리를 행사할 수 있도록 하고 있다. 예를 들어 3%의 지분을 가지면 임시주주총회 소집 청구권을 행사할 수 있도록 하는 방식이다.

이처럼 법 규정에 따라 이뤄지는 소액주주운동이 우리 사회에 커다란 파장을 불러오기 시작한 것은 외환위기 직전인 지난 1997년 2월로 거슬러 올라간다. 당시 시민단체인 「참여연대」를 연결 고리로 제일은행 소액주주들은 한보철강에 자금을 대출, 부실 여신을 발생시킨 이 은행 경영진에게 법적 책임을 묻는 대표 소송 제기권을 행사키로 해 주목을 받았다.

소액주주들은 이후에도 참여연대와 함께 삼성전자·SK텔레콤 등 한국을 대표하는 기업들의 경영행위를 직·간접적으로 견제하는 활동을 벌이면서 경제계와 숱한 충돌을 일으켜왔다. 특히 2001년에는 삼성전자 소액주주 대표 소송을 통해 경영진의 경영 판단도 손해배상의 대상이 된다는 법원의 1심 판결을 이끌어내기도 했다.

이에 따라 소액주주운동 옹호론자는 이 운동이 단순히 개개인이 찾지 못한 주주권을 부활시키는 차원이 아니라 잘못된 기업 경영관행을 바로잡는 데 크게 기여했다는 점에 의미를 둔다. 기업 내부로부터의 변화를 이끌어냄으로써 외환위기 이후 정부가 벌여온 기업 개혁작업이 성공적으로 추진될 수 있도록 했다는 설명이다.

소액주주운동은 기업 총수 한 사람의 이익을 위해 대다수 주주의 이해와 관계없이 수시로 벌어지던 계열기업 간 부당 내부거래를 막았고, 경영 판단의 책임이 강조되면서 한동안 「거수기」로 전락했던 이사회를 회사 내 실질적인 최고 의사결정기구로 자리잡게 하는 성과도 거뒀다. 또 대주주가 각종 편법을 동원해 부(富)를 세습하는 관행을 없애는 데도 기여했다는 평가가 나오고 있다.

이와 함께 소액주주들은 이 운동을 통해 정부의 부실기업 매각에 제동을 걸기도 했다. 과거 현대투신증권과 하이닉스반도체 매각 과정에서 소액주주들이 나서 「헐값 매각」을 인정할 수 없다며 조직적인 반대 운동에 나선 게 대표적인 사례다.

하지만 기업을 경영하는 쪽에서는 현재의 소액주주운동이 원칙과 정도를 벗어나 있다며 강한 거부감을 나타내고 있다. 특정 기업의 지배주주나 총수를 무조건 감시하고 감독해야 할 대상으로 인식할 뿐 아니라 과거의 기업 경영을 모두 편법과 불법으로 규정하는 소액주주운동은 이미 그 순수성을 잃었다는 지적이다.

또 과거 우리 기업의 잘못된 점을 과장·왜곡해 외부에 전달함으로써 대외신인도와 기업가치를 떨어뜨리고 기업에 대해 막연한 불신을 증폭시키고 있다고 주장한다. 물론 소액주주의 권익을 보호하기 위한 최소한의 장치가 필요하고 또 소액주주운동이 소수 주주권을 되살리는 데 기여한 점이 있긴 하지만, 시민단체가 주도하는 지금의 운동은 소액주주권 보호라는 본래 목적이 부차적인 목적으로 전락해버렸다는 것이다.

경제계는 회사 경영과 관련된 의사결정에서, 설령 소액주주와 의견 충돌이 있더라도 지배주주는 최종적인 의사결정권을 가질 수밖에 없다고 강조한다. 소액주주들의 반대가 있더라도 대주주가 자신의 결정이 옳다고 믿는다면 그 결정을 따를 수밖에 없고 법적으로도 결정권을 인정받고 있다는 것이다. 따라서 최근의 소액주주운동은 이 같은 기업 지배 및 경영원칙의 근간을 뒤흔들고 있다고 주장한다. 특히 실패한 경영 판단에 대해 경영자 개인에게 손해배상의 책임을 묻는 것에 대해서는 심각한 우려의 뜻을 나타내고 있다.

기업 경영은 기대수익률이 가장 높은 사업에 과감히 투자하는 작업으로, 지금까지 대개의 경영자들은 이 일을 해왔고 앞으로도 그래야만 한다고 재계는 지적한다. 사업 실패에 대해 경영자 개개인에게 손해배상 책임을 추궁하는 것은 있을 수 없는 일이라는 입장이다. 실패를 경영활동의 불가피한 부분으로 인정하지 않고 손해배상을 요구하는 관행이 정착되면, 앞으로 어떤 경영자도 모험적인 사업에 나서지 않을 것이라는 주장이다.

경제계는 이와 함께 소액주주운동은 어디까지나 정치적인 동기가 아니라 경영자가 「기업이윤의 극대화를 추구하도록 채찍질하는 것」에 머물러야 한다고 지적하고 있다. 경영자가 최선을 다하지 않거나 정직하고 투명한 경영을 실천하지 않아 회사가 제대로 이윤을 내지 못할 때, 이를 감시하고 감독하는 소액주주권을 행사한다면 이는 막으려야 막을 명분도 없다는 것이다. 또 대주주나 경영진이 다른 주주들이 맡겨놓은 재산을 빼돌린다든가, 회사 돈을 자기 것처럼 써버리는 불법행위에 대해서는 엄격한 감시가 필요하다는 점을 인정하고 있다.

결국 **소액주주운동** 옹호론이든, 비판론이든
기업경영의 **투명성**은 확보돼야 할 뿐 아니라
법이 **보장**하는 소수 주주의 권한은
보장돼야 한다는 **입장**을 보이고 있다.

또 지금까지의 소액주주운동에 대한 평가가 다소 엇갈린다 하더라도 기업 지배구조와 경영의 선진화에 기여한 바가 적지 않다는 데는 어느 정도 의견 접점이 있다. 따라서 소액주주운동은 잘못된 경영관행을 바로잡아 기업의 경쟁력을 강화할 수 있는 방향으로 발전해나가는 게 옳다. 다만 건전한 경영 판단을 제약할 수 있는 소액주주권의 과잉 행사는 해당 기업은 물론 국가경제 발전에 좋지 않은 영향을 미칠 수 있다는 점을 염두에 둬야 한다.

생각해 보기

• 소액주주운동은 어떤 긍정적인 효과를 가져올까?

• 최고경영자의 경영행위에 대한 판단이 손해배상의 대상이 되는 게 옳을까?

쓰레기 매립장의 경제적 함의

방사성 폐기물 처분장과 쓰레기 소각장, 화장장(火葬場) 등 필수 공익시설 건립을 놓고 정부와 지역주민 사이의 갈등과 마찰이 끊이지 않고 있다. 『위험시설과 혐오시설을 하필이면 내가 사는 지역에 건립하느냐』는 지역주민의 강한 반대 때문에 각종 폐기물 처리시설 건립이 아예 중단된 사례도 적지 않다.

문제는 어느 한쪽을 편들기에 앞서 이 같은 필수 공익시설 미비로 인해, 앞으로 우리 사회가 감내하기 힘들 정도의 엄청난 비용 부담을 안게 될 것이라는 데 있다.

지난 1986년부터 추진해온 방사성 폐기물 처분장 건립만 해도 15년 넘게 답보 상태를 보이고 있다. 정부는 과거 몇 차례에 걸쳐 방사성 폐기물 처분장 부지를 일방적으로 선정했다가 지역주민들의 거센 반발을 산 바 있다. 이에 따라 정부는 주민 동의부터 구하는 방식으로 사업을 추진 중이지만, 여전히 진척이 없기는 마찬가지다. 정부가 건설하려는 방사성 폐기물 처분장이 원전에서 사용한 장갑이나 의복, 신발과 같이 비교적 방사능 유출 위험이 적은 쓰레기를 저장하는 시설일 뿐이라고 아무리 설명해도 건립 예정지로 거론되는 지역의 주민들은 이를 믿지 않으려는 분위기다. 또 정부가 처분장 건립 지역에 3,000억 원이 넘는 돈을 지원하고 처분장 시설의 안전을 책임지겠다고 밝혀도 혐오시설에 대한 거부감은 전혀 개선되지 않고 있다.

하지만, 정부 주장에 관계없이 방사성 폐기물 처분장 건립을 더 이상 늦추기 어렵다는 것은 현실이다. 2000년 말 현재 전국의 원자력 발전소에 쌓아둔 중·저준위 방사성 폐기물 용량은 5만 7,000드럼으로 해마다 3,000드럼 넘게 늘고 있다. 정부는 이런 추세를 감안하면 오는 2006년 월성, 2007년 울진 원자력 발전소를 시작으로 2016년까지 국내 모든 원자력 발전소가 방사성 폐기물을 더 이상 보관할 수 없는 포화상태에 다다른다고 주장한다. 정부는 또 전세계 32개 원자력발전소 보유국 가운데 방사성 폐기물 처분장이 없는 국가는 한국·대만 등 다섯 나라뿐이라고 밝히고 있다.

우리나라의 원자력 발전기는 모두 16기다. 원자력 발전용량이 4,845만 1,000kW로 화력 발전을 포함한 전체 발전설비 용량의 28.3%를 차지하고 있다. 실제 원자력 발전소에서 생산한 전기는 1,089억 6,400kWh로 국내 총 발전량의 40.9%나 된다.

전기 생산에서 원자력 발전소가 차지하는 비율이 그만큼 높다는 얘기다. 이 비율은 지난 1989년 50.1%까지 상승했다가 점차 감소하는 추세지만 여전히 40%를 웃도는 수준이다. 전력 생산의 40%를 원자력에 의존하고 있음에도 원전에서 발생하는 각종 폐기물은 국내에서 처리하지 못하는 자가당착에 빠져 있는 상황이다. 물론 미국과 같은 선진국들도 방사성 폐기물 처분장 건립에 어려움을 겪고 있기는 하다.

그러나 미국 등은 원전에서 사용하다 버려진 장갑과 의복 등의 중·저준위 폐기물 때문이 아니라 원전의 폐연료를 저장하는 고준위 처분장 건설을 놓고 대립하고 있다는 점에서 우리와는 상황이 다르다고 할 수 있다.

「내 고장만은 안 된다」는 지역 이기주의, 이른바 님비(NIMBY · Not In My Back Yard) 현상은 방사성 폐기물 처분장 외에 정부 및 지방자치단체의 정상적인 쓰레기 소각장 건설과 운영에도 큰 부담을 주고 있다.

서울시의 경우만 해도 넘쳐나는 쓰레기 처리에 골머리를 앓고 있지만 이미 건립된 쓰레기 소각장조차 제대로 활용하지 못하는 실정이다.

서울시는 현재 강남구와 노원구, 양천구 등에 3개의 소각장을 갖고 있지만 다른 자치구의 쓰레기 반입이 안 돼 가동률이 평균 34%에 머물고 있다. 과도한 쓰레기 소각이 공해물질을 양산한다는 지역주민의 반대로 인해 대부분 해당 자치구 쓰레기만 처리하고 있기 때문이다.

화장장 건설도 매번 진통을 겪기는 마찬가지다. 시민 편의를 높이는 공공시설로 반드시 추가 건립이 필요하다는 지방자치단체와 혐오시설 건립을 반대하는 지역시민들이 한치의 양보도 없는 대립을 보이고 있기 때문이다.

이처럼 필수 공익시설 건설이 지역주민들의 집단이기주의로 인해 잇달아 무산되면서 앞으로 우리 사회가 추가 비용을 부담해야 할 것이라는 우려의 목소리가 커지고 있다.

예를 들어 방사성 폐기물 처분장을 건립하려는 계획이 빠른 시일 안에 성사되지 않으면 앞으로 원전 가동을 단계적으로 줄이는 방식으로라도 폐기물 배출량을 축소할 수밖에 없다.

이 경우 상대적으로 값비싼 화력 발전으로 전기수요를 충당해야 하므로 전기를 사용하는 모든 가정과 기업은 그만큼 더 비용을 부담해야 한다. 또 국가 에너지 수요의 90% 이상을 해외에서 수입하는 우리나라로서는 화력 발전 비중이 커질수록 더 많은 수입비용을 치러야 하고 에너지 파동이 발생하면 경제 전체가 심각한 타격을 받게 된다.

한 발 나아가 폐기물 처리를 못 해 발전소 가동을 줄이는 것은 원자력 발전설비 1기를 건설하는 데 수조 원을 투입했다는 점을 고려해보면 심각한 국가자원의 낭비가 아닐 수 없다.

차질을 빚고 있는 쓰레기 소각장 건립 및 운영과 화장장 건설도 궁극적으로 사회 전체의 비용 부담을 가중시킬 게 분명하다. 쓰레기 소각장 건립과 운영이 정상화되지 않으면 매립 외에 대안이 없고, 이는 가뜩이나 좁은 국토를 쓰레기 매립장으로 만들 뿐이다. 또 부족한 화장장 문제를 해결하지 않고서는 묘지난에서 영원히 헤어나기 어렵다.

따라서 지역주민이 비록 반대하는 혐오시설이라 할지라도 필수 공익시설은 설득에 설득을 거쳐 반드시 건립해야 한다. 사회 전체의 비용을 줄일 수 있는 유일한 길이기 때문이다.

혐오시설 유치에 따른 **인센티브** 확대 비용이
혐오시설 미비로 인한 **사회적 비용**보다
적다면 **인센티브**를 더욱 **높여서**라도 추진해야 한다.

다만, 필수 공익시설 건립 역시 사회적인 부담이라는 점에서 공익시설 건립을 최소화하기 위한 노력이 선행돼야 함은 물론이다. 필요하다면 전력 요금을 올리고 쓰레기 처리비용을 높여 쓰레기 배출량과 전력사용량을 줄이는, 보다 근본적인 대처가 요구된다고 하겠다.

• 필수 공익시설 미비는 왜 사회적 비용 증가로 이어질까?

• 님비(NIMBY) 현상을 극복할 수 있는 경제정책상의 방안은 없을까?

신경제는 부활할 것인가

　「높은 경제 성장률, 그러나 낮은 물가와 실업.」 지난 1990년대 미국경제는 지금까지의 경제학이론에서 「한꺼번에 잡을 수 없는 두 마리 토끼」로 여겨졌던 「고(高)성장과 저(低)물가」를 동시에 실현하며 역사상 유례를 찾기 힘든 번영을 구가했다. 세계경제의 심장부인 미국경제가 부침 없는 발전을 거듭하면서 전세계도 동반 호황을 누릴 수 있었다.

　이른바 신(新)경제(new economy) 시대가 도래한 것이다. 당시 미국경제의 번영을 「신경제의 출현」으로 정의한 상당수 경제학자들은 『기존의 경제이론을 전면 수정해야 할 상황』이라고 열광하기도 했다. 잠재성장률 수준의 지속적인 성장을 이루는 가운데 물가가 매우 안정됐고 호황과 침체를 반복하는 경기순환 없이 지속적인 호황을 누리게 됐다는 점은 분명 과거의 경제이론으로는 쉽게 설명되지 않았기 때문이다.

언론들도 신경제 시대의 도래를 연일 대서특필하며 영원한 경제적 번영을 자신했다. 최고의 경제언론을 자부하는 〈월스트리트 저널(WSJ)〉은 지난 1999년 12월 31일자 송년호에서 『산업시대의 경기순환은 이제 시대착오적인 것이 되고 말았다』는 기사를 게재하며 신경제의 영속성을 확신했다.

그러나 미국경제는 「새 밀레니엄 개막」에 열광하던 분위기가 채 가시기도 전인 2000년 초반부터 깊은 침체의 늪에 빠져들었다. 2000년 4월 14일 하루 동안 나스닥(NASDAQ) 지수가 9.7%나 폭락하면서 깊은 불황의 그림자가 엄습했다. 영원히 번성할 것 같던 미국 경제는 이 때를 시발점으로 다시 저(低)성장과 고(高)실업의 수렁에 빠져들었고 세계경제는 동시 불황의 경기 저점으로 밀려들어 갔다. 이는 신경제가 아니라 과거 산업경제시대에 줄곧 겪어온 경기순환 패러다임의 재현이기도 했다.

그렇다면 고성장과 저물가로 대변되는 신경제 시대는 진정 새로운 것이었나? 그리고 부활할 수 있을 것인가? 지난 1990년대 내내 경제학계를 뜨겁게 달군 주제다.

신경제 예찬론자는 1990년대 미국의 장기 호황은 IT 산업의 놀라운 발전을 통해 형성된 경제 번영으로, 이것은 분명 새로운 현상이라고 주장하고 있다. 투자 확대를 통한 IT기술의 혁신이 사회 각 분야에 걸쳐 생산성의 지속적인 증가를 가져왔고, 이것이 장기 호황의 본질이라는 것이다. 계속 증가하는 생산성이 물가를 낮추는 가운데 경제를 성장시키는, 새로운 경제 패러다임을 창출하는 원동력이 됐다는 설명이기도 하다.

덧붙여 날로 발달하는 IT산업이 실시간 재고관리를 가능케 함으로써 과잉 투자와 이에 따른 재고 누적이 초래했던, 과거의 경기 변동은 더 이상 발생하지 않을 것이라는 성급한 추측도 제기됐다. 앨런 그린스펀 미국 연방준비제도이사회(FRB) 의장과 폴 로머 스탠퍼드대학 교수, 마이클 만델 전 뉴욕대학 교수 등의 신경제 옹호론자들은 연일 새로운 경제 흐름에 찬사를 보냈다.

미국정부도 「신경제 시대의 도래」를 적극 지지하는 분위기였다. 미국정부는 지난 19세기 전기와 내연기관의 발달이 인류에게 새로운 경제 패러다임을 가져다 준 것처럼 IT혁신 역시 또 다른 구조 변화를 몰고 왔다는 입장이었다.

반면 미국 노스웨스턴대학의 로버트 고든 교수 등은 「신경제」가 고도의 생산성 향상을 통해 이룩됐다는 신경제 옹호론에 이의를 제기하고 있다. 1990년대 미국에서의 놀라운 생산성 향상은 경기가 상승하는 시기에 일반적으로 나타나는 현상일 뿐이라는 지적이다. 일부 경제학자들은 일시적인 「IT기술 쇼크」를 영속적인 경제 번영으로 착각, 마치 새로운 것인 양 「신경제」로 과대포장했다고 비판했다.

「신경제」를 둘러싼 이 같은 치열한 논란에도 불구하고, 1990년대 미국경제의 장기 호황이 새로운 기술, 새로운 기업에 대한 전례 없는 막대한 투자에서 시작됐다는 데는 별다른 이견이 없다. 컴퓨터와 인터넷 등 IT기술 분야에서 미래 가능성을 믿고 투자할 수 있는 벤처 캐피털 등 첨단 자본시장이 있었기에 1990년대 미국경제가 놀라운 호황을 누릴 수 있었다는 것이다. 실제 주식시장을 통해 벤처 캐피털 자금을 공급받은 넷스케이프의 등장이 마이크로소프

트의 경계심을 불러일으키며 새로운 기술 투자를 유발했고, 온라인 증권사인 「e트레이드」의 출현이 거대 증권사인 메릴린치의 수수료를 낮추게 만들었다.

또 IT기술의 놀라운 발달은 기업 경쟁을 가속화하는 요인이 됐다는 점도 간과하기 어렵다. 인터넷이 상용화되면서 기술과 아이디어만 있으면 적은 자본만으로도 거대 기업과 직접 경쟁할 수 있는, 과거에는 상상도 할 수 없었던 시스템이 갖춰진 것이다. 보편화된 인터넷은 새로 등장한 기업으로 하여금 기존 대기업과 실질적으로 경쟁하는 영업 및 판매체계를 갖출 수 있도록 함으로써 사회 전체의 생산성을 한 단계 끌어올렸다.

윌리엄 보몰 전 프린스턴대학 교수는 이미 1980년대 초 「경합시장」 개념을 도입, 잠재적 경쟁 위협이 커질수록 인플레이션은 더 낮아진다고 주장한 바 있다. 경쟁이 치열해질 때 시장 지배적 공급자의 가격조절 기능이 약화될 수밖에 없다는 그의 주장은 공교롭게도 미국의 신경제 시기에 그대로 현실화됐다.

IT발전에 의한 잠재적 시장 경쟁의 **확대**는
미국경제가 1990년대 계속 **성장**하는 가운데
낮은 물가를 유지하게 된 배경이기도 하다.

이에 따라 신경제를 경기 침체 없는, 영원한 경제 성장이 아니라 「물가 불안이 없는 경제 성장」으로 정의한다면 새로운 현상으로 보는 게 옳다는 시각이 지배적이고 부활 가능성도 높다는 분석이다.

물론 2002년 현재 미국경제가 아직 침체의 늪에서 완전히 벗어나지 못하고 있고 잠재성장률 수준인 3.5% 성장에 언제 다시 도달할 수 있느냐도 불분명하지만, 적어도 장기적으론 신경제 시기의 경제성장률을 회복할 수 있을 것이라는 낙관적 기대가 높은 편이다. 기술혁신 속도가 빠른 IT분야 투자는 2~3년 전 모델이 이미 효용성이 떨어지는 구시대 투자로 간주되고 있다. 따라서 기업으로선 재투자에 나설 수밖에 없고 이는 기술혁신을 앞당기는 촉매제가 될 게 분명하다. 기술혁신이 생산성 향상과 시장경쟁의 심화로 이어지면 「고성장 저물가」의 호황이 재현될 수 있다는 것이다. 여기에다 최근 들어 바이오기술(BT)이 놀랍게 발전하면서 앞으로의 신경제는 IT와 BT가 함께 견인하는 형태로 발전할 것이라는 전망이 설득력을 얻고 있다.

• 전세계는 왜 신경제의 출현에 열광했을까?

• 기존의 경제이론은 신경제 현상의 어떤 점을 제대로 설명하지 못했나?

부패 라운드와 코리아 디스카운트

세계 각국이 부패(腐敗) 척결에 힘을 모으고 있다. 선진국 클럽인 OECD는 물론, 국제연합(UN)·WTO·IMF·IBRD 등, 거의 모든 국제기구들이 부패 추방에 지대한 관심을 가지면서 반부패는 21세기 국제경제 질서를 규율하는 새로운 패러다임으로 자리잡았다.

OECD는 지난 1999년 반부패협약을 출범시키며 부패 척결에 앞장서고 있다. 기업들이 각종 계약을 따내는 과정에서 공무원 등에게 뇌물을 제공하는 행위를 불법으로 규정한 이 협약에는 OECD 회원국을 포함, 34개국이 서명했고 한국을 비롯한 12개국이 이미 비준했다.

세계 각국은 이와 함께 보다 포괄적으로 반부패 문제를 논의하기 위해 「부패 라운드(부패 척결을 위한 각종 협상)」를 출범시키고 있다. 각국 정부와 국제기구, 그리고 민간단체는 지난 1999년 제8

차 국제반부패회의에서 부패 척결에 함께 힘을 쏟기로 결의하는, 이른바 「리마 선언」을 채택했다. 이를 계기로 부패협상은 과거 우루과이라운드(UR)에 이은 새로운 국제협상 이슈로 떠오른 상태다. 한 발 더 진전된 세계무역의 자유화를 협의하기 위해 2001년 출범한 「도하개발아젠다」 협상에서도 부패 문제는 중요한 논의 대상이었다.

부패 라운드는 건전한 세계경제 발전을 저해하는, 잘못된 금전거래와 같은 직접적인 부정행위 근절에만 초점을 맞추고 있는 것은 아니다. 오히려 요즘에는 불투명하고 불분명한 모든 상거래 관행의 개선에 보다 주안점이 두어지기도 한다. 이런 점에서는 「투명한 세계경제 질서」를 구축하는 과정이라 할 수 있다.

한국정부는 진작부터 국제사회의 이러한 「반부패 논의」에 적극 동참한다는 방침을 밝힌 상태다. 굳이 국제사회의 활발한 움직임이 아니더라도 부패 추방은 내부적으로 우리 사회의 건전한 발전을 꾀하고 대외적으로 국가경제 운용의 투명성을 인정받는 데 필수 불가결한 요소이기 때문이다. 투명하지 못한 상거래가 만연하는 나라는 국제사회에서 실력에 상응하는 대접을 받기 어렵다는 점도 현실적인 압박 요인이 되고 있다. 또 국제사회로부터 신뢰를 얻지 못하는 국가와 기업은 발전잠재력이 뒤질 수밖에 없다는 점도 정부의 선제적 대응을 불러오는 계기가 됐다고 할 수 있다.

문제는 부패 척결 및 불투명한 상(商) 관행을 개선하려는 정부의 이 같은 의지에도 불구하고 「코리아 디스카운트(Korea Discount)」 현상은 여전히 개선되지 않고 있다는 데 있다. 우리 정부와 기업이 해외에서 제대로 평가를 받지 못하는 것을 말하는, 코리아 디스카운트 현상은 한국 사회 곳곳에 존재하는 불투명한 관행과 직접적으로 맞닿아 있다. 불분명하고 불투명한 한국의 경제 및 사회 시스템이 국제사회에 신뢰감을 주지 못하고 있고, 이로 인해 한국정부와 기업에 대한 실질적인 평가가 낮게 나온다고 할 수 있다. 똑같은 능력을 갖춘 기업이라고 해도 한국기업이라는 이유만으로 선진국 기업에 비해 신용평가에서 불리한 위치에 놓이고 자금조달 때 추가 금리를 물어야 하는, 어처구니없는 상황이 반복되는 것이다. 외환위기 이후 숱한 시스템 개혁을 통해 투명성 확보를 추진했지만 여전히 국제사회의 인식은 크게 바뀌지 않고 있다.

실제로 국제적인 부패감시 민간단체인 국제투명성기구(TI)가 1995년부터 매년 한 차례 발표하는 국가별 부패인식지수에서 한국은 여전히 후진국에 머물러 있다. 세계은행(IBRD) 등이 국가별 공직자들의 부패 정도에 관한 설문조사를 실시해 분석한 「부패지수」 평가에서 한국은 2001년 기준으로 세계 91개국 가운데 42위(4.2점)에 올랐다. 평가점수 9.9점을 얻어 청렴도 1위 국가에 오른 핀란드와는 비교가 되지 않을 정도의 격차를 보였을 뿐 아니라 아시아 국가 가운데 싱가포르(4위)·홍콩(14위)·일본(21위) 등과도 상당한 차이를 나타냈다. 타이완(36위)과 말레이시아(36위)보다도 순위가 밀렸다.

정부는 「깨끗한 사회, 건강한 나라, 희망찬 미래」라는 구호를 내걸고 2002년 초 부패방지위원회를 대통령 직속기구로 출범시켰다. 부패 척결을 향한 정부의 강력한 의지를 국내외에 천명한 것이라 할 수 있다. 그러나 우리 사회는 여전히 「부패의 검은 사슬」에서 헤어나지 못하고 있다. 대통령 측근과 친인척을 둘러싼 권력비리가 줄줄이 이어지는데다 사회 지도층 인사의 수뢰사건도 신문 지상에서 빠지는 날이 없다. 주가 조작 등 건전한 시장경제 발전을 저해하는 경제사건도 끊이지 않는다.

이유가 뭘까? 덜 성숙된 시민의식과 직업윤리의 부재, 압축 성장의 폐해 등 여러 가지 이유가 있겠지만 과도하게 커져 있는 정부의 힘도 한 원인이라 할 수 있다. 정부가 간섭하지 않고 시장을 그대로 두면 불안하다거나 시장 실패가 초래될 것이라는 등의 이유로 정부가 과도하게 민간의 경제활동에 개입하면서 각 경제주체가 정부 권한을 이용해 이익을 크게 하려는 유인을 갖게 됐고, 이것이 부패사건으로 이어지는 연결고리가 된다는 것이다. 또 정부가 민간경제에 깊숙이 개입함으로써 부패가 잉태되고 각종 이권을 얻기 위한 로비가 횡행하는 악순환이 반복된다는 지적 또한 있다.

투명하지 못한 경제 관행과 정부의 무분별한 시장 개입에서 초래된 부패 문제 때문에 국제사회는 우리 경제 시스템을 여전히 「후진적」이라고 비판한다. 이런 상황이라면 우리 경제의 절대적인 부피가 커져도 한국은 국제사회에서 지금과 마찬가지로 제대로 된 대접을 받기 어렵다.

또 「코리아 디스카운트」 현상이 존재하는 한,
우리 기업은 **더 많은 비용을 부담**하며 해외 기업과
맞서야 하는 **불이익**을 감내할 수밖에 없다.

결국, 부패 척결은 우리 경제가 선진경제로 도약하기 위해 반드

시 넘어야 할 과제라 할 수 있다. 국민 1인당 국내총생산(GDP) 규모에서 선진국 수준에 도달하기 위한 피눈물나는 노력과 함께 경제의 투명성을 높여 부패의 뿌리를 없애는 일을 결코 간과해서는 안 된다. 엄밀하게 말하면 투명성이 높은 경제, 국제사회로부터 신뢰를 받는 경제 시스템이 구축되면 경제성장 가속도는 한층 높아진다. 경제의 불확실성이 해소되는 만큼 해외기업의 국내투자가 늘어나는 여건이 갖춰지게 되고 시장이 안정적으로 성장하는 계기가 되기 때문이다. 부정부패가 없는, 투명한 경제 체질을 갖추는 작업은 우리 경제가 한 단계 더 도약할 수 있는 토대가 될 게 분명하다.

생각해 보기

• 코리아 디스카운트 현상은 왜 나타날까?

• 부정부패와 경제의 투명성 부족 사이에는 어떤 상관관계가 있을까?

중국의 부상, 기회냐 재앙이냐

중국경제가 놀라운 속도로 성장하고 있다. 2001년 전세계가 경기 침체에 허덕이는 가운데서도 중국은 「나 홀로 고도 성장」을 계속했다. 이에 따라 멈추지 않고 계속되는 중국의 경제 성장에 바쳐지는, 전세계의 찬탄(讚嘆)과 헌사(獻詞)가 봇물처럼 쏟아져 나오고 있다. 「대륙의 질주」니 「13억 인구의 부상」이니 하는 말들은 모두 중국의 경이로운 변신을 주목하는 세계인의 반응을 단적으로 표현한 것이라 할 수 있다.

그렇다면 중국의 부상은 우리에게 어떤 의미가 있을까? 거대한 시장이 열린다는 점에서 기회가 될 것이라는 시각이 있는 반면, 고도 성장을 거듭하는 중국이 장차 한국을 집어삼킬 수 있다는 측면에서 재앙이라는 시각도 제기된다.

13억 인구의 거대한 시장이 우리 앞에 새롭게 펼쳐질 것인지, 아니면 중국의 산업화가 「한국의 산업」을 송두리째 황폐화시킬 진원이 될 것인지가 관건이다. 최근 중국이 미국에 이은 「한국의 제2교역국으로 급부상하고 있는 것」 등이 기회라 한다면, 중국이 대만과 홍콩, 급기야는 일본의 제조업까지 초토화하며 아시아 투자유치의 블랙 홀(Black Hole)이 되고 있는 상황은 분명 재앙이 될 가능성을 보여준다. 전문가들의 시각도 엇갈린다.

중국은 현재 질주하는 공룡으로 비유된다. 동아시아 국가 대부분이 외환위기를 겪은 1997년에도 중국은 이 위기를 피해가며 8.8%나 성장했다. 1998년과 1999년 성장률도 각각 7.8%와 7.1%에 달했고 2000년과 2001년에도 8%대 성장을 유지했다. 1997년의 아시아 외환위기도, 2001년의 극심한 세계경기 침체도 욱일승천(旭日昇天)하는 중국의 기세를 꺾지 못했다고 할 수 있다.

세계적인 투자은행인 미국 모건 스탠리는 2001년 리포트에서 이런 중국을 「세계경제의 오아시스」라고 평가했다. 이미 중국이 미국을 제치고 세계경제의 심장이 되고 있다는 실로 놀라운 분석이다. 더구나 2001년 중국은 오는 2008년 베이징 올림픽 경기를 유치한 데다 WTO에도 정식으로 가입하면서 세계경제의 본류에 합류했다. 숨어 있던 중국이 마침내 세계경제계의 전면으로 급부상한 것이다.

물론 중국경제는 현 시점에서 볼 때 적지 않은 내부 문제를 안고 있다. 한국이 그랬듯이 압축 성장에 따른 빈부 격차, 지역별 불균형 발전 등의 폐해가 사회 각 부문을 옥죄고 있다.

중국 사회과학원은 중국경제가 10차 5개년 계획기간(2001~2005년)에 연평균 7.8%의 성장세를 보일 것으로 예상한 바 있다.

또 중국사회과학원과 미국 와튼 계량경제연구소(WEFA) 전망에 따르면 2005~2010년에도 평균 8.1%, 이후 2015년까지 7.2%의 고성장이 예상된다. 산이 높으면 계곡도 깊은 것이 불변의 진리듯이, 중국은 향후 고도 성장을 거듭하는 과정에서 극심한 불균형 발전이라는 딜레마에 시달릴 게 자명하다. 언제 불균형의 문제가 승천하는 중국경제의 발목을 잡을지 현재로선 알기 어렵다.

아울러 경기 속도 조절도 당면 과제의 하나다. 경제이론에서 한 국가의 경제 성장은 물가 안정을 훼손하지 않는 범위 내에서, 균형감을 갖고 이뤄지는 게 바람직하다. 고도 성장에 필연적으로 수반되는 버블 경기를 적당한 선에서 제어할 수 있어야 한다. 오직 성장을 향해 숨돌릴 틈 없이 달리는 것이 능사가 아니라는 얘기다. 하지만 현재의 중국은 경기 하강의 속도를 제어할 브레이크를 갖고 있지 못하다는 게 정설이다. 브레이크가 작동하지 않는다면 중국은 극심한 경기 침체의 소용돌이에 휘말릴 수 있고, 이는 세계경제의 대재앙으로 비화될 수 있다.

　그렇지만 중국이 안고 있는 이런 문제점에도 불구하고 앞으로 중국경제가 상승기류를 탈수록 한국 산업의 국제적 입지는 축소될 수밖에 없는 상황이다. 중국은 활발한 외국인 투자유치를 바탕으로 이미 2001년에 TV와 에어컨, 세탁기 부문에서 일본을 제치고 세계 최대 생산국이 됐다. 2001년 중국산 TV와 에어컨, 세탁기의 세계 시장 점유율은 각각 36%와 50%, 24%에 달한다. 미국과 일본시장 점유율에서 한국과의 차이는 현재 두 배 이상으로 벌어졌다.

　삼성경제연구소 분석에 따르면 지금의 추세라면 중국 철강산업 의 기술력은 2006년에 한국과 대등해질 것으로 예상된다. 일부 중 화학공업과 고부가가치 산업도 적어도 그 시점에는 한국 수준으로 따라올 것으로 보인다. 또 IT(정보기술)는 5~10년 내에, 자동차는 10년 안에 한국과 대등한 수준에 달할 것으로 관측된다. 10년 이후 에도 한국이 중국보다 우월할 분야는 반도체 정도로 보이지만 최근 이 부문에 대한 중국의 투자 추세로 볼 때 그나마도 장담키 어렵다. 결국, 중국은 한국에 자국시장을 내주는 대신 한국의 세계시장을 모두 잡아먹을 것이라는 우려를 안겨준다.

　앞서 밝힌 대로 중국은 현재 전세계 외국인 직접투자의 3분의 1 을 빨아들이고 있다. 앞으로도 매년 400억 달러 이상의 돈이 중국 으로 밀려들어갈 것으로 예상된다. 적게 잡아도 매년 한국에 투자 되는 외국자본의 4배 이상이다. 싱가포르·대만·홍콩 등 전세계 적으로 6,000만 명에 달하는 화교경제 네트워크는 중국경제 발전 을 지원하는 든든한 원군이 되고 있다. 중국 기업들이 외국자본과 결합하면서 잇달아 세계적인 경쟁력을 갖춘 대기업들을 쏟아내고 있고 이는 중국경제 성장의 원동력으로 자리잡았다.

이처럼 중국의 빠른 발전이 돌이킬 수 없는 대세라고 한다면, 우리 경제의 미래는 중국과 차별화시킬 수 있는 산업경쟁력을 어떻게 갖춰가느냐에 달려 있다고 할 수 있다.

「전세계 제조공장」으로 도약하는 중국에 맞서 독자적인 경쟁력을 가질 수 있는 기술과 제품을 앞으로도 유지할 수 있느냐가 관건이다.

과거 일본 기업이 세계시장을 누볐던 뛰어난 기술력과 제품 생산력을 한국이 빠른 시일 안에 확보할 수 있다면 중국의 부상은 오히려 기회가 될 수 있다. 반면 중국과 차별화되지 않는 경쟁력은 거대한 중화경제권에 편입되는 결과를 초래할 수밖에 없다. 이런 점에서 한국의 선택은 자명하다. 중국이 앞으로 지속적인 성장을 이루기 위해 넘어야 할 산들이 많긴 하지만, 어떤 경우라도 한국의 번영은 독자적인 경쟁력 확보에 달려 있을 수밖에 없다. 또 경쟁력 확보를 이룬다면 중국의 도약은 분명 기회가 될 수 있다.

- 중국의 도약은 어떤 점에서 한국의 위기로 작용하는가?
- 싱가포르 · 홍콩 · 대만에 나타나는 산업 공동화 현상의 시사점은?

장기 불황에 빠진 일본이 주는 교훈

세계 제2위의 경제대국 일본이 무너져 내리고 있다. 10년 장기 불황에 빠진 일본은 최근 들어 금융 및 외환시장마저 불안한 모습을 보이면서 일본경제가 끝내 침몰하는 것 아니냐는 전세계의 우려가 확산되는 상황이다. 특히 세계적인 신용평가회사로부터 국가신용등급이 계속 하향 조정되는 수모를 겪으면서 국제신인도가 선진국 중 최하위권으로 떨어졌다.

그렇다면 일본경제는 이대로 몰락할 것인가, 아니면 극적으로 회생할 것인가.

적어도 2002년 현 시점에서는 비관적인 견해가 우세해보인다. 세계 최고 수준의 제조업 경쟁력을 갖추고 근면 검소한 국민성을 가진 일본이지만 가파른 속도로 침몰하는 경제를 막는 데는 한계를 보이고 있기 때문이다. 부시 미 행정부에서 재무장관을 맡은 폴 오닐은 『일본은 현재의 경제 위기를 극복하지 못하면 25년 뒤에는 중국의 경제 규모에 뒤지는 등 세계경제의 주변국으로 전락하게 될 것』이라고 지적하기도 했다. 그는 일본이 위기에서 벗어나려면 「디플레이션(deflation) 조기 종결·금융부실 해결·경제규제 완화」 등 3가지 과제를 조속히 실천해야 한다고 강조했다.

한때 일본은 풍부한 자금력을 바탕으로 미국 록펠러센터와 콜럼비아 영화사 등을 사들이는 호기를 보였다. 또 『도쿄 23구(區)의 땅값만으로 미국을 송두리째 살 수 있다』는 헛된 자부심을 갖기도 했고 일본 언론은 『드디어 전세계가 최고의 경제강국으로 떠오른 일본시장의 움직임에 맞춰 제품을 생산하기 시작했다』는 찬사를 쏟아내기도 했다.

그러나 지금의 일본에서는 과거의 영광과 찬사를 어디에서도 찾기 어렵다. 일부에서는 일본 열도 전체가 거품 빠진 맥주 신세로 전락해버렸다며 비아냥거리기도 한다. 도요타자동차를 앞세운 일본경제의 급부상을 「제2의 진주만 기습」이라며 경계하던 미국에서도 얼마 전부터는 일본의 태생적 한계를 거론하며 한결 느긋해진 분위기다. 일본인 스스로는 1990년대 이후 10년의 장기 불황을 스스로 「잃어버린 10년」이라 지칭하고 있다. 아시아 각국에서조차 일본의 실패를 반면교사(反面敎師)로 여기는 판이다.

1990년대 초반 버블이 붕괴되면서 몰락의 길을 걷기 시작한 일본경제는 1990년대 중반 반짝 회복세를 보인 이후 지금까지 별다른 희망 없이 줄곧 내리막길을 걷고 있다. 일본경제는 특히 1998년과 2001년 성장률이 각각 -1.1%와 -0.5%를 기록, 마이너스 성장이라는 치욕을 맛봐야 했다. 2002년에도 이런 불황을 개선하기는 어렵다. 성장을 지속해도 부족한 판에 오히려 경제가 제자리 걸음을 하거나 뒷걸음질하는 상황이 10년 이상 계속되고 있는 것이다.

일본이 현재의 장기적인 경기 침체의 늪에서 헤어나지 못하는 근본적인 원인으로는 대체로 「1940 시스템」이 거론된다. 제2차 세계대전 당시 정립된 일본의 경제·정치·사회체제는 전시경제를 지탱하고 전후 일본을 부흥시킨 동력이었지만 1990년대 이후 위기를 불러온 원인이 됐다는 지적이다. 미국 하버드대학 마이클 포터 교수는 정부가 주도해온 일본식 경제 모델의 불가피한 한계라고 못박았다. 정부관료에 의한 경제 간섭과 결정, 관치금융, 국가산업의 재벌 지배 등이 한때 일본을 부흥시켰지만 「금융산업의 경쟁력 부재」라는 뼈아픈 실패를 불러온 것도 부인하기 어렵다는 것이다.

실제 일본은 「1940 시스템」이 초래한 금융부실을 제때 처리하지 못하면서 고질적인 금융시장 불안에 시달리고 있다. 정부가 아무리 금리를 낮춰 은행으로 하여금 민간 대출을 늘리려고 해도 재무 상태가 튼튼하지 못한 은행들은 추가로 돈을 빌려줄 여유가 없는 실정이다. 또 금융시장 마비는 「금융시장 불안→소비 불황→가격 하락→생산 및 고용 감축」으로 이어지는 전형적인 디플레이션의 악순환을 만들어내고 있다.

사상 최악의 실업과 돈을 아무리 풀어도 떨어지기만 하는 물가의 연결고리가 일본경제를 벼랑으로 몰고 있는 것이다.

물론 일본 불황의 원인에 대한 다른 분석도 없지 않다. 폴 크루그먼 프린스턴대학 교수는 『노령화가 노동력을 줄이고 소비를 위축시켜 다시 경기 침체를 가속화시킨다』며 일본사회의 노령화에서 경제위기의 원인을 찾고 있다. 일본 사회 스스로는 경기 침체의 원인으로 국제결제은행(BIS) 비율 등 미국 자본주의의 폭격에 적절히 대처하지 못한 탓이라는 시각이 우세하다. 금융 불안이 외부적인 요인에 의해 초래됐다는 인식이다. 부분적으로 타당성이 있을지 모르지만 핵심 원인으로 보기는 어렵다.

일본 정부는 최근 들어 불황 극복을 위해 한국·중국 등 주변국의 심기를 건드려가면서까지 엔(円) 절하를 부추기고 있다. 그나마 수출 증대를 통해서라도 경기를 부추기자는 심산이다. 그러나 점차 확산되고 있는 산업 공동화와 제조업의 글로벌화 현상으로 인해 이 전략은 별다른 도움이 못 되고 있다. 도요타자동차 등 주요 제조업체들은 생산의 상당 부분을 해외기지에서 충당하고 있는 실정이기 때문이다.

금리정책은 이미 효력을 발휘하지 못하고 있다. 사실상 제로금리정책을 펼쳐온 일본의 정책금리는 이미 0% 수준으로서 더 내릴 여지도 없다. 또 아무리 돈을 풀어도 물가를 끌어올리지 못하는 유동성 함정에 빠져 있다. 게다가 일본은 재정적자 등 국가채무가 GDP의 1.5배인 800조 엔에 달해 재정확대정책을 펼 수도 없다.

그렇다면 지난 10년 간 불황에 허덕여온 일본경제를 살릴 수 있는 치료책은 무엇일까? 일본 국내는 물론 해외 전문가들은 한결같이 「디플레이션의 악순환에서 벗어나는 게 급선무」라고 지적한다. 구체적인 방법론에서는 차이가 있지만 「소비를 늘리고 물가를 끌어올리는 선순환의 흐름」을 만들어야 한다는 지적에는 어느 정도 공감대가 형성돼 있다. 또 금융부실 문제를 근본에서부터 해결토록 해야 한다는 분석이 지배적이다. 100조 엔에 육박할 것으로 분석되는 은행 등 금융회사들이 안고 있는 부실채권을 정리해 은행에 새로운 활력을 불어넣지 않고서는 다른 대안이 없는 형편이다. 언제 터질지 모르는 금융 위기의 싹을 잘라내지 않고서는 일본 내부로부터도 경기 회복에 대한 신뢰를 얻을 수 없기 때문이다. 이처럼 「1940 시스템」이 불러온 금융산업 황폐화가 「금융 불안과 소비 위축, 물가 하락의 악순환」을 가져오면서 일본의 장기 불황을 초래했다는 점은 끝없이 「관치」 논란에 시달리는 우리에게도 시사하는 바가 적지 않다고 하겠다.

• 일본경제의 불황은 어디에서 초래돼 어떻게 진행되고 있을까?

• 한국이 장기 불황에 빠진 일본으로부터 얻을 수 있는 교훈을 무엇일까?

소득 분배냐 경제 성장이냐

2002년 연말 대통령 선거를 앞두고 우리 사회는 「소득 분배가 우선이냐, 경제 성장이 우선이냐」를 놓고 또 한 차례 격심한 논쟁의 소용돌이에 휘말렸다. 특정 대통령 후보의 경제철학이 「소득의 균형 분배를 경제 성장보다 우선시하는 좌파적 성향」이라는 지적이 제기되면서 이에 대한 사회 각계의 찬반 논란이 뜨겁게 달아올랐다. 물론 이 같은 논쟁이 대두된 데는 1997년 말 외환위기 이후 소득격차가 계속 확대되어왔고, 우리 경제가 선진국 진입을 목전에 둔 만큼 이제는 소득분배에도 보다 많은 정책적인 배려가 있어야 한다는 주장이 복합적으로 작용한 것이라 할 수 있다.

시민사회단체와 노동계 등을 필두로 한 진보 진영에서는 이제 한국도 과거의 성장 우선정책에서 벗어나 소득의 균형 분배를 위한 사회복지 확대에도 정책적인 배려가 있어야 한다는 입장을 피력했다. 이들은 또 통계청이 2002년 초 전국의 2만 7,000가구를 표본 조사해 발표한 「2000년 가구소비 실태」 자료를 토대로, 앞으로 정부가 「부(富)의 균형 있는 분배」에 경제정책의 주안점을 두지 않으면 지역별 불균형 발전에 따른 갈등뿐 아니라 빈부 계층 간 갈등이 한층 확산될 수 있다고 우려했다.

특히 소득 분배의 불평등도를 나타내는 지니 계수가 1996년 0.290에서 2002년 0.351로 훨씬 높아진 만큼 더 이상 균형 분배정책을 늦춰서는 곤란하다는 입장을 보였다. 지니계수(0~1)는 1에 가까울수록 소득이 제대로 분배되지 않고 있음을 뜻한다.

아울러 통계청 조사에서 소득이 많은 상위 20% 계층이 벌어들인 소득이 전체 소득에서 차지하는 비중은 1996년 37.8%에서 2002년 42.6%로 더욱 높아진 반면, 하위 20% 계층의 소득 비중은 8.0%에서 6.3%로 오히려 떨어졌다며 불평등한 소득 분배구조의 문제를 집중적으로 제기했다. 당연히 소득이 많은 계층 20%와 소득이 적은 계층 20% 사이의 소득격차가 1996년 4.74배에서 2002년 6.75배로 확대된 점도 집중 부각됐다.

반면 경제계 등 보수 진영은 정부가 부의 균형 분배에 어느 정도까지 관심을 가질 수는 있지만, 그렇다고 현 시점에서 경제정책의 근간을 「성장에서 균형 분배」로 전환해서는 안 된다며 강력하게 반대하고 있다. 자칫, 경제성장의 흐름이 꺾일 수 있을 뿐 아니라 이 때문에 정부 재정도 고갈되는 상황에 처할 수 있다는 게 반대론의 골자다.

보수 진영에서는 복지정책을 대폭 확대해 사회 안전망을 구축해야 한다는 진보 진영의 주장이 「분배 방식이 생산을 결정한다」는 사실을 간과하고 있다고 비판한다. 사람들이 『얼마나 열심히, 또 얼마나 위험한 일을 할 것인가』는 『분배가 어떻게 이루어지느냐』에 크게 의존하게 마련인 만큼 정부가 직접 나서 복지정책을 지나치게 확대하면 국민 스스로 일을 하고자 하는 유인(誘因)을 뺏는 결과를 낳게 된다고 지적했다.

아울러 정부가 추진하는 복지 확대는 「균형 분배를 이루는 가운데 이뤄지는 경제 성장」이라는 당초 의도와 달리 이 정책이 시장(market)에서 긍정적인 방향으로 작동하지 않는 또 다른 딜레마(dilemma)에 빠질 수 있다고 강조한다. 복지 확대로 인해 사회 전체적으로 노동에 참가할 유인이 줄면서 생산이 감소하고, 이는 결국 성장 둔화와 복지 축소로 이어진다는 것이다. 과거 국민들의 복지 수준을 극대화했던 유럽 국가들도 이 같은 문제점 때문에 최근 들어서는 복지정책을 개편하려는 움직임을 보이고 있다는 점이 참고 사례로 제시되기도 했다.

보수 진영은 따라서 정부가 『소득 재분배에 큰 비중을 두더라도 국가 또는 사회적 생산이 그대로 유지되거나 증가할 수 있다』고 믿는 것은 착각이라는 입장을 분명히 하고 있다. 보수 진영은 현재 시행 중인 「국민기초생활보장법」도 이러한 문제를 안고 있다는 원칙적인 입장을 갖고 있다. 기초 소득에 못 미치는 가계에 대해 정부가 소득을 100% 보조해주는 정책은 근로자들의 일할 유인을 감퇴시켜 사회 전체의 생산을 감소시키고, 소득 보조를 받는 사람들의 정치적 목소리가 커짐에 따라 정부 재정을 압박하는 요인으로 작용한다는 것이다.

이에 따라 복지정책의 확대를 둘러싼 이 논쟁을 마무리짓기 위한 접점은 결국 『사회복지정책을 확대해나가는 가운데서 생산 증가와 함께 경제 성장을 이끌어낼 수 있느냐』에서 찾아야 할 것으로 보인다. 실제로 보수 진영이 부의 균형 분배를 바라보는 시각도 「구성원 모두가 기본생활을 유지할 수 있는 선진형 사회 구현」이라는 기본 명제를 반대하는 것은 아닌 만큼 타협의 가능성이 전혀 없는 것은 아니다.

분명한 것은 현 시점에서 정부가 분배정책에 보다 많은 관심을 쏟는 것은 우리 사회가 한 단계 더 발전하고 성숙해가기 위한 시대적 소명이라는 점이다. 그렇다고 해도 보수 진영이 주장하는 경제의 지속 성장은 결코 간과할 수 없다. 자칫 이 시점에서 생산이 줄고 성장이 멈춘다면 우리는 선진국 대열에 합류하기도 전에 스스로 도태될 수도 있기 때문이다.

따라서 이제부터라도 정부는 물론 기업과 국민 모두가 성장잠재력을 훼손하지 않는 가운데 복지정책을 확대할 수 있는 방안을 적극적으로 찾아야 한다. 이미 유럽 등 선진국들은 지나친 복지정책의 확대가 불러온 각종 폐해에 시달린 경험을 갖고 있다는 점에서 우리에게 반면교사(反面敎師)가 될 수 있다.

최근 들어 일부 선진국에서는 정부 주도의 **복지정책**을 **민간** 분야에서 주도하는 방식으로 바꿔가는 문제를 심각하게 고민하고 있다는 점을 **눈여겨볼 필요**가 있다.

동시에 정부 주도의 복지 확대 정책의 부작용을 민간에 의한 복지 증진을 통해 치유할 수 있다고 보는 시각에도 관심을 가져야 할 시점이다. 실제, 경제계에서는 민간에 의한 복지 활성화를 위해 외국과 같이 기부금에 대한 조세 감면 규정을 대대적으로 정비하고 체계적으로 시행해야 한다고 강조하고 있다.

이와 함께 국민기초생활 보장정책을 계속 시행한다면 의료보험이나 국민연금 등 여러 분야로 나뉘어 있는 복지 프로그램을 통합할 필요가 있다는 주장에도 귀를 기울여야 한다. 건강보험료나 국민연금보험료 등은 이미 소득에 따라 그 불입액이 결정되고 있기 때문에 이러한 복지정책을 그대로 유지한 채, 국민기초생활 보장정책을 따로 시행하는 것은 이중, 삼중의 복지수혜가 된다는 주장에도 일리가 있기 때문이다. 결국, 우리로서는 경제 성장을 지속적으로 이뤄가는 가운데 복지를 확대하는 묘안이 필요한 시점이다.

• 「시장경제」와 소득의 균형 분배는 양립할 수 없는 것인가?

• 소득 불균형은 장기적으로 국가 발전에 어떤 영향을 미칠까?

수도권 과밀 억제정책의 딜레마

수도권의 신규 공장 설립 등을 제한하는, 이른바 「수도권 과밀 억제정책」을 놓고 각계의 의견 마찰이 끊이지 않고 있다. 최근 들어 정치권 일부에서 기존의 수도권 과밀 억제정책을 완화하려는 움직임을 보이면서 이해 관계자들 사이의 대립의 각이 더욱 커지는 양상이다.

정부는 인구의 수도권 집중을 막고 지역별 균형 개발을 추진하기 위해 수도권 지역의 공장 및 대학 설립을 억제하고 개발을 제한하는 등의 규제정책을 펴고 있다. 상대적으로 수도권에 비해 덜 발달한 비수도권 지역의 개발을 활성화하기 위한 고육책이라 할 수 있다. 수도권 지역에서 공장부지를 구하기 어렵게 되면 공장용지 수요가 비수도권 지역으로 옮겨갈 수 있고, 이로 인해 인구집중 현상도 자연스레 해소할 수 있다는 계산이다.

그러나 경제계와 수도권 지역 지방자치단체들은 공장 설립 수요가 수도권으로 몰리는 것을 인위적으로 막는 것은 정부가 직접 나서 경제활동의 기본이 되는 공장 설립을 막는 것과 다를 바 없다고 비판한다. 무엇보다 수도권 과밀 억제정책의 이론적 배경이 되는 「지역 균형 발전을 위한 불가피한 조치」 주장에 대해 시대착오적인 발상이라며 반박한다.

수도권 공장 설립을 제한하는 방식으로 비수도권 지역이 반사이익을 보게 하겠다는 생각은 자본의 국제적 이동이 자유로운 시대에는 전혀 설득력이 없는 논리라는 것이다. 기업이 원치 않는 곳에 자리잡게 되면 필연적으로 생산원가가 높아지고 제품의 질은 낮아질 수밖에 없는데, 어느 누가 비용경쟁력이 떨어지는 지역에 공장을 세우려 하겠느냐는 시각이다.

또 기업이 수도권 입지를 선호하는 것은 물류 시설과 시장 규모, 인력 공급망 등의 각종 인프라(infrastructure · 사회간접자본)가 보다 잘 갖춰져 있기 때문인데, 기업으로 하여금 이런 곳을 두고 상대적으로 인프라가 부족한 지역에 투자하라는 것은 「투자하지 말라」는 것과 똑같은 억지라는 주장이다.

경제계는 앞으로 개방화 · 세계화의 파고가 높아질수록 수도권에 공장 설립을 거부당한 기업이 지방으로 이전해갈 가능성은 낮아진다고 강조한다. 오히려 입지 선정을 제약받은 기업은 생산기지를 해외로 옮기거나 아예 투자 자체를 포기할 가능성이 크다는 현실론도 제기되고 있다. 이도 아니면 수도권에서 제조업이 아닌 다른 업종에 투자할 것이라고 설명하고 있다. 개방화 시대의 지역균형 개발론은 「빈곤의 평준화 주장」에 불과하다는 게 이들의 입장이다.

경제계는 또 수도권 공장입지 제한이 교통혼잡 현상을 완화시킬 수 있다고 생각하는 것도 터무니없는 기대일 뿐이라고 폄하한다. 교통 혼잡의 정도는 총 이동량에 평균 이동거리를 곱한 값과 비례한다고 할 때, 산술적인 계산으로도 이동거리가 늘면서 혼잡 현상이 더욱 심화될 가능성이 크다는 지적이다.

반면 비수도권 지역 지방자치단체와 시민단체 등은 수도권에 대한 과밀 억제정책을 완화하는 경우 가뜩이나 심각한 수도권 과밀화 현상과 난개발을 부추기고 지역 간 균형 발전을 저해하게 된다며 반대 목소리를 높이고 있다.

먼저, 수도권 과밀 억제정책이 완화되면 수도권 집중이 심화될 게 뻔하다는 주장을 한다. 서울·인천·경기 등 수도권 지역의 면적은 우리나라 전체 국토의 13%에 불과함에도 이미 전체 인구의 46.3%(2000년 현재)와 산업의 53.7%가 몰려 있어 언제 터질지 모르는 풍선과 같은 상태라는 게 이들의 견해다. 이로 인한 사회 기반시설 부족과 교통 혼잡, 환경 파괴 등 수도권 주민이 떠안고 있는 고통의 수준은 이미 한계점에 다다른 상태라고 지적하고 있다.

다음 문제점으로는 난개발을 꼽는다. 수도권에 새로 건립할 수 있는 공장의 총량을 규제해온 기존의 정책이 얼마 전부터 일부 완화되면서 벌써부터 난개발이 심각한 사회 문제화되고 있기 때문이다.

또 비수도권 지방자치단체들은 과밀 억제정책의 완화로 인해 수도권과 비수도권 지역 사이의 불균형 발전 현상이 더욱 심화될 것으로 우려하고 있다. 이들 지자체는 1990년 이후 지역 불균형 문제는 인구·산업·교육·문화 등 여러 측면에서 더욱 심화되는 양상이라고 지적한다. 특히, 지방 산업은 1998년 외환위기 이후 전반적인 경기 침체로 인해 그 기반마저 붕괴될 처지에 놓였다고 밝힌다. 실제, 전북의 경우 국가 및 지방산업단지의 35% 정도가 미분양 상태(2001년 5월 현재)이고 충북의 오창·오송 과학단지도 절반이 분양되지 않고 있다고 주장한다. 이런 상황에서 수도권 지역의 공장 설립을 완화하는 것은 지방산업 붕괴와 지역 불균형의 심화를 부채질할 뿐이라는 입장이다.

이에 따라 비수도권 지자체와 시민단체들은 국토의 균형 발전과 지방산업 육성을 위한 정책적 배려가 어느 때보다 절실하다고 강조하고 있다. 백번 양보해 앞으로 수도권 과밀 억제정책을 완화해가더라도 이는 지방산업 등을 획기적으로 육성할 수 있는 정책 수립 및 실천 과정이 선행된 후 이뤄져야 한다는 게 이들의 시각이다.

결국 이 같은 양측 주장을 대비해보면, 문제 해결은 수도권 과밀 억제정책을 유지해나갈지 여부를 결정하는 게 아니라 상대적으로 소외된 지방경제를 앞으로 어떻게 활성화할 것인가에서 찾을 수밖에 없다. 사실 수도권 과밀과 지역 간 불균형 발전의 문제는 지난 1960년대 이후 경제개발과 성장 위주의 논리에 밀려 진행돼온 국토개발정책과 산업정책의 후유증으로, 앞으로 반드시 치유해야 할 아픈 과거임에 분명하다.

따라서 지금부터라도 지역 간 균형 발전을 위한 정부 차원의 체계적인 대책 마련이 절실하다. 비수도권 지역의 뒤떨어진 인프라를 수도권과 경쟁할 수 있는 수준으로 하루빨리 확충해야 하는 것은 물론, 필요하다면 지자체 간 경쟁을 유도하는 방식으로라도 비수도권 지자체의 공장 입지 경쟁력을 단계적으로 높여가야 한다.

이미 세계는 국경 없는 경제 경쟁을 벌이고 있다. 따라서 공장 입지를 선정하는 과정에 경제적 논리가 아닌 정치적 논리, 비경제적 논리가 무분별하게 개입돼서는 곤란하다.

우리 정부가 앞으로도 계속 공장 입지 선정을 **제약**한다면 **국내기업**은 물론 해외 투자기업의 대다수는 입지여건이 **훨씬 좋은** 중국 등 **해외**로 발길을 돌리게 마련이라는 점을 **분명**하게 인식해야 한다.

이는 장기적으로 국가경쟁력을 갉아먹는 행위가 될 수밖에 없다. 그런 점에서 수도권 과밀억제를 위해 도입된 여러 정책 가운데「공장 총량제」규정은 서둘러 개선점을 찾아야 할 사안이라 할 수 있다.

생각해 보기

• 수도권 과밀 억제정책의 경제적 이득과 손실은 무엇인가?

• 세계화 흐름 속에서도 수도권 공장입지 제한정책은 유지돼야 하나?

경제 사설 다이제스트

우선 정부가 나서서 특정 상품을
「수입해라, 마라」 하는 모양새가 좋지 않다.
자동차가 통상마찰의 핵심 사안이라 해도
기업이 할 일과 정부가 할 일,
완성차 업체가 할 일과 수입 업체가 할 일을 엄격하게 구분해서
추진하는 침착성을 잃지 말아야 한다.
현대차의 제휴선이라고 해서 크라이슬러 차만 사주면
다른 외국차 회사들은 가만히 있겠는가.
오히려 혹 떼려다 혹 하나 더 붙이는 꼴이 될 수도 있다.

최악의 취업난을 해결하려면

실업자가 100만 명을 웃돌고, 특히 고학력자의 취업난이 심각한 사회문제가 되고 있는 상황에서 국내기업의 절반가량이 새해 신입사원을 뽑을 계획조차 세우지 않고 있다고 하니 「설상가상」이라는 말은 바로 이런 경우를 일컫는 성싶다. 한국경영자총협회가 내놓은 국내기업의 신규인력 채용동향 조사에 따르면 990개 조사 대상 기업 중 50.5%가 채용 계획이 없거나 미정이라고 응답했다는 것이다.

그나마 신규채용을 고려하고 있는 기업 중에서도 채용인원을 늘리겠다는 기업은 25.5%뿐이고 13.1%는 오히려 줄여 뽑겠다고 하니 취업전선에 드리운 먹구름이 도대체 언제 걷힐 수 있을지 답답하기만 하다.

한 달이 멀다 하고 정부의 실업대책과 취업대책이 쏟아지고 있지만 국내외 경제여건이 뒷받침되지 못해 「밑 빠진 독에 물 붓기」

가 되고 있다.

더구나 기업들이 앞으로도 지속적인 구조조정을 추진해야 하는 상황이고 보면 정부의 대증요법적인 단기대책의 효력은 금방 바닥을 드러낼 수밖에 없는 현실이다. 상황이 이처럼 어렵긴 하지만 취업대란이 하루 이틀로 끝날 일이 아닌 이상 근본적인 해결책을 찾지 않으면 안 된다.

뭐니뭐니 해도 기업의 신규투자를 북돋는 것이 정공법이지만 지금처럼 경제여건이 좋지 않은 상황에서 기업더러 무턱대고 투자만 늘리라고 주문할 수도 없는 노릇이다.

현 상황에서는 인력수급 불균형부터 바로잡는 것이 일의 올바른 순서라고 생각한다. 각 산업 분야에서 「눈높이 취업」만 제대로 된다면 취업난은 상당히 완화될 수 있다는 것이 경제 전문가들의 의견이다.

이 시점에서 기업의 적극적인 투자와 정부의 시의적절한 대책 못지않게 중요한 것이 구직자 스스로 눈높이를 낮추는 일이다.

지금처럼 실업자가 넘쳐나는데도 임금과 근로조건 등을 둘러싼 구인·구직자 간 눈높이 차이로 비어 있는 일자리가 10만 개나 된다는 것은 이해할 수 없는 일이다.

일류 직장이 아니면 차라리 취업을 포기하겠다는 젊은이들의 의식이 바뀌지 않는 한 고질적인 중소제조업의 인력난은 해소될 수 없을 것이다.

현재의 인력수급 불균형현상은 구직자들의 의식구조에도 원인이 있지만 산업구조 및 노동시장의 빠른 변화를 쫓아가지 못하는 교육제도의 낙후성에 더 큰 원인이 있다고 할 것이다. 그런 의미에서 구직난을 무색케 하는 IT 등 신산업 분야의 구인난은 예고된 것이었다고 할 수 있다. 신산업사회에 맞는 교육제도의 대혁신이 긴요한 시점이다.

한쪽에선 취업하고 싶다고 야단인데 다른 한쪽에선 구인난을 한탄하는 현상이 나타나고 있다. 특히 3D 업종과 정보기술(IT) 업종은 구인난이 극심하다고 한다. 3D 업종은 구직자의 눈높이가 너무 높아서, IT업종은 정작 필요한 기술을 가진 사람이 없어서 그렇다는 게 취업알선 기관들의 분석이다.

이런 상황에서 정부의 취업대책은 어떠해야 하는가? 민간기업들에게 신입사원을 더 뽑으라고 강요할 수도 없다. 관치경제 시대도 아닌데 어떤 기업이 그런 가당치 않은 요구를 받아주겠는가. 한때 정부 예산으로 하천주변 쓰레기 줍기, 잔디 깎기 같은 「억지 일자리」를 만들어주는, 이른바 「공공근로사업」이 대안으로 떠올랐지만 임시방편적인 빈민구제에 다름아니라는 평을 받았다.

정부가 주목해야 하는 포인트는 일자리를 찾는 실업자와 구인기업을 제대로 연결시켜주는 것이어야 한다. 예를 들어 경기 침체로 줄어든 일자리 수가 10만 개인데 실제 실업자 수는 15만 명이면, 이 5만 명에게 실업대책의 초점을 맞춰야 한다는 것이다. 구직자들의 눈높이가 너무 높다면 한편으론 이를 낮추도록 유도하면서 그들이 3D 업종을 기피하는 이유를 제대로 파악해 보완책을 마련해줘야 한다. 기술을 가진 사람이 없다면 정부가 돈을 들여서라도 실업자들에게 무상으로 기술교육을 시켜줘야 한다.

이 사설은 취업난 구직난이 동시에 발생하고 있는 모순된 현실을 지적하며 해결책을 제시하고 있다. 도입부에서는 심각한 취업난을 설명하고 전개부에서는 인력 수급의 불균형부터 바로잡자는 주장을 펴고 있다. 결론부에서는 이런 현상의 원인을 교육제도의 낙후성으로 지목하고 교육제도의 대혁신을 주문하고 있다.

내수침체 속 불건전소비 확산

최근 국내 소비심리가 회복기미를 보이는 듯하자 덩달아 사치성 소비재 수입이 급증하고 있다는 소식이다. 그런가 하면 전반적인 경기침체 속에서도 유흥성·사행성 업종은 폭발적 호황을 누리고 있다니 「내수침체 속 불건전소비 확산」이라는 바람직하지 못한 현상이 자리잡지 않을까 걱정이다.

산업자원부가 집계한 2001년 3월 20일까지의 소비재 수입실적을 보면 승용차는 지난해 같은 기간에 비해 무려 88.9%, 모피의류는 34.3%나 증가하는 등 사치성 소비재 수입이 크게 늘어난 것으로 나타났다. 특히 이 같은 사치성 소비재의 수입은 3월부터 가파른 상승세를 타고 있다. 지난해 12월(5.2%)부터 줄곧 한 자릿수 증가에 그쳐온 소비재 수입증가율이 3월에 갑자기 15.9%로 높아진 것도 사치성 소비재 때문이라고 한다.

정부의 경기 부양책이 기업의 설비투자로 연결되지 않고 일부 계층의 불건전소비 심리만 부추긴 셈이 되었다고 해도 별로 틀린 말이 아니다.

소비가 불건전한 방향으로 확산되고 있음은 통계청이 발표한 서비스업 활동동향에서도 입증된다. 민간소비 심리를 대표하는 도소매업의 신장률은 1월 0.7%, 2월 0.5%로 극히 부진했으나 경마·경륜업은 신장률이 무려 60.3%에 달했고 할부거래 및 현금 서비스를 주영업으로 하는 신용카드 부문(신용카드금융업)은 104.1%에 달하는 폭발적 호황을 누렸다고 한다. 이 밖에 룸살롱과 단란주점 등도 영업신장률이 두 자릿수를 기록했다.

전반적으로 위축된 소비 심리가 경제 회복에 큰 걸림돌이 되고 있는 상황에서 일부 계층, 일부 업종에서나마 소비가 살아나는 것이 뭐 그리 나쁘냐는 시각이 있을 수도 있다. 그러나 소비는 기업의 설비투자로 이어져 내수와 수출에 활력을 불어넣을 때에만 경제·사회적 효용성을 갖는다.

지금 우리에게 필요한 것은 바로 이와 같은 생산적 소비다. 이를 위해서는 무엇보다도 소비 심리가 소득계층 간 편차 없이 고르게 회복돼야 한다.

지금처럼 정부의 민간소비진작책이 사치성 소비재의 수입 봇물이나 유흥업소의 호황 등 불건전소비를 부추기는 방향으로 흘러서는 곤란하다.

건전한 소비를 위해서는 외환위기 이후 경기하락, 주가폭락, 구조조정 등으로 무너져버린 중산층을 다시 일으켜 세워 이들의 소비 욕구를 북돋는 일이 중요하다.

일부 계층의 불건전소비에 대해서는 경계를 늦추면 안 된다. 불건전소비가 가져오는 경제·사회적 해악을 따져볼 때 생산적 소비 풍토를 정착시키지 않고 선진경제로 간다는 것은 불가능한 일이다.

소비가 줄어들면 기업들의 매출이 떨어지고 수익성도 나빠진다. 근로자들의 소득도 줄어든다. 이는 소비 심리를 더욱 위축시키는 악순환으로 이어진다. 이처럼 소비는 한 경제단위의 생산·소득과 불가분의 관계에 있고 선순환, 악순환의 중요한 고리 역할을 한다.

경기에 관심을 갖는 사람들이 소비활동의 동향에 큰 관심을 기울이는 것은 바로 이런 이유 때문이다. 소비 증가는 경기 회복의 전조로 여겨지기도 한다. 물론 이 때의 소비는 기업들의 생산을 늘리고, 설비투자 의욕을 고취시킬 수 있는 생산적 소비다. 유흥주점 매출이 올라가고 고급 수입의류가 잘 팔리는 것과 같은 비생산적 소비는 그리 고무적인 현상이라고 볼 수 없다.

이 사설은 경기 침체 속에서도 사치성 소비재 수입이 느는 등 비생산적 소비가 증가하는 데 대해 우려의 목소리를 내고 있다. 전개부에서 이런 현상을 비교적 상세히 설명하고 후반부에선 생산적 소비를 늘리려면 소비 심리가 모든 소득계층에서 편차없이 활성화되어야 하며 정부의 소비진작책은 중산층을 다시 일으켜 세우는 데 초점이 맞춰져야 한다고 주장했다. 결론부에서는 생산적 소비의 중요성을 다시 한번 강조하면서 일부 계층의 불건전소비에 대해 경계를 늦춰선 안 된다고 밝히고 있다.

채권시장 혼란 어떻게 볼 것인가

금리가 연일 상승세를 기록하는 가운데 거래마저 위축되는 등 채권시장이 혼미 상태를 보이자 한국은행이 국공채 매입을 통한 공개시장 조작에 나서기로 했다고 한다.

물론 시중 금리가 오른다고 해서 무조건 정책당국이 개입하는 것을 바람직하다고 말할 수는 없지만, 작금의 금리는 뚜렷한 이유도 없이 비정상적이라 할 만큼 큰 폭으로 움직이고 있기에 시의적절한 조치로 평가할 만하다.

채권금리는 2001년 11월 14일과 15일 이틀 동안에만 0.58포인트가 오르는 등 급등세를 보였고, 투매 현상으로 환금성이 위협받을 정도의 거래 위축이 나타나는 혼란한 모습을 보여왔다.

다행히 16일에는 정부의 시장개입 발표로 진정되기는 했으나, 이는 어디까지나 응급처방일 뿐 근본대책이 될 수 없다는 점에서

정부는 원론적 차원의
해명에서 벗어나
저금리체제를
정착시키겠다는
확고한 의지를
보여야 할 것이다.

불안요인은 여전하다고 보는 것이 옳다. 그런 점에서 정부와 통화당국은 보다 근본적인 대응책 마련에 나서야 할 것이다.

최근의 채권금리 급등을 어떻게 해석해야 할지 당혹스런 면이 없지 않다. 일반적으로 거론되는 배경은 주가 상승과 경기 회복 전망, 그리고 미국의 채권금리 상승 등이다. 종합주가지수가 610선을 돌파하는 등 주가가 상승 추세에 있고, 반도체 가격 상승 등으로 경기 회복에 대한 기대감이 높아진 것은 사실이다.

그러나 낙관하기는 아직 이르다는 점에서 최근의 금리 상승은 지나치게 민감한 반응이 아니냐는 게 우리 생각이다. 설령 그러한 재료들을 인정한다 하더라도 시중에 마땅한 투자처를 찾지 못하는 여유자금들이 적지 않은 현실이고 보면 금리가 지금처럼 급등해야 할 이유는 없다.

따라서 기관투자가들이 단기적 금리동향에 연연해 투기성 거래를 하다 보면 낭패를 볼 가능성도 배제하기 어렵고, 오히려 금융시장 혼란만 부추길 우려가 있다는 점에 유의해야 한다.

문제는 시장참여자들의 금리에 대한 막연한 불안감이 팽배해 있다는 점이다. 채권값이 상투권(금리 바닥)에 들어섰다는 막연한 생각을 버리지 못하거나, 정부의 경기대책 또는 통화정책이 언제 어떻게 바뀔지 확신을 갖지 못하는 한 그러한 불안감은 가시지 않을 것이다.

따라서 정부는 **회사채 수급상** 무리가 없다는 식의 **원론적 해명**에 그칠 것이 아니라 저금리체제를 정착시켜나가겠다는 확고한 의지를 분명하게 **인식**시켜줄 필요가 있다.

그 효과적인 수단 가운데 하나가 콜금리의 추가인하다. 지금의 금리 급등은 어느 모로 보나 국가경제에 하등 도움될 게 없다는 점을 염두에 두고 정책 대응에 적극 나서주기 바란다.

2001년 11월 16일. 한국은행이 금리 안정을 위해 채권시장에 직접 개입, 수요와 공급을 조절하겠다고 발표했다. 한국은행이 발권력을 동원해 채권을 사고파는 「큰 손」 역할을 하는 것을 「공개시장 조작」이라고 한다.

당시 채권시장은 금융 당국이 보기에도 이상하다 싶을 정도로 급등세를 보였다. 한국은행이나 정부에서는 연일 원인을 분석했지만 설득력 있는 원인을 찾지 못했다. 급속히 침체됐던 경기가 살아날 조짐을 보이고 있다는 막연한 기대감이 첫번째 이유로 꼽혔다. 그러나 당시 대부분 연구기관과 정부는 경기가 추락을 멈추기는 하겠지만 급상승할 가능성은 거의 없다고 보고 있었기 때문에 이 기대감은 지나친 측면이 있었다. 두번째 이유로는 세계경제의 중심축인 미국 금융시장에서 채권금리가 상승하고 있다는 것이었다. 글로벌 시대인 점을 감안할 때 어느 정도는 타당성이 있었지만 채권시장에 직접적이고 절대적인 영향을 미칠 메가톤급 요인은 아닌 것으로 분석됐다.

결국 한국은행은 채권금리 급등의 원인이 채권시장 참여자들의 막연한 기대 또는 불안 심리 때문이라고 결론짓고 강력하고 직접적인 개입을 하겠다고 천명하고 나섰다.

이 사설은 한국은행이 채택한 정책이 과연 타당한 것이었는지, 또 앞으로는 어떻게 해야 하는지에 대해 논하고 있다. 도입부에서는 일단 공개시장 조작방침이 올바른 조치였다고 평가했다. 전개부에서 최근 금리 급등의 원인을 분석하면서 조치의 불가피성을 역설했다. 결론부에서는 콜금리 추가 인하 등 보다 강력한 조치를 취해야 한다고 주장했다.

자기 동네는 모두 안 된다면

우리 사회의 「님비(Not in my back yard : 지역 이기주의)」현상이 도를 넘어선 느낌이다.

이대로라면 화장장·쓰레기매립장·하수종말처리장 등 이른바 혐오시설은 이 땅 어느 곳에도 발붙일 곳이 없을 것이란 생각마저 든다. 지금 서울시 주변 곳곳에는 화장장과 납골당 설립을 반대하는 각종 플래카드들이 수없이 걸려 있다. 구호 또한 「통곡한다」, 「결사반대」 등 대단히 자극적이고 과격하다.

구청이나 지역 국회의원, 일부 시·구의원들까지 나서서 주민들을 선동하고 있는 실정이다. 서울시가 제2화장장을 건립하기 위해 13곳의 후보지를 발표한 이후 계속되는 현상이다.

서울시는 후보지 선정 작업의 일환으로 설명회를 겸한 공청회를 열었으나 주민들의 소란으로 중단됐다.

당초 서울시는 예산을 확보, 한 곳을 확정짓고 공사에 들어가 2004년 완공할 예정이었으나 시작도 하기 전부터 거센 반발에 직면한 것이다. 특히 서울의 경우 화장장 설치는 화장률이 50%를 넘어서면서 시급한 현안으로 대두되고 있다. 벽제화장장은 이미 한계에 도달했고 벽제와 용미리납골당도 2002년 말이면 포화 상태에 이른다는 게 서울시의 설명이다. 관계자들은 『앞으로 10년내 서울에만 4~5개의 화장장과 납골당이 필요한데 제2화장장마저도 해결이 안 돼 심각한 지경』이라고 말한다.

이러다간 묘지 안장은 고사하고 한 줌 유골조차 편히 쉴 곳이 없는 상황이 벌어질지도 모를 일이다. 그런데도 주민들은 『우리와 관계가 없다』는 오불관언(吾不關焉) 식의 태도로 일관하고 있다.

님비 현상은 비단 서울만이 아닌 전국적인 현상이다. 경기도 내 광주·안성·남양주시·여주군 등에서 추진하는 장묘시설이 해당 지역주민들의 반발로 차질을 빚고 있다. 충주시 역시 노후화된 화장장을 옮기기 위해 잠정 후보지를 결정했으나 주민들의 반대로 공사 자체가 불투명한 상태다. 쓰레기나 하수처리, 핵폐기물 시설에 있어서도 사정은 마찬가지다. 심지어는 장애인학교 설립도 반대해 소송까지 간 적이 있다.

님비 현상이 만연하게 된 데는 당국의 책임도 크다. 과거처럼 타성에 젖어 밀어붙이기로 문제를 해결하려 해서는 안 될 일이다. 충분한 시간을 갖고 주민들을 설득하면서 그에 상응하는 이득도 주어야 한다.

공동체의식이 강한 선진국에도 님비 현상은 있다. 그러나 우리처럼 우격다짐의 이기주의로 치닫지는 않는다. 공동체를 지탱하는 필수시설 건립을 사사건건 방해하고 국책사업의 발목을 잡는 상황이니 정말 큰일이 아닐 수 없다.

서울시가 제2화장장을 건립하기 위해 후보지를 공고하자 해당 지역 주민들이 일제히 반대하고 나선 것을 「님비현상」이란 말로 풀어나간 사설이다. 님비(NIMBY)는 「Not In My Back Yard」의 준말로 「내 뒷마당엔 안 돼」라는 뜻이다. 산업폐기물, 에이즈 환자, 범죄자, 마약중독자, 쓰레기 등의 수용·처리시설이 필요하다는 데는 원칙적으로 찬성하지만 자기 주거지역에 이런 시설들이 들어서는 데는 발벗고 나서서 반대하는 현상이다. 이 신조어의 탄생 배경은 아래 칼럼에 잘 나타나 있다.

『3,168톤의 쓰레기를 실은 바지선 「모브로 4000호」가 뉴욕 근교의 작은 동네인 아이슬립을 출발한 것은 1987년 3월이었다. 아이슬립에서 배출된 쓰레기였지만 처리할 방법이 마땅치 않자 받아줄 곳을 찾아 무작정 항해에 나선 것이다. 노스캐롤라이나, 플로리다, 앨라배마, 미시시피, 루이지애나, 텍사스 등 미국 남부 6개 주를 전전했으나 어디서도 받아주지 않았다. 중남미로 방향을 틀어 멕시코와 벨리즈, 바하마까지 갔지만 거기서도 모두 「노 생큐」였다. 결국 쓰레기는 6개월 동안 6주, 3개국을 떠도는 6,000마일의 오디세이 끝에 아이슬립으로 되돌아왔다. 님비라는 말이 미국에서 그 때 생겼다.』

반대 의미를 담은 신조어로는 「핌피(PIMPY·Please In My Front Yard)」현상이 있다. 좋은 시설은 내 앞마당, 즉 자기 지역에 유치하겠다고 아우성치는 현상이다. 님비와 상반되지만 본질적으로는 이기주의

244

의 양면일 뿐이다. 호남고속철도 노선을 놓고 대전시와 충남도가 대립한 것이나 삼성의 승용차 공장이 부산 신호공단에 들어서기로 결정되자 유치를 추진했던 대구시민들이 삼성제품 불매운동에 들어갔던 것이 대표적이다.

바나나(banana) 신드롬이란 단어도 있다. 님비 현상과 같은 의미인데 「우리 동네 근처에는 절대 아무것도 짓지 말라(Build Absolutely Nothing Anywhere Near Anybody)」는 뜻이다.

이 사설은 제2화장장 건립을 둘러싼 지역이기주의를 님비 현상으로 규정하고 이런 일들이 곳곳에서 일어나고 있음을 소개한 뒤 정부가 밀어붙이기식 추진에서 벗어나 주민들을 설득하고 불이익을 상쇄할 수 있는 「당근」도 제공해야 한다는 논리 전개 구조를 갖고 있다.

터무니없는 중국의 마늘값 올리기

중국산 의무수입 마늘가격이 터무니없이 비싸 또다시 마늘분쟁이 우려된다는 보도는 매우 당혹스러운 소식이 아닐 수 없다. 한·중 양국은 2001년 4월 마늘분쟁을 겪으면서 의무수입 물량만 정한 것을 기화로 중국이 한국으로 수출하는 마늘에 다른 나라의 2배나 되는 수출부담금을 물리고 부담금이 일정 금액 이하이면 통관조차 해주지 않는 방식으로 터무니없이 값을 올리고 있다는 것이다.

그러다 보니 중국산 수입 마늘가격이 국산보다 33%나 비싸졌고 결과적으로 수입실적이 부진하게 돼 또 다른 통상 마찰을 초래하지 않을까 걱정스럽다. 2001년 9월 말 현재 대 중국 마늘 수입실적은 올해 사주기로 한 물량의 20%에도 못 미치고 있다.

그런데 정부가 떠맡는다 하더라도 냉동·초산마늘은 보관이나 용도에도 문제가 있고, 필요한 재원도 확보할 방법이 없어 난감하기는 마찬가지다. 그렇다고 방관만 할 수도 없는 일이니 정부가 적극 나서서 터무니없는 가격을 시정토록 하는 것은 물론, 재발방지를 위한 보완책을 중국측으로부터 받아내야 할 것이다.

그런데 농림부·재정경제부·외교통상부 등 관계 부처가 주중 대사관을 통해 항의만 되풀이하는 등 너무 소극적으로 대응하는 것 같아 걱정이다. 중국의 선처만 바랄 뿐 별다른 대책은 내놓지 못하고 있는 것은 누구에게도 도움이 되지 않는 일이다. 따라서 정부 매입이 불가피할 경우 재원 마련방안 등에 대한 검토가 필요하다고 본다.

그러나 마늘 문제에 관한 한 중국을 비난하기에 앞서 우리 정부가 반성해볼 것도 한두 가지가 아니다.

우선 마늘협상에서 물량만 정하고 민간 베이스의 거래임을 감안, 가격에 대한 기준 등을 소홀히 한 것은 이해하기 어렵다. 가격은 국제시세에 따르는 것이 관례라 하더라도 의도적인 담합인상 등에 대한 견제장치는 어떤 식으로든 마련됐어야 마땅하다고 생각한다. 과거 설이나 추석 명절을 앞두고 쇠고기를 긴급 수입할 경우 호주·미국 등 현지업자의 담합으로 국제시세보다 비싼값으로 들여올 수밖에 없었던 교훈을 망각한 셈이다.

앞으로 중국과의 농수산물 교역은 늘었으면 늘었지 줄지는 않을 것이다. 따라서 이 같은 문제는 언제든지 재발할 소지가 있다. 지금 납갈치 등 중국산 수산물에서도 문제가 발생하고 있다. 마늘 문제를 계기로 수입 농수산물의 유통구조를 효율적으로 정비하고 국내 생산기반을 강화하는 한편, 원산지 표시를 엄격히 시행하는 등 정부의 종합적인 농수산물 수입관리 대책이 강구돼야 할 것이다.

한국과 중국 간 마늘분쟁은 우리나라 통상협상 역사에서 가장 굴욕적인 사건으로 기록될 사건이었다. 사건의 발단은 2000년 6월, 한국정부가 중국산 마늘에 대한 관세율을 30%에서 315%로 올리면서부터였다. 농협 등 농민단체들이 중국산 마늘 때문에 국산농가의 피해가 이만저만이 아니라며 항의하고 나서자 선거를 앞두고 있던 여당과 정부는 자국 산업의 피해를 막기 위해 긴급조치로 쓸 수 있는 긴급수입제한조치(일명 세이프가드)를 발동, 중국산 마늘에 긴급관세를 부과한 것이다. 그러자 「법」보다는 「감정」, 「논리」보다는 「억지」를 앞세운 중국이 가만 있지 않았다. 중국정부는 한국정부가 가장 아파할 만한 조치들을 찾기 시작했고 결국 중국으로 수입되는 모든 한국산 폴리에틸렌과 휴대폰의 통관을 중단시키는 보복을 감행했다. 중국산 수입마늘은 1999년 한 해 동안 1,529만 달러어치에 불과했지만 한국기업들이 중국에 수출하는 폴리에틸렌과 휴대폰은 통관 중단된 한 달 동안의 물량만 1,550만 달러어치에 달했다. 유화업체와 정보통신업체들이 아우성을 쳤고 『작은 펀치를 날렸다가 핵주먹을 맞게 됐다』는 비난이 일기 시작했다. 그 해 7월 한국정부는 완전히 항복했다. 2000년에 3만 2,000톤 등 향후 3년 동안 매년 3만 톤가량의 수입량에 대해 낮은 관세율을 적용해주기로 한 것이다.

여기까지만 해도 그런 대로 봐줄 만했다. 그러나 이듬해 4월 중국측은 세계 어느 곳에서도 통하지 않을 억지논리를 펴기 시작했다. 2000년 수입 쿼터 중 1만 300톤이 덜 수입됐으니 한국정부가 대신 사달라고 한 것. 수입 쿼터가 남았다고 해당국 정부에게 매입하라는 것은 국제관례상 있을 수 없는 주장이었지만 이 때도 통관중단 위협을 가하는 중국정부 앞에 한국정부는 비굴하게 무릎을 꿇고 말았다.

그로부터 7개월여 지난 11월. 〈한국경제신문〉 21일자 1면에는 『중국정부가 한국으로 수출되는 마늘가격을 고의적으로 높이고 있다. 수출이 안 되더라도 한국정부가 사줄 것이라는 계산을 깔고 수출부담금을 차별적으로 많이 부과하고 톤당 600달러 미만인 경우 아예 통관을 시키지 않는다. 이러다 보니 중국산 마늘가격이 국산마늘보다 kg당 300원 이상 비싸 수입이 불가능한 상황이 연출되고 있다』는 기사가 실렸다.

사설은 이 기사를 바탕으로 중국정부의 고의적인 가격 통제에 대해 적극적으로 대응해야 한다고 주장하고 있다. 또 중국과의 협상 때 물량뿐 아니라 가격에 대해서도 조건을 달았어야 했는데 이를 소홀히 한 정부당국의 무능력을 비판하면서, 이번 사건을 계기로 농수산물에 대한 종합적인 수입관리대책을 세워야 한다고 강조하고 있다.

외자유치 만능주의는 곤란

외환위기 이후 이뤄진 외자유치에 대해서는 그 동안 다양한 평가가 있어왔다. 환란으로 초래된 위기 국면의 수습에 결정적인 기여를 했으나 그 과정에서 초래된 부작용 또한 만만치 않았다는 것이 평가의 주조를 이뤄왔다.

사실 자본의 국경 없는 이동으로 특징지워지는 경제의 글로벌화로 우리 경제는 이미 외자의 움직임과 떼려야 뗄 수 없는 상황에 놓여 있다. 싫든 좋든 우리 증시는 외국인의 움직임에 좌지우지되고 있고, 제조·금융·유통·서비스 등 주요 업종의 간판기업이 외자계에 넘어갔거나 영향권하에 들어가 있다고 해도 과언이 아닐 정도다.

문제는 이러한 외자의 급속한 유입이 과연 우리 경제에 긍정적인 효과만 미치고 있느냐는 점이다.

물론 외자유치는 선진 경영기법과 기술의 동반이전 효과를 감안
할 때 공여국보다는 유치국이 더 많은 혜택을 받는 것으로 일반적
으로 인식되고 있다.

하지만 환란 이후 추진됐던 외자유치가 여기에 해당하는지에 대
해서는 보다 냉정한 평가가 필요하다. 무엇보다도 지난 3년 간 이
뤄진 400억 달러의 외국인 직접투자 중 300억 달러가 신규투자
(greenfield)가 아닌 기존 기업의 인수합병이었다는 점에 주목할 필
요가 있다.

외자를 들여와 공장을 짓고 일자리를 창출해 국부를 증대시켰다
기보다는 시세차익을 노린 외국인에게 국부가 이전되는 데 불과한
것이었다면 외자유치 효과는 반감될 수밖에 없기 때문이다.

더욱이 국내기업이 역차별받고 있는 상황에서 소나기식 매물공
세로 헐값 매각을 자초했다는 지적도 있고 보면 과연 누구를 위한
외자유치였는지에 대해 의문을 갖는 것은 너무나 당연하다.

아울러 외자유치가 제조업보다는 비교역적 서비스 업종에 치중
되고 있는 점도 눈여겨볼 일이다. 외자유치가 수출경쟁력 강화로
이어지지 않을 가능성이 크기 때문이다.

아무튼 지금까지 이뤄진 외자유치에 대해서는 다양한 평가가 있
을 수 있겠으나 앞으로가 문제다. 환란 직후처럼 외자지상주의에
매달리기보다는 실속을 챙기는 일이 중요하다.

이를 위해서는 외자유치가 신규투자, 제조업 위주로 이뤄지도록
유도하는 한편 국내 대기업에 대한 역차별적 규제는 시급히 철폐할
필요가 있다.

특히 은행에 대한 **역차별적 소유지분 제한**은
은행의 **국적성 상실**로 이어질 수 있기 때문이다.

외자에 의한 은행 지배가 선진금융기법 도입 등의 긍정적인 효과가
있다고는 하나, 은행의 국적성 상실은 더 큰 부작용을 초래할 수 있
다는 점을 간과해서는 안 된다.

외환위기 직후 한국에서 외자(외국자본)유치는 사실상의 「절대선」이었
다. 누구도 부정적인 측면을 지적하지 않았고 외자유치에 성공한 기업
의 주가는 곧바로 상한가를 칠 정도였다. 「세상에 못 믿을 게 한국기업」
이라는 최악의 평가가 만연하던 시절에 세계 유수의 금융기관이나 기
업이 돈을 댔다는 뉴스는 신뢰 회복과 인기 급상승의 보증수표였다. 자
금이 유입되는 만큼 재무구조도 좋아질 테고, 외국인들의 경영 참여로
회사의 운영능력이나 비전도 좋아질 거라는 기대감까지 가세했다.

위기의 순간이 지나가고 한국기업에 대한 국제적 신뢰도도 점점 회복
돼가자 외자유치의 문제점을 지적하는 목소리들이 나오기 시작했다.
외자유치에 대한 「굳건했던 맹종」이 의심받기 시작한 것이다. 수십조
원의 공적 자금이 투입된 제일은행이 단돈 5,000억 원에 미국의 뉴브릿
지 캐피탈에 매각되면서 이 같은 인식은 가속도를 내며 확산됐다.

「외자유치 만능주의는 곤란」이라는 제목의 이 사설은 외자유치가 반드
시 좋은 것만은 아니라는 주장을 펴고 있다. 외환위기 이후 외자유치의

내용을 들여다봤더니 그리 좋아할 일이 아니더라는 설명이다. 3년여 간의 외자유치 금액 400억 달러 중 300억 달러가 신규투자가 아닌 기존 기업의 인수합병이었다는 점, 제조업보다는 비교역적 서비스 업종에 치중돼 있다는 점 등을 논거로 제시했다.

도입부에서는 외자유치로 외국자본이 우리 경제를 급속히 잠식하고 있는 상황을 설명했고, 전개부에서는 외자유치의 실내용에 대한 분석 결과를 토대로 외자유치에 대한 환상을 버릴 것을 주문하고 있다. 결론부에서는 외자 지상주의에서 벗어나 실속을 챙기자면서 외자유치가 신규·제조업 위주로 이뤄지도록 유도하고 국내 대기업에 대한 역차별적 규제, 특히 은행업에 대한 규제를 철폐하자고 주장하고 있다.

외국차, 구매 시장에 맡겨라

정부가 미국의 통상압력을 피하기 위해 현대자동차로 하여금 외제차를 수입, 판매토록 하겠다는 방침을 밝히자 국내 자동차업계가 이에 반발하고 있어 논란이 확산될 전망이다.

이 같은 방침은 진념 부총리가 2001년 4월 9일 『현대차가 외제차를 수입해 택시회사에 임대하는 계획을 추진 중』이라고 밝힌 데 이어 현대자동차 사장이 비교적 상세한 내용을 공개한 것으로 보아 상당히 구체적인 단계에 와 있는 듯하다.

현대차측이 밝힌 내용은 제휴업체인 다임러 크라이슬러로부터 7~9인승 밴을 수입, 택시사업자에게 임대해 서울-인천국제공항을 운행토록 한다는 것이다. 정부와 현대차는 이 달 말께 구체안을 내놓을 계획이라고 하지만 이 문제는 좀더 거시적 시각에서 신중하게 접근하는 것이 바람직하다고 본다.

물론 부시 행정부가 들어서면서 슈퍼 301조를 들먹이며 한국을 몰아붙이고 있음을 우리도 모르는 바 아니다. 부총리의 발언은 그런 배경에서 나왔을 것으로 짐작된다.

그러나 상황이 아무리 급하다 해도 한국 자동차 산업의 장래에 큰 영향을 줄 수도 있는 문제를 그렇게 소홀하게 다뤄서는 안 된다.

우선 정부가 나서서 특정 상품을 『수입해라, 마라』 하는 모양새가 좋지 않다. 설령 현대차가 방어적 차원에서 그런 구상을 갖고 있다 하더라도 그것은 현대차와 미국 자동차회사 간에 상의해서 추진할 일이지 부총리가 공식적으로 나설 일이 아니다. 자동차가 통상마찰의 핵심 사안이라 해도 기업이 할 일과 정부가 할 일, 완성차업체가 할 일과 수입 업체가 할 일을 엄격하게 구분해서 추진하는 침착성을 잃지 말아야 한다.

현대차의 **제휴선**이라고 해서 크라이슬러 차만 사주면 다른 **외국차** 회사들은 **가만히** 있겠는가. 오히려 **혹** 떼려다 혹 **하나** 더 붙이는 **꼴**이 될 수도 있다.

또 미국이 한국 자동차시장에 대해 문제삼는 것은 수입이나 유통 문제라기보다 수입차에 대한 한국민들의 의식 문제라고 볼 때 한국의 이 같은 고육지책이 얼마나 효과를 거둘지도 의문이다. 수입차 구매는 정부가 인위적으로 개입할 것이 아니라 시장에 맡기는 것이 상책이다.

국내 자동차 산업 자체가 아직 구조조정기에 있고 세계 자동차

업계가 몇 년 안에 「빅3」로 재편되느냐 마느냐 하는 판국에 한국 자동차 산업에 대한 육성의지를 의심받는 일은 정부든 기업이든 안 하는 것이 좋다. 그렇지 않아도 대우차가 GM으로 넘어갈 경우 국내 자동차시장의 30%가 외국계 자본의 지배를 받게 된다. 한순간도 한 눈을 팔아서는 안 되는 것이 오늘날 우리 자동차 산업이 처한 상황이다.

한국과 미국 간 통상 현안 중 빠지지 않고 등장하는 것이 바로 자동차 수입개방 문제다. 개발도상국 중에서 국산차 점유율이 가장 높은 나라, 아니 자동차를 생산하는 거의 유일한 나라가 바로 한국이다. 자동차 선진국인 미국으로선 기가 찰 노릇이라 할 수 있다.

법적으로 보면 한국의 자동차 시장은 완전히 개방돼 있다. 관세를 문다는 것이 하나의 걸림돌이긴 하지만 이는 전세계 모든 나라에나 있는 지극히 당연한 제도다. 미국 스스로도 한국 자동차에 대해 관세를 물리고 있으니 여기에 대해선 불만을 가질 수 없다.

미국 자동차업계와 미국정부는 한국의 사회적 분위기, 즉 국산품을 애용하는 국민성 또는 이를 조장하는 정부정책이 문제라는 주장을 펴왔다. 남의 나라의 문화에 대해 왜 시비냐고 넘어갈 수도 있는 일이지만 통상협상에서는 항상 힘의 논리가 작용한다. 약소국 한국으로선 어떤 식으로든 성의를 보여줘야 할 판이다. 그렇게 하지 않으면 다른 부문에서 보복을 당할 가능성이 높았기 때문이다.

그런 「성의」의 일환으로 한때 논의됐던 것이 바로 「수입차 택시」였다.

진념 부총리 겸 재정경제부 장관이 『현대자동차에서 그렇게 한다고 하더라』고 언론에 전하면서 이 문제가 사회쟁점으로 떠올랐다.

이후 미국정부는 공식 라인을 통해 보다 많은 요구를 해왔다. 정부 및 공공기관의 공용차를 수입차로 해달라고 떼를 쓰기도 하고 관세율을 낮춰달라, 각종 인증제도를 개선해달라 등등.

이 사설은 진 부총리가 전한 「수입차 택시」 문제에 대해 반대 주장을 펴고 있다. 주장의 핵심은 1) 진 부총리가 발설한 것으로 보아 수입차 택시는 정부 지시에 따른 것 같은데 이는 정부가 나설 일이 아니다, 2) 수입차를 택시회사에 임대해준다고 해서 미국과의 통상마찰이 해소되지 않는다, 3) 정부의 수입차 택시 방침은 정부의 자동차 육성정책 포기로 인식될 우려가 있다는 것 등이다.

외국자본의 국내 제조업 진출

최근 급증하고 있는 외국자본의 국내기업 인수는 보는 시각에 따라 엇갈린 평가를 내릴 수 있다.

외환위기 극복과 대외신인도 향상에 도움이 되고 고용을 창출하며 선진경영기법을 배울 수 있다는 점에서 긍정적인 측면이 있는데 비해 일부에서는 외부환경 변화에 대한 국내산업의 대응능력 한계, 심지어는 대외종속 가능성까지 지적한다.

원래 우리 정부는 제조업 중심의 외국인 직접투자를 장려했으며 특히 외환위기 이후 경제위기 극복과 구조조정 가속화를 위해 외국기업의 국내증시 상장을 허용하고 외국인 투자기업에도 기술개발 자금을 지원하기로 하는 등 각종 규제를 없애고 투자환경을 꾸준히 개선해왔다.

그 결과 외국인 직접투자 유치실적이 1998년 55억 달러에서

1999년에는 85억 달러로 55%나 늘었으며, 2000년 상반기에도 2,097건에 57억 3,000만 달러에 이를 정도로 호조를 보이고 있다.

지난해까지 진출 업종은 제조업과 유통업이 대부분이며 이중에서도 2,453개 외국기업이 156억 달러를 투자한 제조업이 가장 큰 비중을 차지하고 있다. 특히 성장성이 높은 정보통신 등 첨단업종과 반도체 등 전자부품을 중심으로 외국인 지분율이 계속 올라가고 있으며 이 밖에도 알루미늄의 80%, 신문용지의 75%, 정유시장의 50% 이상을 외국기업이 장악하고 있어 이를 우려하는 목소리가 커지고 있다.

우리 경제의 성장잠재력을 좌우하는 제조업 기반이 이처럼 외국인 손에 넘어가는 것은 결코 유쾌한 일이 아니다. 자칫하면 외국시장 개척은 고사하고 안방마저 내준 뒤 하청기업으로 전락할 위험도 없지 않다.

하지만 과거처럼 정부가 나서서 우리 기업을 보호해줄 수도 없는 만큼 살아남자면 치열한 경쟁에서 이기는 수밖에 없다. 그러자면 지난해 외국인 투자기업들이 1,000원어치를 팔아 117원을 벌어들인 데 비해 국내기업들은 11원을 손해본 원인이 어디에 있는지부터 철저히 분석해야 할 것이다.

임직원들과의 정보 공유를 통한 **투명경영**, 신제품을 앞세운 **틈새시장** 개척, 철저한 감량경영 등을 바탕으로 할 때 비로소 **수익성**을 획기적으로 높이는 **선진경영**이 가능해진다고 본다.

단 한 가지 우리 정부가 유의해야 할 점은 어떤 경우에도 국내기업에 대한 역차별이 있어서는 안 된다는 점이다. 자금난과 구조조정으로 국내기업 사정이 가뜩이나 어려운 마당에 외국기업과의 공정경쟁을 가로막는 역차별까지 당해서는 안 될 것이기 때문이다.

외환위기 이후 정부 당국의 적극적인 외자유치 정책에 힘입어 외국자본의 국내 진출이 활발해졌다. 단순 지분투자뿐 아니라 경영권을 장악하는 기업 인수까지 다양한 형태의 투자가 이뤄지면서 업종에 따라선 외국인 기업의 비중이 절반을 넘는 사례가 속출했다.

이 사설은 이 같은 외국자본의 범람 현상을 어떻게 받아들일 것인가에 대해 나름의 입장을 제시하고 있다.

우선 국내 제조업 기반이 외국인에게 넘어가는 것이 유쾌한 일은 아니지만 그렇다고 정부가 나설 수도 없다는 현실을 직시해야 한다는 전제를 깐 뒤 『기업들이 경쟁력을 강화하는 길밖에 없다』는 결론을 내리고 있다. 또 외국기업과 국내기업이 공정한 경쟁을 할 수 있도록 정부는 외자유치 장려 과정에서 신설했던 각종 내국인 역차별정책을 개선해야 한다는 주장을 펴고 있다.

우려할 만한 단기외채 급증

만기 1년 미만인 단기외채가 총 외채에서 차지하는 비중이 6개월째 계속 상승해 2000년 6월 말 현재 33.4%를 기록했다고 한다.

이는 지난 1998년 3월 이후 가장 높은 수준으로서 최근 외환보유고가 900억 달러가 넘었다고는 하지만, 지나친 단기외채 부담이 IMF위기를 불러온 직접적인 원인이라는 점에서 한시도 방심해서는 안 될 것이다. 최근 동남아 통화 불안의 재연을 계기로 아시아 경제에 대한 국제금융시장의 시각이 비판적으로 바뀌고 있다는 점을 감안하면 더욱 그렇다.

물론 현재의 단기외채 규모가 위험 수준인 것은 결코 아니다. 대외지급능력을 나타내는 지표인 외환보유고 대비 단기외채 비율만 하더라도 6월 말 현재 52.7%로 경계 수준인 60%를 밑돌고 있다. 특히 단기외채 증가의 주원인인 무역신용 증가는 우리 경제가 구조적으로 무역의존도가 높은데다 요즘처럼 수출 증가로 수출용 원자재 수입이 늘어나고 있는 상황에서는 어느 정도 불가피한 측면이 없지 않으며 정책 선택의 폭도 매우 좁은 것이 사실이다.

따라서 단기외채를 철저히 관리해 대외신용도를 유지하고 단기외채 증가에 따른 부작용을 최소화할 수 있도록 미리 대비하면 충분하다고 본다. 구체적으로 외환보유고를 더 늘리고 외화유동성 감독을 강화하는 한편, 외환 리스크를 분산시키는 방안 등을 꼽을 수 있다. 그 동안 외환보유고 과다 시비가 없지 않았지만, 단기외채 475억 달러에다 외국인 주식투자자금이 600억 달러를 훨씬 넘는 만큼 외환보유고를 1,000억 달러 이상으로 늘려 만약의 사태에 대비하는 것이 바람직하다.

같은 맥락에서 3개월 미만의 외화부채 대비 외화자산비율인 금융기관의 단기외화 유동성비율을 70%에서 80%로 높이고 단기무역신용의 20%를 외화부채에 포함시키도록 한 조치 등도 긍정적이라고 본다. 수출이 위축될 가능성도 없지 않지만 수출용 원자재는 예외로 하면 별로 문제될 게 없다. 특히 최근 경상수지 흑자가 크게 감소한 가운데 단기외채는 오히려 증가하고 있다는 점에 유의할 필요가 있다.

이 밖에 기업과 금융기관들은 선물환거래 등을 통해 환율 변동에 따른 단기외채의 환위험을 분산시켜야 하며 정부 당국은 동남아 각국의 외환위기 재발이나 중국의 변동환율제 이행 가능성 등을 면밀히 관측해야 할 것이다.

어쨌든 우리의 단기외채 비중이 외환위기를 경험한 태국 · 말레이시아 · 멕시코 · 브라질 · 아르헨티나보다도 더 높은 수준이라는 사실만으로도 우리 모두 경각심을 가져야 함에 틀림없다.

한국은 1997년 외환위기로 국가부도 직전까지 내몰린 쓰라린 경험을
갖고 있다. 외국에 진 빚, 즉 외채에 비해 국가 전체적으로 갖고 있는
외국 돈이 적어 빚을 못 갚게 되는 사태에 직면했던 것이다. 결국 우리
나라는 IMF으로부터 긴급구제금융이라는 이름으로 달러를 빌리면서
외환위기에서 벗어날 수 있었다. 그 대가는 컸다. IMF는 돈을 빌려준
채권자답게, 정복자의 입장에서 한국정부에 획기적인 조치들을 요구했
다. 수만 명의 은행원을 실직자로 만들어버린 금융구조조정 등 금융·
기업·공공·노동 등 4대 분야에 걸쳐 대대적인 수술이 이뤄졌다.

외환위기에 대한 기억이 아직도 선연한 2000년 8월. 단기외채, 즉 만기
가 1년 미만인 외채가 늘고 있는 데 대해 이 사설은 나름의 입장을 밝히
고 있다. 사설은 단기외채 증가에 불가피한 이유가 있지만 그렇다고 해
서 경계심을 늦춰선 안 된다면서 외환보유고를 1,000억 달러 이상으로
늘려야 한다고 주장하고 있다.

또 정부가 단기외채 증가억제책으로 도입한 금융기관 단기외화 유동성
비율 상향조치도 좋은 대책이라고 평가했다. 아울러 기업과 금융기관
은 선물환거래 등을 통해 환율 변동에 따르는 위험에 대비해야 하며,
정부는 동남아국가의 외환시장 상황을 면밀히 모니터링해야 한다고 제
안했다. 그리고 마지막으로 다시 한번 경계심을 늦춰선 안 된다고 강조
했다.

카드 결제 거부 지나치다

가맹점 수수료율 인하 문제 때문에 백화점들이 특정 신용카드에 대해 결제를 기피하는 것은 누가 뭐래도 납득하기 어려운 일이다.

무엇보다 업계의 갈등을 고객인 소비자의 불편을 담보로 해결하려 드는 것은 결코 설득력을 가질 수 없다. 결제의 투명성 확보를 위해 카드 사용을 적극 권장하고 있는 정부시책에 정면으로 역행하는 것이라는 점에서도 문제가 있다.

수수료율 인하를 둘러싼 백화점과 신용카드사의 싸움은 2년 전 (2000년) 롯데백화점이 BC카드사에 수수료율을 결제금액의 3%에서 2.5%로 내려줄 것을 요구하며 BC카드 결제를 거부한 데 이어 이번이 두번째다.

백화점측은 카드사의 수익이 막대한데다 백화점 매출이 전체 매출에서 차지하는 부분이 큰 만큼 현행 2.5%에서 1.5%로 내려달라

백화점과 신용카드사는
한 발씩 **양보**함으로써
고객에게 실질적 이익이
돌아가도록 해야 한다.

는 얘기인 반면, 신용카드사에선 카드사 수익은 현금 서비스 및 카드론 수수료에 의한 것이고, 가맹점 평균 수수료율 2.3%는 손익분기점 수준인 만큼 일단 제시한 2.2% 미만으로 내리긴 힘들다고 맞서는 바람에 합의점을 찾지 못한 것이다.

신용카드 가맹점 수수료율은 유흥업소의 경우 4.5%가 적용되기도 하지만 의료기관과 할인점엔 1.5%가 적용되는 만큼 이와 같은 수준으로 내려달라는 백화점측의 주장이 무리라고 하기는 어렵다.

아무리 그렇더라도 업계 간의 갈등 때문에 소비자들이 골탕을 먹는 것은 있을 수 없는 처사다.

더욱이 협상이 끝나지 않았음에도 불구, 결제 기피라는 최종 실력행사에 들어간 것은 소비자의 입장은 전혀 고려하지 않은 것으로 비난받아 마땅하다.

가맹점 수수료율은 사실상 소비자와는 직접적인 관계가 없으며 따라서 수수료율 인하가 당장 소비자에게 이익을 가져다 주지 않는다는 점에서 더더욱 그렇다.

이번 사태엔 수수료율 인하라는 표면적 이유 외에 또다른 요인이 작용했다는 시각도 있다. 백화점측이 삼성 및 LG카드를 주요 타깃으로 삼은 것은 삼성카드가 선불형 상품권(기프트 카드)을 내놓음으로써 백화점 상품권과 경쟁을 유발한 데 따른 감정적 보복조치라는 풀이가 그것이다.

뿐만 아니라 롯데백화점의 경우 이들 신용카드 대신 백화점카드를 발급받도록 함으로써 카드업 진출을 염두에 두고 있다는 시각도 주목할 필요가 있다.

만일 이처럼 특정 업체가 특정 업계에 진출하기 위해 소비자의 권한을 제약한다면 더더욱 지탄받아 마땅하다. 어떤 경우라 하더라도 고객의 권리를 빼앗거나 불편하게 하는 것은 정당화될 수 없다.

따라서 백화점과 신용카드사 모두 하루 속히 협상을 통해 적절한 합의점을 도출해야 할 것이다.

백화점과 신용카드사는 모두 한 발씩 양보, 적정 수수료를 책정함으로써 무이자 할부 증대 등 고객에게 실질적 이익이 돌아가도록 하는 것이 궁극적인 수익 증대에 도움이 될 것이라는 점도 기억할 필요가 있다.

백화점 업계와 신용카드 업체가 신용카드 가맹 수수료율 인하 문제를 놓고 싸워온 것은 어제, 오늘의 일이 아니다. 유통업계의 큰 손인 백화점과 많게는 수천만 명의 소비자를 회원으로 확보하고 있는 신용카드사가 벌이는 싸움인 만큼 치열하지만 결론이 나지 않는 상태가 오랫동안 지속됐다. 언제나 가맹점 수수료율이 시빗거리였다.

물건을 파는 업주는 손님들이 내는 신용카드를 받으려면 해당 카드사의 가맹점이 돼야 한다. 이 때 업주와 카드사는 수수료 협상을 하게 되는데 사실 협상의 여지는 거의 없다.

대부분 카드사들은 업종별로 미리 수수료율을 정해놓고 이에 따르지 않는 곳은 가맹점으로 받아주지 않고 있기 때문이다(물론 예외는 있을 것이다).

이 사설이 작성된 2002년 3월 현재 백화점에 대한 수수료율은 2.5%로 정해져 있었다. 백화점은 손님이 100만 원을 카드로 결제한 경우 무조건 2만 5,000원을 카드사에 줘야 했던 것이다.

수수료만큼 **이윤**이 줄어들 수밖에 없으니
수수료율을 내리고 싶은 **욕구**는 언제나
내재돼 있었다고 볼 수 있다.

백화점의 「도발」은 2000년 처음으로 시도된 뒤 2002년 들어 본격화됐다. 양측이 실력행사에 들어갔다. 예를 들어 현대와 롯데백화점은 수수료율 인하를 거부하는 삼성카드를 받지 않았다. 회원들의 불만이 커지기 시작하자 이번엔 삼성카드가 역공을 폈다. 최근 3개월 사이 롯데백화점을 이용한 회원들에게 일일이 전화를 걸어 『롯데백화점이 카드 결제를 거절하니 다른 백화점을 이용해달라. 그러면 물건값의 5%를 깎아주겠다』고 한 것이다. 서로 상대방을 벼랑으로 몰고가는, 그야말로 「총성 없는 전쟁」이었다.

이 사설은 백화점 업계의 전쟁 방식을 문제삼고 있다. 일단 백화점 업계의 결제 거부는 소비자들의 불편을 담보로 하는 것이고 정부시책에도 어긋나는 것이어서 설득력을 가질 수 없다고 주장했다.

이어 본론에서는 『수수료율 문제는 소비자의 이해와는 아무 관련이 없는 업계 간 갈등일 뿐인데 소비자를 골탕먹이고 있다, 결제 거부의 뒷배경에는 상품권 시장을 둘러싼 경쟁관계가 자리잡고 있다, 향후 카드업 진출을 위해 미리「예비적 경쟁자」를 배제한다는 의미도 있다』 등의 논리를 폈다. 결론부에서는 백화점 업계와 카드사가 소비자를 담보로 한 실력행사를 중단하고 하루 속히 협상을 통해 합의점을 찾아야 한다고 주장했다.

거장들의 경제학 읽기

애덤 스미스	카를 마르크스	존 메이너드 케인스	데이비드 리카도 토머스 로버트 맬서스	존 스튜어트 밀
요제프 알로이스 슘페터	윌리엄 스탠리 제번스 카를 멩거 레옹 발라	알프레드 마셜	밀턴 프리드먼	폴 새뮤얼슨

슘페터가 말한 혁신(innovation)은
오늘도 경제학과 경영학, 행정학 교과서에까지
두루 실리는 보편적인 용어가 됐다.
슘페터의 자본주의관 기저에는 기업가에 의한
혁신이 깊이 자리잡고 있다. 구체적으로 보면 새로운 재화의 생산,
새로운 생산 방법의 도입, 새로운 판로의 개척, 새로운 공급원의 개척,
새로운 조직의 채용이라는 5대 요소가
유기적으로 결합될 때 혁신은 가능하다.

애덤 스미스 __ Adam Smith

보이지 않는 손

이 말은 근대 경제학의 창시자로 손꼽히는 애덤 스미스(영국, 1723~1790)가 시장을 정의한 것이다. 스미스 이전에도 시장은 있었다. 그러나 시장이 갖는 본질적인 기능, 즉 물품·재화·용역·서비스 등 인간이 살아가는 데 필요한 모든 것을 교환할 수 있게 해주고 이 과정에서 수요와 공급은 어떻게 작용하는지, 전문화와 대량생산은 어떻게 이루어지고 또 가능한지에 대해서는 아무도 제대로 몰랐다. 스미스는 바로 이 시장이 갖는 본질적인 기능과 가치를 찾아내 이론화했다.

「시장경제」, 「시장경제원칙」, 「시장 중심의 경제(정책)」, 「시장경제와 계획경제」 등의 말이나 개념은 오늘날 우리 생활 주변에서 너무나 흔히 듣게 되었다. 여기에서 말하는 시장의 기본이론이 바로 스미스에게서 나온 것이다.

예컨대 바늘을 만드는 사람은 오로지 바늘 생산만으로 비교우위를 가지게 된다. 물론 다른 사람들은 각자 자신이 전업하는 물품을 분업체계 내에서 생산한다. 이렇게 생산된 물품은 시장에서 가격신호에 따라 교환된다(분업의 이익). 이 같은 장치나 시스템이 시장의 본질이다.

특히 분업체제가 가져올 수 있는 생산(량) 확대의 시장구조는 산업혁명 이후 오늘날 대량생산을 가능케 한 이론적 모델이기도 하다. 1만 개 이상의 부품으로 구성된 자동차의 생산과정은 분업체제의 대표적인 사례다. 자동차 회사(모기업)에는 1차 협력업체가 있고 이들에게 더 작은 세부부품을 공급하는 2차 협력업체가 있으며, 이들에게 더 작은 부품을 판매하는 3차 협력업체가 함께 생산과정에 참여함으로써 자동차 또는 컴퓨터와 같은 첨단제품이 대량으로 제작되는 것이다.

영국 스코틀랜드에서 태어난 스미스의 자유시장 경제이론은 불후의 명작 《국부론》에 다양한 실례와 함께 잘 전개되어 있다. 시장경제로 대변되는 국부론의 기저에는 자유방임사상이 강하게 흐르고 있다.

또 한 가지 스미스가 기여한 바는 부를 획득하는 방법론과 부의 인과관계를 논리적으로 설명했다는 점이다. 시장을 통해 이윤을 남기면서 부를 축적하는 것이 도덕적으로 문제가 없다는 점과 그 과정을 명쾌하게 설명한 것이다. 실제로 《국부론》이라고 하는 이 책의 원제목은 《국가의 부의 본질과 원인에 관한 연구(An Inquiry into the Nature and Causes of the Wealth of Nations)》다.

스미스는 한 국가의 경제가 융성해지고 발전하려면 개별 경제주체인 개인들이 생산적인 직업에서 근면하게 일해야 한다고 설파했다. 이를 위해서는 각 개인이 자신의 「경제적 이익」을 추구하도록 허용돼야 한다고 역설했다. 그가 살았던 18세기의 영국과 유럽은 절대왕조시대로, 기존 질서를 바탕으로 한 권위주의가 최고조에 달했던 때다. 그 점을 감안하면 그는 기본적으로 상당히 진보적인 자유주의자였던 것이 분명하다.

28세의 나이에 글래스고 대학의 교수가 됐고 철학·윤리학·심리학·정치학 등 광범위한 인문학적 지식을 기반으로 사색을 즐기며 프랑스 등지로 여행을 하면서 지적인 자유주의자가 됐다. 200년 동안 경제학에서는 고전 중의 고전이 된 이 책을 쓴 동기에 대해서 그는 엉뚱하게도 『무료함을 달래기 위해 썼다』고 말했다. 이 책은 당시 초판 1,000부가 팔리면서 베스트셀러가 되어 스미스는 책 속에서 자신이 설명하고자 하는 시장경제의 진면목을 직접 체험할 수 있었다.

시장에 대한 스미스의 천착은 당시 유럽 대륙에서 풍미하던 중상주의에 대한 비판이기도 했다. 절대왕조의 후광을 업은 그 당시 중상주의자들이나 오늘날 국가주의자들은 수출의 장려와 수입의 억제야말로 각국을 부유하게 하는 첩경이라 했지만 스미스는 『중상주의정책에서는 소비자의 이익이 시종일관 생산자의 이익을 위해 희생된다』고 비판했다. 현재 세계 각국이 무역장벽을 철폐하고 단일시장으로 치닫는 것은 이 점에 비추어볼 때 시사하는 바가 크다.

스미스의 「보이지 않는 손」, 즉 시장의 기능은 뒤에 후배 경제학자들에 의해 가격 메커니즘으로 발전하면서 자유방임주의적 철학과 접목되어 시장경제이론으로 성숙된다. 그러나 시장경제는 나중에 공산주의 또는 사회주의적 계획경제이론가로부터 심각한 도전을 받게 된다. 특히 마르크스로부터는 『자본주의는 자체 모순으로 인해 필연적으로 멸망하게 된다』는 공격을 받게 된다.

| 어록 | 『노동의 생산력에 있어서 가장 중요한 진보와, 그것이 어디에서 쓰이거나 응용되는 숙련도와 솜씨와 판단력의 상당 부분은 분업의 결과인 것 같다.

많은 혜택을 가져다 주는 분업은 원래 그것을 통해 생기는 사회 전반의 풍요를 인간의 지혜로 예견하고 의도해서 생겨난 것은 아니다. 분업은 그런 광범위한 효용이 있어, 보이지 않는 인간 본성의 어떤 성향, 즉 어떤 것을 다른 것과 거래하고 교환하고 교역하려는 성향이 낳은 점진적이지만 필연적인 결과다.

분업을 발생시키는 것은 교환의 힘이다. 따라서 분업의 정도도 이 힘의 크기, 즉 시장의 범위에 의해서 제한될 수밖에 없다. 시장이 극히 작다면 한 가지 일에만 전념할 사람은 아무도 없다. 왜냐하면 자신의 노동으로 생산한 물품 중 쓰고 남은 잉여분 전부를 자기가 원하는 다른 사람의 노동 생산물 일부와 바꿀 힘이 없기 때문이다.』

카를 마르크스 __ Karl Marx

만국의 노동자여 단결하라

공산당 선언에 나타난 이 유명한 격문처럼 카를 마르크스(1818~
1883)는 노동의 가치라는 측면에서 경제 문제를 파고들었다. 이 같
은 경제적 관점과 시각에서 사회를 분석하다 보니 인류사회의 모든
역사는 계급투쟁의 역사라는 결론이 나오게 됐다.

마르크스가 쓴 또 하나의 경제학 고전 《자본론(Das Kapital)》의
출발점은 노동가치론에 있다. 노동이 부를 창조하고 자본을 축적하
게 되는 기본요소라고 보는 것이다. 바꾸어 말하면 인간의 사회적
노동이야말로 인간이 소비하는 모든 재화가 가지고 있는 가치의 실
체라는 것이 마르크스 경제학의 기본 원리다. 이 이론은 지대론을
앞세운 리카도의 이론에서 발전해 나온 것이다.

다만 마르크스는 기존의 경제학을 정치경제학 수준으로 끌어올
렸다는 점에서 높은 평가를 받는다. 마르크스는 「고전파 경제학의

근본적 결함 중의 하나는 상품가치를 분석함에 있어서 가치를 교환가치로 만드는 데서 가치 형태를 발견하는 데 성공하지 못했다는 점이다」고 쓰기도 했다. 이렇듯 그는 가치 문제에 천착했으며 가치를 창출하는 근원으로 노동을 지목했다.

동양과 서양, 자본주의와 사회주의를 막론하고 오늘날까지도 건재한 각국의 「노동당」이란 이름은 바로 여기에서 비롯됐다.

경제에는 자유와 형평이라는 두 개의 날개가 있다. 경제적 자유와 경제적 형평은 현대 국가에서 어느 쪽도 무시하거나 경시할 수 없는 소중한 가치다. 애덤 스미스가 경제적 자유를 제창했다면 마르크스는 경제적 형평의 문제를 본격적으로 들고 일어섰다고 할 수 있다. 온갖 도전과 시비에도 불구하고 경제적 형평, 또는 평등을 한 국가나 사회의 주요 목표로 설정했다는 점 하나만으로도 마르크스는 현대 경제학사에 커다란 봉우리가 될 만하다.

마르크스의 경제학은 부의 불평등에 대한 개선과 시정, 경제적 약자에 대한 국가의 보호, 복지국가의 추구 등으로 지금도 여전히 적지 않은 영향력을 갖고 있다.

시장주의 또는 자본주의가 공산주의 또는 전체주의와 경쟁에서 이기고 물질적 풍요와 함께 이론적인 가지치기를 해나가며 나름대로 발전해나가고는 있지만, 마르크스의 생각은 지금도 상당한 정도로 살아 있는 셈이다.

마르크스 경제학은 행동하는 사회과학으로서, 또 지금까지 인류 역사에서 나타난 가장 강력한 사회운동이었던 공산주의 운동의 이론적 토대가 됐다는 점에서도 의미를 갖는다.

| **어록** | 『자본주의 생산방식이 지배하는 사회의 부는 「상품의 방대한 집적」으로서 나타나며 개개의 상품은 이러한 부의 요소적 형태로서 나타난다. 그러므로 우리의 연구는 상품의 분석으로부터 시작한다.』(《자본론》, 제1편 제1장 상품의 시작)

『한 사회의 물질생산력은 어느 단계에 올라서면서부터 여러 사회제도와 마찰을 일으키게 된다. 물질생산력과 사회제도는 서로를 구속한다. 마침내 사회혁명의 시기가 도래한다. 경제적 지반의 변동과 더불어 상부구조 전체는 급격히 변형되기 시작한다. …인간은 관념적 변형을 통해 비로소 마찰과 갈등을 인식하게 되어 투쟁을 일으킨다.』
『물질적 생활능력은 사회적, 정치적, 지적 생활형태를 좌우한다. 의식이 생활을 결정하는 것이 아니라 생활이 의식을 결정하는 것이다.』(《경제학 비판》, 서문)

존 메이너드 케인스 __ John Maynard Keynes

정부의 역할

『국가경제 전체는 수요에 의해 규정된다. 이를 통해 경제를 큰 안목에서 보는 거시경제학을 보자. 정부는 재정과 금융정책을 통해 유효수요를 관리해야 한다.』

20세기 사회는 그 이전에 비해 급속도로 복잡해지고 다원화되어 갔다. 시장참여자들의 뜻과 달리 경기는 장기불황에 빠졌으며, 수많은 이론과 대책에도 불구하고 불황에서 쉽게 빠져나오지 못했다. 그럴수록 정부의 역할은 더욱 중요해졌다.

존 메이너드 케인스(영국, 1883~1945)는 마르크스가 세상을 떠난 다음해에 태어났다. 그만큼 그의 생애는 마르크스와는 극과 극이라 할 정도로 대조적이었다. 명문 이튼학교와 케임브리지에서 공부했으며 영국 재무부의 대표를 맡아 국제회의에 나섰고, 제2차 세계대전 후 국제경제 질서의 판을 새로 짜는 브레턴우즈회의에서도 영국대표로 나서 회의를 주도했다. 1997년 외환위기 때 한국에 구제금융을 주었던 IMF도 그의 구상에 따라 창설된 것이다. 발레리나와 결혼하고 예술가들과 사귀는가 하면 투자에도 뛰어나 적지 않은 재산을 불리기도 했다. 컴컴한 골방에서 딱딱한 빵을 씹으면서 굶주리며 죽어가는 자기 아이들을 지켜본 마르크스와는 모든 점에서 달랐다.

이런 윤택한 생활과 폭넓은 공직근무를 바탕으로 그는 정부의 정책적 기능에 깊은 관심을 보였다.

『경제학자 및 정치철학자의 아이디어의 힘은 일반적으로 알려진 것보다 훨씬 강력한 것이다. 세계는 그 아이디어들이 움직여나가는 것이다』라고 케인스는 말했다.

그는 자유방임형 시장경제가 완전할 수는 없다는 사실을 전제로 경제를 연구했다. 케인스의 대표적인 이론서인 《고용, 이자 및 화폐에 관한 일반이론》에는 실업이 주요 테마로 다뤄진다. 시장경제에서는 본질적으로 실업이 발생하고 실업은 상당히 오래 지속될 수 있다는 점을 그는 이론적으로 해명했다. 그렇다면 어떻게 해야 하는가. 정부가 적극적으로 경제를 활성화하는 정책을 써야 한다는 것이다.

실업은 1920년대 말 대공황을 겪은 미국이나 두 차례 세계대전을 겪은 유럽의 문제만은 아니었다. 오늘날 세계 각국들이 여전히 골치를 앓는 두통거리가 바로 실업문제다. 시장경제가 낳은 최대의 부산물이기도 하다.

실업은 경기순환의 부산물이기도 하다. 호경기일 때는 고용여건이 좋아 실업이 문제가 될 리가 없다. 그러나 불경기에 접어들면 실업은 필연적으로 확대돼 경제회생을 막고 사회불안을 야기시킨다. 그렇다면 경기는 왜 상승과 하강 국면에 들어서면서 불황과 호황을 오르내리는가.

케인스는 유효수요원리로 이를 설명했다. 이는 경기순환을 설명할 수 있는 유일한 이론으로 평가받는다.

케인스는 가계와 기업들이 돈(재화나 용역)을 충분히 쓰지(소비하지) 않는 경우를 염두에 뒀다. 그는 사람들이 소비를 충분히 하지 않으면 상품은 팔리지 않게 되고, 수익성이 줄어든 기업은 인력감축에 나서게 된다고 지적했다. 실업이 늘면 수요는 또 줄어들고 결국 생산량도 함께 줄어들게 된다. 이게 바로 불황이라는 것이다.

특히 가계는 한 국가의 총수요를 결정하는 가장 큰 요소다. 그는 이 같은 과정을 『총수요가 총소득에 미달될 때 불황은 시작된다』고 말했다. 불황이 시작되면 정부는 언제, 어디에서라도 재정지출을 확대하고 금리를 내리는 등 금융 완화로 대응해야 한다는 것이 케인스의 불황치료법이다. 오늘날 수많은 케인스주의자들은 이 원리를 신봉하면서 원칙에 충실하려 한다.

미국이 1930년대 대공황을 극복하기 위해 테네시 강 개발사업을 추진한 것이나 우리 정부가 실업자를 구제하기 위해 공공근로사업을 시행하는 것은 모두 케인스의 생각에 따른 것이다.

『경제학자의 임무는 두꺼운 책을 쓰는 것이 아니라 그때그때 필요에 부응하는 팜플렛을 쓰는 것이다.』

비록 자신은 몇 권의 두터운 책을 쓰면서도 이렇게 말한 케인스는 현실 속으로 적극 뛰어들어가 경제의 구조적인 문제점을 개선하려 애쓴 20세기의 대표적인 경제학자다.

| **어록** | 『고용이 증가하면 총실질소득이 증가한다. 공동체의 심리는, 총실질소득이 증가하면 총소비도 증가하지만 소득만큼 증가하지는 않는 방식으로 작용한다. 따라서 만약 고용 증가의 전체가 당장의 소비에 대한 수요 증가를 만족시키기 위하여 사용된다면, 고용주는 손실을 보게 될 것이다. 그래서 어떤 주어진 양의 고용을 지탱시키기 위해서는 그 수준의 고용에 공동체가 소비하기로 한 양을 초과하는 총산출량을 흡수할 만큼 충분한 양의 경상투자가 있어야 한다. 왜냐하면 이만큼의 투자량이 없다면, 기업가들의 수입은 그만큼의 일자리를 주도록 기업가들을 유도하는 데 필요한 액수보다 적을 것이기 때문이다. 그러므로 그 공동체의 소비 성향이 일정할 때 균형고용 수준, 즉 고용주 전체가 고용을 늘리거나 줄이려는 아무런 유인이 없는 수준은 경상투자량에 의존한다. 그리고 경상투자량은 우리가 「투자유인」이라고 부르려는 것에 의존하며 투자유인은 「자본의 한계효율 스케줄」과 다양한 만기와 위험을 가진 대출에 대한 이자율 체계 사이의 관계에 의존한다는 것을 알게 될 것이다.』(《고용, 이자 및 화폐에 관한 일반이론》 가운데 유효수요의 원리 설명)

『세상의 부를 쌓고 또 늘리는 것은 기업이다. …기업이 활동적이기 위해서는 두 가지 조건이 충족되어야 한다. 이윤을 기대할 수 있어야 하고, 또 기업이 계획을 실행하는 데 충분한 자원의 지배권을 가질 수 있어야 한다. 기업의 기대는 전쟁과 평화, 법률, 교육, 인구와 같은 일부 비화폐적인 요인의 영향을 받는다. 그러나 그들이 매력적이라고 생각하는 조건으로 계획을 실행에 옮기는 기업의 힘은 거의 전적으로 은행과 화폐제도의 행태에 의존한다.』

데이비드 리카도 __ David Ricardo | 토머스 로버트 맬서스 __ Thomas Robert Malthus

원조 통화주의자와
점잖은 반진보주의자의 학문적 교류

리카도(영국, 1772~1823)와 맬서스(영국, 1766~1834)는 서로 팽팽한 논쟁을 벌인 좋은 짝으로서, 서양 경제학사에서 나란히 하나의 장을 차지한다.

두 사람은 동시대를 함께 살아가면서 현실 경제를 놓고 만남과 편지를 통해 토론하며 서로의 생각을 주고받았다. 이들은 서로의 이론 개발에 도움을 줬으며 이들이 주고받은 편지는 그 자체로 하나의 이론서이자 논문이라는 평가를 받는다. 이들은 서로를 존중하면서 논쟁을 벌였던 진정한 동반자라 할 수 있다.

리카도는 요즘 흔히 쓰이는 용어가 된 「물가지수」라는 개념을 이론적으로 처음 정립했다. 그는 나폴레옹 전쟁 이후 그 결과로 나타난 인플레이션을 금의 가격 변동으로 설명했다. 중앙은행이 돈을 많이 찍어내면 통화가 증발돼 물가 상승을 부추긴다는 점을 지적하면서 그는, 당시 영국의 중앙은행인 잉글랜드 은행이 대출을 회수해 은행권(돈) 유통량을 줄여야 한다는 주장을 했다.

당면한 정책대안 제시에서 그치지 않고 그는 좀더 근원적인 문제로 들어갔다. 통화공급 방식이나 그와 관련된 중앙은행의 권력행사 방식에 대한 의심과 질문을 표시한 리카도는 『가장 적절한 통화공급제도는 어떤 것인가』 하는 데로 관심을 옮겨간다. 그의 주장을 조금 더 전문적인 내용에까지 따라가면 이렇다. 『발권업무와 은행업무를 분리하고 금과 태환을 의무로 해야 한다.』 이로 인해 그는 원조 통화주의자라는 평가를 받게 되었다.

리카도가 금융에 대해 깊이 천착하게 된 데는 어릴 때부터의 성장배경이 작용했다. 런던의 주식거래업자였던 아버지의 사업을 도운 소년 시절부터 그는 실무로 주식을 배웠다. 후에 결혼 문제 때문에 아버지와 의절한 뒤에는 젊은 나이에 주식중개인으로 독립, 정부채권 등을 인수하면서 경제적으로 성공한다. 책상에서 두터운 책을 펴놓은 채 새로운 이론과 모델을 구상하는 책상물림학자가 아니라 견고한 현실론자였던 셈이다.

리카도가 경제학자 반열에 들어선 것은 한 권의 책 때문이었다고 한다. 1779년, 휴양지로 쉬러 간 그가 휴가 중의 무료함을 달래려 잡은 책이 바로 애덤 스미스의 《국부론》이었다. 이 책에서 감동을 받은 그는 금값이론을 담은 「금의 가격」이란 논문을 발표했고, 뒤이어 영국의 공업제품과 유럽 대륙의 농산물 간의 자유무역이 주는 이점을 이론적으로 내세운 글을 발표했다. 『두 개의 국가가 따로 두 가지 물건을 생산하기보다는 각각 어느 한 물건에 특화하고 무역으로 교환해 쓰는 것이 양국 모두에 유리하다』는 주장이 바로 그것이다. 국제분업과 비교우위에 따른 교역이론을 설파하면서 리카도는 증권 브로커에서 의미 있는 경제학자로 성장하게 된다.

주식과 채권 매매업자로 출발했던 리카도와 달리 맬서스는 옥스퍼드 대학 출신의 지식인 아버지 아래에서 목사 공부를 한 케임브리지 대학 출신의 보수주의 경제학자다.

『예를 들어 세계의 인구를 10억이라고 한다면 인류는 1, 2, 4, 8, 16, 32, 64와 같이 기하급수적으로 증가해가지만 생활필수품은 1, 2, 3, 4, 5, 6과 같이 산술급수적으로밖에 증가하지 않는다.』현재의 시점에서 과거를 돌아보고 통계학이라는 분석기법을 원용한다면 매우 당연한 지적으로 보인다. 그러나 그 당시에 이런 원칙을 찾아낸다는 것은 쉬운 일이 아니었다. 지식인으로서 인류에 닥치는 본질적인 위기를 미리 예견한 혜안이라는 평가도 있다.

그렇다면 식량 부족이라는 근본적인 문제는 어떻게 해결할 수 있을까? 도덕적으로 억제해야만 한다는 것이 맬서스가 제시한 해법이었다. 도덕적 억제란 사람들이 자신의 책임을 중시하고 자기 스스로를 통제해 결혼을 늦게 한다는 것이다. 목사 교육을 받은 학자다운 해법이기도 하다.

맬서스의 인구 문제 제기로 인류는 근거가 빈약한 유토피아적 낙관론의 한 축을 깨야만 했다. 맬서스의 경고는 200년이 지난 지금도 인류가 근원적으로 풀지 못한 큰 숙제다. 모두가 알고 있는, 시한폭탄과 같은 난제이기도 하다. 지구촌 곳곳의 갈등과 전쟁에서부터 교역·산업·고용·성장 등 온갖 경제적 이해 충돌의 배경에는 이 같은 인구 문제가 도사리고 있다.

 『요즈음에는 다음과 같은 중대한 문제, 즉 인간이 이제까지는 생각할 수도 없었던 끝없는 개선을 향하여 가속도로 전진할 것인가, 아니면 비록 이론이라 하더라도 완전함을 향한 인간의 진보를 저해하는 수많은 장애물을 조심할 것인가가 큰 이슈가 되고 있다. 두 가지 가정을 해도 무방할 것으로 생각한다. 첫째, 식량은 인간의 생존에 필요하다. 둘째, 남녀 간의 열정은 필연적인 것으로 거의 현재와 같은 상태가 유지될 것이다….

인구의 힘은 인간의 생필품을 생산하는 땅의 힘보다도 무한히 크다고 말하고 싶다. 제한을 받지 않으면, 인구는 기하학적으로 늘어난다. 생활필수품은 산술적으로밖에 늘어나지 않는다. 수학을 조금이라도 안다면 전자의 힘이 후자의 힘에 비해 엄청나다는 것쯤은 알 것이다….

기근은 자연이 가진 인구억제 수단 중 가장 두려운·최후의 수단일 것이다. 인구의 힘은 인간이 생활필수품을 생산하는 토지의 힘보다 너무나 크기 때문에 어떤 형태로든지 조사(早死)가 인류에게 찾아온다.』(맬서스의 《인구론》 제1, 7장)

『토지의 산물, 즉 노동·기계·자본을 결합하고 투입하여 지표면에서 얻어내는 모든 것은 사회의 세 계급에 분배된다. 즉 토지의 소유자, 경작에 필요한 자재도구나 자본의 소유자, 그리고 노동으로 토지를 경작하는 노동자다….

지대란 토지의 산물 중 토지의 고유 불멸의 힘을 사용한 대가로 지주에게 지불하는 몫이다.』(리카도의 《정치경제학과 조세의 원리》, 서문과 제2장 「지대에 관하여」에서)

영국 고전파 경제학의 마지막 계승자

존 스튜어트 밀(영국, 1806~1873)은 고전파와 신고전파로 나누어지는 영국 경제학사의 중간에 서 있다. 한편으로는 애덤 스미스와 리카도의 직계 후예로서 고전파의 이론을 총정리한 마지막 거봉이기도 하고, 다른 한편으로는 마셜, 피구 등과 더불어 신고전파의 새로운 지평을 전개한 인물이기도 했다.

학문적으로는 당시 독일에서 성행한 관념철학에서부터 프랑스 일대를 풍미한 사회주의와 실증주의에 이르기까지 두루 섭렵했다. 이 같은 광범위한 지적 관심을 바탕으로 다방면을 파고들면서 그는 자유주의적 지식인이 됐다. 이런 연유로 후세 사람들은 밀에 대해 경제학자라기보다는 《자유론(On Liberty)》을 쓴, 일반적인 철학자로 먼저 떠올리는 것이다.

《자유론》은 1859년에 발간됐다. 그보다 11년 앞서 나온 책이 《정

치경제학원리(Principles of Political Economy)》다.『모든 인간사에
서 관행은 과학에 훨씬 우선한다』는 머리말로 시작하는 이 책은 생
산과 분배에 관한 문제를 분석, 한 시대를 풍미했다.

『생산의 법칙과 달리 분배의 법칙은 부분적으로 인간의 제도와
관련이 있다. 왜냐하면 어떤 특정 사회에서 부가 분배되는 방식은
법령이나 부를 획득하는 관습에 의존하기 때문이다. 부의 분배에
관한 권한을 좌우하는 조건들과 사회가 옳다고 채택한 행동수칙에
영향을 받는 분배방식 등은 자연의 법칙이기도 하고 과학적 연구의
주제이기도 하다.』

그러면서 그는 재산권과 공산주의, 자유의 역할 등에 대한 입장
을 정리한다. 밀은 고전파 경제학의 마지막 정리자이면서 고전파에
맞서며 새롭게 부각한 신고전파 그룹의 선두에 서 있는 학자로 평
가받는다. 마르크스의 노동가치설보다 수요공급의 법칙으로 고전
파 경제학을 집대성했고 이를 바탕으로 신고전파들의 이론적 토대
를 마련했기 때문이다. 밀보다 뒤에 활동한 대경제학자인 알프레드
마셜이『밀을 통해 배운 고전파 경제이론의 수리적 모형을 고찰하
면서 경제학 연구를 시작했다』고 말했을 정도다.

경제적 관심사에서 남녀평등 문제, 사회주의에 대한 구조적인
분석에 이르기까지 밀의 관심사는 폭넓었다. 그의 지적인 관심은
어디에서 비롯됐을까?

일부 학자들은 그가 섭렵한 엄청난 지식의 양에서 찾는다. 1806
년에 태어난 그는 만 3세 때 그리스어를 배우기 시작해 7세 때 플라
톤의 저서를 읽었고 8세가 되어서는 베르길리우스·호라티우스·
리비우스·오비디우스·소포클레스·아리스토파네스 등의 저서를

두루 읽었으며 나중에는 기하와 대수, 미적분까지 섭렵했다.

경제학자로서 밀이 역설한 이론을 좀더 살펴보면, 그의 대표저서인 《정치경제학원리》는 서론, 생산·분배·교환·생산 및 분배에 미치는 사회 진보의 영향, 정부의 영향 등으로 구성돼 있다. 여기에는 경기변동론과 무역 및 상호수요, 노동조합운동 등에 대한 자유주의적 관점이 나타났다. 자유주의자로 잘 알려진 것처럼 노동조합운동에 대해서 그는 좋지 않은 시각을 가지고 있었다. 이 때문에 그는 보수주의적 지식인이나 경제학자로 분류된다. 그가 살았던 시대가 여전히 절대왕조의 그늘 아래 있었다는 점을 감안하면 그다지 이상한 일만은 아니다. 자유주의자란 말에 걸맞게 그는 평생을 사회주의자, 합리주의자, 엘리트주의자라고 불리는 각종 「주의자(지식인)」들과 끊임없이 지적인 전쟁을 치르면서 한평생을 보낸 인물이다.

밀은 조세와 교육에도 일찍부터 관심을 가졌다. 특히 소득세율에서 소득이 높을수록 세율을 증가시키는 누진세율 대신 소득 수준에 관계없이 일정한 비율로 과세하는 단순비례세율을 선호한다고 밝힌 점이 주목된다. 이 주장은 누진세율이 노동의욕을 저하시킬 것이라는 우려에서 나왔다. 다만, 빈민에 한해서는 면세를 주장했다.

| **어록** | 「모든 인간사에서 관행은 과학에 훨씬 우선한다. 자연의 힘의 작용에 관한 조직적인 연구는 현실적인 목적에 이를 활용하려는 더디고도 긴 노력의 산물이다. 과학의 한 분야로서의 경제학이라는 개념은 매우 현대적이지만, 연구자들이 다루는 주제는 과거 인류의 가장 현실

적인 이해관계 중 하나로서 어떤 시대에는 너무 과도하게 몰두했던 것이기도 하다.

그것은 바로 부(富)다. 경제학자는 부의 본질, 그리고 양산과 분배의 법칙에 관해 가르치고 분석한다. 여기에는 인간 욕구의 보편적인 목표와 관련해 인류 또는 인간사회의 생활을 더 부유하게 하거나 또는 그 반대로 하는 모든 원인의 작용이 직간접적으로 포함된다. 경제학 논문은 이러한 원인 모두를 논의하거나 열거할 수 있는 것이 아니라 가능한 한 그 작용 법칙과 원리를 설명하려는 것이다.」(밀의 《정치경제학원리》 머리말)

자본주의의 본질은 기업가의 기술혁신에 의한 동태적 경제발전 과정

숨페터(오스트리아, 1883~1950)의 대표작인 《자본주의, 사회주의, 민주주의(Capitalism, Socialism and Democracy)》는 오늘날까지도 세계 각국에서 번역 출간을 거듭하고 있다. 경제사상이라는 전문적이고 딱딱한 내용에도 불구하고 이 책은 왜 인기를 누리고 있을까? 경제학 고전 가운데 하나인 이 책이 꾸준히 팔려나가는 이유는 무엇일까?

무엇보다도 자본주의와 기업에 대한 본질을 규명하고, 통제되기 어려운 힘으로 팽창하는 자본주의의 향방에 대한 진지한 진단이 많은 사람들의 관심을 끌기에 충분하다고 볼 수 있다. 동시에 마르크스와 사회주의에 대한 깊이 있는 연구도 일조를 했을 것이다.

이 책은 마르크스에 대한 분석으로 시작한다. 예언자로서 마르크스, 사회학자로서 마르크스, 경제학자로서 또 교육자로서 마르크스 등 다양한 면모가 소개된다. 그렇다고 해서 슘페터가 마르크스에 대해 아첨하거나 공경하는 것이 아니다. 한 사람의 학자로서 마르크스에게서 배우려 하고 또 「학자 마르크스」를 존경하려 한다.

물론 변증법이나 유물사관과 같은 마르크스의 특정한 학문적 관점이나 연구방법론을 배우려는 것도 아니다. 슘페터가 마르크스에게서 배우려 했고 그를 존경한 근거는, 경제연구의 방식이다. 특히 경제연구 방식에서 가치관이 개재된 핵심과 사회학적, 정치학적 근본 문제를 놓치지 않았다는 점이다.

아무튼 이 책에서 슘페터는 자본주의의 본질을 기업가의 기술 혁신에 의한 역동적인 발전 과정이라고 설파했다.

『부단히 낡은 것을 파괴하고 새로운 것을 창조하여 끊임없이 내부로부터 경제구조를 변혁하는 산업의 돌연변이, 이 창조적 파괴의 과정이 바로 자본주의의 본질이다.』자본주의의 본질은 창조적 파괴라는 것이다. 그렇다면 창조적 파괴는 누가 담당하는가. 그는 기업인이라고 단언했다. 미국·일본·유럽 각국 등 기술이 앞선 나라, 기술개발과 혁신이 왕성한 나라는 이런 관점에서 볼 때 세계사를 선도해왔고 세계경제도 주도해왔다.

슘페터가 말한 혁신(innovation)은 오늘도 경제학과 경영학, 행정학 교과서에까지 두루 실리는 보편적인 용어가 됐다. 슘페터의 자본주의관 기저에는 기업가에 의한 혁신이 깊이 자리잡고 있다. 구체적으로 보면 새로운 재화의 생산, 새로운 생산 방법의 도입, 새로운 판로의 개척, 새로운 공급원의 개척, 새로운 조직의 채용이라는 5대 요소가 유기적으로 결합될 때 혁신이 가능하다.

오스트리아의 재무장관으로 잠시 근무하기도 했지만 슘페터는 기본적으로 연구실 안에 많이 머물렀던 학자다. 그러한 이력에도 불구하고 기업을 자본주의 사회의 창조적 파괴자로 규정한 것은 본질을 꿰뚫는 통찰력을 가졌음을 보여준다.

슘페터는 1883년생 동갑인 영국의 케인스와 함께 20세기를 대표하는 경제학자로 손꼽히지만 두 거장의 이론과 해법은 상당히 대조적이었다. 「일반이론」으로 경기순환을 분석하면서 정부의 역할을 강조한 케인스에 대한 가장 강력한 비판자가 바로 슘페터였다. 그는 케인스에 대해 이런 평가를 했다.

『마르크스와 마찬가지로 케인스에 대해서 그의 사회관이 잘못되어 있고 그의 개개 명제 모두가 기만적이라고 간주하는 경우에도 우리는 그의 업적을 칭찬할 수 있다.』 학자들은 이 말이 경기이론을 연구 모델로 삼은 케인스를 비난하는 것이었다고 본다. 말하자면 정부의 섣부른 정책 개입이 결국 기업가의 행동을 위축시켜 자본주의를 붕괴시킬 수 있다는 것이다. 슘페터는 경제이론과 정책을 결부시켜 실마리를 풀어나가려는 케인스를 기회가 있을 때마다 몰아세웠다.

반면 런던을 활동 무대로 삼아 국제적인 활동가로 나서면서 정부의 일도 많이 맡았던 케인스는 시종일관 그를 무시하는 입장을 유지했다. 앞에서 지적했듯이 케인스가 유효수요로 경기를 진단하고 유효수요 관리라는 단기적 관점에서 경기 조절을 하는 데 관심의 초점을 맞추었던 것과 대조적으로, 슘페터는 기업의 혁신을 통한 생산력 향상이라는 생산 측면에서 경제발전을 설명하려 했다.

사회주의는 어떤가? 슘페터는 사회주의가 고도로 발달된 자본주의와 유사할 것이라고 보았다. 그런 점에서 사회주의는 작동 가능한 시스템이라는 게 그의 판단이었다.

 『부단히 낡은 것은 파괴하고 새로운 것을 창조하여 끊임없이 내부로부터 경제구조를 변혁하는 산업의 돌연변이, 이 창조적 파괴의 과정이야말로 자본주의의 본질이다. … 원래 자본주의는 경제적 변화의 형식 또는 방법이다. 따라서 결코 정태적이지도 않고 정태적일 수도 없다. 그리고 자본주의 과정의 이 진화성은 단순히 사회적·자연적 환경이 변함에 따라 경제활동의 조건이 바뀐다는 사실에만 기인하는 것이 아니다. 이 사실은 중요하다. 이들 변화(전쟁, 혁명 등)는 빈번하게 산업의 변화에 영향을 끼친다. 그러나 그 변화가 자본주의 과정의 주된 동인은 아니다. 또 자본주의 과정의 진화성은 인구와 자본이 반자동적으로 증가하는 것, 또는 화폐제도가 변덕스러운 것에 기인하는 것도 아니다. 이들도 사정은 같다. 자본주의의 성장 엔진을 가동시키며 계속 움직이게 하는 근본적 충동은 자본주의 기업이 창조하는 새로운 소재, 새로운 생산 방법 또는 새로운 수송 방법, 새로운 시장, 새로운 산업 조직 형태에서 연유하는 것이다.』(슘페터의 《자본주의, 사회주의, 민주주의》에서)

『왜 기업들은 지속적으로, 즉 적당한 간격을 두고 하나씩 나타나지 않고 떼를 지어 나타나는가? 그것은 순전히, 기업가 한 사람 또는 몇 사람의 출현이 다른 사람의 출현을 용이하게 하고 그 사람들이 또 더 많은 사람의 출현을 가속적으로 용이하게 만들기 때문이다.』(슘페터의 《경제 발전론》에서)

윌리엄 스탠리 제번스 _ W. S. Jevons ㅣ 카를 멩거 _ Carl Menger ㅣ 레옹 발라 _ Leon Walras

한계혁명의 3인조 학자
한계효용이론이 경제현상을 설명한다

경제학사에서 이들 세 사람은 함께 묶여 「3인조」로 이야기되곤
한다. 태어난 연도가 비슷한데다 1870년대 들어서 본격적으로 활
동을 시작한 학자들이다. 그러나 나이가 비슷하다는 이유로 3인조
라 일컬어지는 것은 아니다. 제번스(1835~1882)는 영국에서, 멩거
(1840~1921)는 오스트리아에서, 발라(1834~1910)는 프랑스인이지
만 스위스에서 활동하는 등 서로 떨어진 곳에서 독자적으로 활동하
면서도 한계효용에 관한 이론을 정립, 「한계혁명주의자」로 분류되
기 때문이다. 이들은 이론을 개발할 때는 서로 잘 몰랐으나 후에 서
로의 존재를 알게 됐고 이 때 개발한 한계효용이론을 전파, 보급하
는 데 함께 노력을 기울였다.

한계효용이론은 기본적으로 자원의 희소성과 효용성을 강조한
다. 각자 놓여진 환경조건이나 성격의 차이에도 불구하고 이 점에

서 이들은 일종의 공동연대자로 뛴 셈이다.

　제번스는 고전학파의 영향이 강력하던 영국에서 한계효용균등의 원리에 입각한 가격이론을 개발했다. 이로써 앞서 고전학파로 불리는 선배들의 경제학 이론을 뛰어넘으려 노력했다. 멩거는 한계효용에 대한 그래프를 써서 가격결정을 설명했다. 이를 내세워 멩거는 오스트리아 빈 대학에서 자신의 제자들을 끌어모아 「오스트리아 학파」를 형성했다. 발라는 희소성 문제를 해결하는 방식으로서 가격기구의 작동을 연립방정식을 활용해 설명했다. 이로 인해 이들은 경제학사의 「용감한 3인조」, 「한계효용학파의 선구자」라는 별칭을 듣게 됐다.

　제번스는 고전파 경제학자의 중시조격인 J. S. 밀을 매우 싫어했다. 『리카도와 밀은 경제학의 흐름을 잘못된 길로 이끌었다』고 비판할 정도였다.

　리버풀의 부유한 철강상인의 아홉번째 아들 제번스가 한계효용학설을 구상한 것은 1860년대 초의 일이다. 그 당시 형제들과 주고받은 그의 편지들을 보면 그 구상이 엿보인다. 1871년 10월 그의 생각은 주요 저서 《경제학이론》에서 체계화된다.

　《경제학이론》에는 교환방정식을 바탕으로 하는 교환이론이 담겨져 있다. 개인 A가 밀을 일정량 가지고 있고 또 다른 개인 B는 쇠고기 일정량을 가지고 있어 시장에서 교환한다고 가정하자. 시장이 완전하다면 두 사람은 각각 자신의 효용을 극대화하려는 조건에서 교환이 이루어진다. 그는 한계효용이론을 내세워 수학으로 이 같은 교환행위를 입증했다.

　제번스는 물가에 대해서도 파고들었다. 그 결과 금 가치의 오르내림을 연구하게 됐고 경기변동에 대해서도 연구했다. 경기순환에 대해 그는 태양흑점설을 내놓아 주목을 끌었다.

『어떤 해 추수의 성공 여부는 확실히 기후, 특히 여름과 가을의 몇 개월의 기후에 의존한다. 이 기후가 어느 정도 태양주기에 의존하고 있다면 수확과 곡물가격은 다소간 태양주기에 의존하게 되고 태양흑점의 주기와 같은 주기로 변동하게 된다.』 그는 살아가면서 경험한 경제공황이 약 10년 단위로 이어졌다고 봤으며 이 가설을 태양활동이 10년 반 단위를 주기로 활동한다는 천문학의 설과 결부시켰다. 그러나 이에 대해 객관적으로 입증하지는 못했다.

멩거는 「오스트리아학파」의 창시자, 신고전파 경제학의 기초자로 불린다. 한계효용이론가로서 그는 한계효용이 궁극적으로 재화의 가치를 규정한다는 점을 분명히 했다. 그 이론은 1871년에 간행된 《국민경제학원리》에 들어 있다. 예컨대 물은 생활에 매우 유용하지만 값이 싸고 다이아몬드는 그 자체로 유용하지도 않은데 매우 비싸다. 왜 그런가. 물은 흔한 반면 다이아몬드는 매우 희소한 재화다. 이 같은 재화가 갖는 효용이론에서 멩거는 교환이론을 이끌어냈다.

영국에서 제번스가 가장 중요한 한계효용학파 경제학자로 부각되고, 오스트리아에서는 멩거가 수학이나 벤덤의 공리주의를 원용하지 않고도 경제학을 한계효용논리로 이끌어가는 와중에 스위스 로잔 대학의 이름없는 교수였던 발라도 비슷한 관점의 이론을 자기 나름대로 익혀나가고 있었다. 발라는 오랫동안 무명이었으나 나중에 한계효용학파 가운데서는 가장 유명하고 가장 많이 인용되는 학자가 됐다.

한계효용주의자들은 일반적으로 경제정책에 대해 보수적인 편으로 알려져 있다. 그러나 발라는 토지의 국유화를 주장해 농업사회주의자라는 평가도 받는다. 다만, 그가 토지의 국유화를 주장한 것은 농민들의 사회적·경제적 조건을 향상시키기 위한 것이 아니라 그의 이론대로, 사회복지의 극대화에 필요한 「교환의 일반균형」에 도달하기 위해서라는 점이 보통의 국유주의자와 다르다.

발라가 이룬 경제학적 업적은 고도로 이론적이고 수리적이어서 일반인들이 이해하기에는 난해하다는 평이다. 특히 수학이 엄청나게 많이 사용됐다. 그러나 그 이론은 복잡한 현대의 경제이론에도 계속 이어지고 있다. 처음에는 수학 실력이 모자라 동료수학자에게 수학을 배웠던 그는 역학교수의 도움을 얻어 「한계효용곡선」이라는 식을 구하게 된다. 이 수식(곡선)이 상품의 희소성과 그 상품의 시장가격은 비례한다는 이론의 단초를 제공했다.

그는 한계효용이론만 파고들었던 것이 아니다. 경제에는 다수의 재화가 있고, 이들은 가격을 통해 수요와 공급 측면에서 상호의존적이라는 점을 수학적 모형으로 분석하려 했던 것이다.

수학적 접근을 시도했던 그는 《순수경제학요론》이란 저서로 수리경제학 분야를 개척했다. 수리경제학은 신고전파 경제학이라고도 불리는데, 그는 이 신고전파의 창시자로 간주되기도 한다. 발라가 제시한 일반균형 모델은 「보이지 않는 손」이라는 시장을 모형화했다는 평가를 받는다.

| **어록** | 「많이 숙고하고 수없이 자문한 결과 나는 「가치는 전적으로 효용에 의존한다」는 다소 새로운 견해를 가지게 되었다. 효용보다는 노동

을 가치의 원천으로 보는 것이 지배적이며, 사람들 중에는 노동이 가치의 「원인」이라고 주장하는 사람까지 있다. 이와는 반대로 나는 만족스러운 교환이론에 도달하려면 각자 소유하고 있는 상품의 양에 의존하는, 효용의 변화에 관한 자연법칙을 캐보기만 하면 된다는 것을 보이고자 한다. 만족스러운 교환의 필연적인 결과가 수요와 공급의 일반법칙이다. 이 이론은 사실과 조화를 이루고 있다. 그리고 노동이 가치의 원인이라는 믿음이 외견상 근거가 있어 보인다면 언제든지 그 근거도 찾을 것이다. 노동이 가치를 결정하는 경우를 자주 보지만 공급을 늘리거나 제한을 통해 상품효용의 정도를 변화시킴으로써 간접적으로만 작용하는 것이다.」 (제번스의 《정치경제론》에서)

냉철한 두뇌와 뜨거운 가슴

알프레드 마셜(영국, 1842~1924)도 크게 봐서 한계효용학파에 들어간다. 영국 케임브리지 대학에서 교수생활을 하면서 아서 세실 피구, 존 메이너드 케인스, 데니스 로버트슨과 같은 경제학의 거목들을 제자로 두는 바람에 그는 「케임브리지학파」의 창시자로 불리고 있다.

경제학이란 무엇인가? 많은 경제학자들이 이에 대한 질문부터 던지면서 경제학 교과서를 쓴다. 경제학을 정의한 말 가운데 흔히 인용되는 말 중의 하나를 들어보자. 『경제학은 여러 목적들과 대체적 용도를 지닌 희소한 수단들 사이의 관계로서의 인간행동을 연구하는 과학이다』(라이오넬 로빈스)라는 것이다.

마셜의 정의는 어떤가. 『정치경제학 또는 경제학은 인생의 일상 실무에서의 인간에 대한 연구이며 인간의 개인적 · 사회적 행위 속에 복지의 물적 조건의 획득과 이용에 가장 밀접하게 결부된 부분을 고찰 대상으로 삼는다.」(《경제학 원리》)

여기에서 나타난 「복지의 물적 조건」이란 표현을 거론하면서 학자들은 그가 인간에 대한 연구로서 경제학을 한 것이라는 해석을 한다. 그러나 초기의 깊은 관심에도 불구하고 그가 「사회주의」 학자의 길을 걸은 것은 아니다.

마셜은 앞서 한계혁명의 3인조를 뒤이어 한계효용이론을 가장 명료하고도 광범위하게 적용시켰다는 평가를 받는다. 이를 바탕으로 오늘날 미시경제학의 핵심이론에 대한 뼈대(한계전통)를 확립했다. 피구, 케인스, 로빈슨 등 20세기의 빼어난 경제학자들을 길러낸 공로도 별도로 크게 인정받고 있다.

그가 활동할 무렵 많은 학자들은 「수확체감의 법칙」(생산기계 수는 한정돼 있는데 원료와 노동자 수를 늘린다고 생산이 계속 증가하지는 않는다는 이론)을 이야기했지만 그는 여기에 의문을 품었다. 「규모가 커짐에 따라 더욱 능률적으로 되는 산업 분야도 있지 않겠는가. 가령 대기업들은 신용대출이나 기계장비 구입 등에서 훨씬 유리한 위치에 있지 않은가」 하는 문제를 제기했다. 여기에서 그는 대규모 생산에 따라 생산량이 늘어나는 「수확체증의 법칙」을 제시했고 이를 내부경제와 외부경제 요인으로 나누어 분석했다.

한계효용 분석을 토대로 그는 「수요의 법칙」을 제시했다. 판매를 많이 하려면 가격이 낮아야 하고, 가격이 내려가면 수요는 증가하는 반면 가격이 오르면 수요는 줄어든다는 것이 요지다. 또 가격이 올랐을 때 사람들이 해당 상품의 소비를 대폭 줄이면 그 상품의 수요는 「탄력적」(가격 변동에 따른 반응도가 높다는 의미)이고 가격

변동에 관계없이 사람들의 소비량이 같다면 그 상품의 수요는 「비탄력적」이다.

소비자가 한계효용을 염두에 두고 소비활동을 하는 것과 마찬가지로 생산자도 기계와 노동력의 「한계수확」을 비교해가면서 물건을 만들어낸다. 같은 돈을 투자했을 때 기계가 노동자보다 더 많은 양을 생산한다면 기업가는 노동력을 줄이고 기계를 추가로 구입, 설치할 것이다. 기계의 한계수확이 노동력의 한계수확보다 크기 때문이다.

마셜은 지금도 수시로 신문지상에 오르내리는 한 가지 중요한 거시경제학적 구분을 내렸다. 미국 예일대의 경제학자 어빙 피셔(계량 경제학의 창시자)와 함께 명목이자율과 실질이자율을 개념적으로 구별했다. 명목이자율은 은행에 돈을 맡겼을 때 지급하는 이자를 말한다. 그러나 경제에는 통상 물가상승률(인플레이션)이 작용한다. 저축을 하는 것, 돈의 가치 측정은 이 같은 물가상승률을 제외하고 볼 필요가 있다. 명목이자율에서 인플레이션을 뺀 것이 실질이자율이다.

그는 케임브리지의 노교수로 재직하며 82세까지 장수했다. 거장 케인스는 그의 스승 마셜에 대해 『경제학자라면 마셜처럼, 수학자이자 사학자이며 정치가에다 철학자여야 한다』며 그의 뛰어난 재능을 격찬했다.

| **어록** | 『같은 1실링이라도 시간에 따라 어느 한 사람에게 가져다 주는 쾌락(또는 만족)이 다르다. 왜냐하면 그에게 돈이 많을 수도 있고 그의 감성이 변하기도 하기 때문이다. 그리고 경험이 유사하고 또 겉보기

에 서로 비슷해보이는 사람들도 종종 비슷한 사건에서 매우 다른 영향을 받는다. 예를 들어 도시의 학교에 다니는 아이들이 시골로 소풍을 나가면 어느 누구도 똑같은 종류의 또는 똑같은 강도의 즐거움을 얻지 않을 것이다. …따라서 같은 소득을 가진 두 사람이 그 소득으로 얻게 되는 이득이 같다거나 같은 소득 감소에서 받는 고통도 같다고 자신 있게 말하기는 힘들 것이다.』

『종이를 자르는 것이 가위의 윗날인지 아랫날인지에 대한 논쟁처럼, 가치를 결정하는 것이 효용인지 생산비용인지에 대해 논하는 것도 이상한 것은 아니다. …이미 만든 물건을 팔려고 할 때 사람들이 지불하고자 하는 가격은 그것을 가지려는 욕망과 그것에 쓸 수 있는 돈의 규모에 의해 결정된다. 가지려는 욕망의 일부는 그것을 사지 않고 그와 비슷한 물건을 더 싼값으로 구할 수 있는 기회가 있느냐에 달려 있고, 그 기회는 공급을 지배하는 원인으로 결정되며 이 원인은 생산비용에 의존한다.』(마셜의 《경제원론》에서)

밀턴 프리드먼 __ Milton Friedman

인플레이션은 화폐적 현상이다

　　돈은 무엇인가? 사회 전체의 돈은 많을수록 좋은 것인가? 이런 질문을 깊이 파고들어가면 어떤 결론이 나올까? 학자들 사이에도 의견이 분분해진다.

　　다른 측면에서 생각해보자. 경제정책을 펴나가는 데 정부의 지출(예산)과 세금 문제를 담당하는 행정부나 국회가 주도권을 잡아야 하는가, 금융을 관장하는 중앙은행(한국은행이나 미국의 연방준비이사회 FRB)이 주도권을 가져야 하는가. 전자를 주장할 경우 「케인스주의자」란 말을 듣게 될 것이고, 후자를 지지한다면 「통화주의자」로 분류된다.

　　현대의 경제정책은 이들 두 가지 요소가 함께 뒤섞여 집행된다. 그러나 1950년대에서부터 1970년대까지는 달랐다. 케인스주의자들과 통화주의자 사이에 치열하고 불꽃 튀는 설전이 계속됐다. 시장의 불확실성을 감안한다면 케인스주의자의 적극적인 면도 의미가 있을 것이다. 반면 비교적 정교하게 움직이는 미국의 금융시장에서 앨런 그린스펀 연방준비이사회 의장의 말 한 마디에 따라 시장이 출렁대는 것을 보면 통화주의자의 주장도 설득력을 가진다.

통화공급량을 중시하는 통화주의자의 총수가 바로 밀턴 프리드먼(미국, 1912~)이다. 그는 화폐사와 화폐이론으로 노벨경제학상을 받았으며, 같은 시대를 살아간 대경제학자 갤브레이스로부터 1970년대 후반 이후에는 「20세기 후반의 가장 영향력 있는 경제학자」라는 찬사를 받았다.

통화주의자들이 말하는 돈이란 지폐와 동전만을 지칭하는 것이 물론 아니다. 돈의 단위에는 현금 외에도 은행의 각종 저축성 예금이나 투자신탁에 맡겨진 자금처럼 유동자산도 포함된다.

통화량은 물론 중앙은행이 조절한다. 중앙은행은 무엇으로 통화량을 조절하는가. 예금은행이 대출할 수 있는 돈의 비율(지불준비율)로 시중자금을 조정할 수 있고 중앙은행이 빌려주는 대출이자율(재할인율) 조정을 통해서도 가능하다. 이 밖에도 중앙은행이 금융시장에서 정부의 공채를 사고파는 공개시장조작도 통화량 조절의 한 방법이다.

통화주의자로서 프리드먼의 주장이 돋보인 것은 세계경제가 침체기에 빠졌던 1970년대였다. 석유파동으로 에너지 가격이 급등해 세계경제가 「스태그플레이션」(inflation+stagnation, 즉 인플레이션과 불황이 겹쳐 발생하는 경기침체 국면)의 늪에 빠졌을 때 과거의 케인스식 대응법은 효력을 발휘하지 못했다. 이 때 통화주의자들이 의사로 나선 것이다.

프리드먼은 대공황의 원인도 미국 연방준비이사회가 중앙은행으로서 금융정책을 제대로 못했기 때문이라고 지적했다. 불황일 때 화폐 공급을 확대해야 하는데 반대로 축소했기 때문이라는 지적이다. 케인스주의자의 불황대책이 공공사업을 중심으로 하는 수요확대책이었다면, 통화주의자는 화폐 공급을 일정한 규칙에 따라 증가시킬 것을 강조한다.

복잡다단한 현대 사회에서 케인스 방식이나 프리드먼 방식 가운데 어느 한 가지만으로는 다면적 요인을 가지고 있는 경제 문제를 풀기는 어려울지 모른다. 그러나 『인플레이션은 화폐적 현상이다』라고 부르짖은 프리드먼 유의 통화주의자들이 현대에 오면서 비로소 제목소리를 냈고 이 목소리를 많은 정부가 힘 있게 받아들였다. 1980년대 이후 미국 공화당의 레이건 정부, 영국의 대처 정부, 일본의 나카소네 정부 등이 그런 예다.

《죽은 경제학자의 살아 있는 아이디어》란 책에서 토드 부크홀츠는 현대의 경제(정책)학을 케인스와 프리드먼의 대립구도로 설명하면서 이렇게 말했다. 『케인스 덕분에 우리는 모두 케인스주의자가 됐다. 프리드먼 덕분에 우리는 모두 통화주의자가 되었다. 그리고 혼란한 세상 덕분에 우리는 모두 절충주의자가 됐다.』

| **어록** | 『(통화증가율이 일정하게 유지될 경우 연방준비위원회의 변덕에 의한 실책은 적어도 사라질 것이다. 연방준비위원회는 아예 아무 일도 하지 않아야 한다.) 그러한 규칙은 불안정의 주된 원인인 금융정책의 불확실성과 예측 불가능성을 제거할 것이다. 통화량이 매년 일정한 비율로 증가하는 한 불경기는 일시적 현상에 불과할 것이다. 경제가 주

춤할 경우 일정한 통화량 증가에 의해 공급되는 유동성은 지속적으로 총수요를 확대시킬 것이다. 경제가 인플레이션을 맞는다 하더라도 그 불길을 확산시킬 만큼의 연료(통화량)는 공급되지 않는 것이다.」

폴 새뮤얼슨 __ Paul A. Samuelson

과학으로서 경제학

아직까지 생존하고 있는 학자들 가운데 노벨상을 받은 학자, 금융과 경제 관련 국제기구 창립에 깊이 관여한 경제이론가이면서도 전문가 반열에 들어가는 인물들도 많다.

폴 새뮤얼슨(미국, 1915~)은 20세기 미국인으로 현대 경제학의 살아 있는 거두다. 한때 물리학과 수학을 공부해 이론경제학의 정수를 보여줬다는 점에서 그는 「순수학자」 대열에 들어간다. 대학에서 연구에 매진한 경력을 가지고 있지만, 다양한 방식으로 현실 문제에 참여한 어떤 경제학자 못지않게 그는 경제학사에서 명확한 자기 영역을 구축했다.

가치관이나 선입견을 배제하고 수학적 분석틀에 기초했기 때문에 그의 경제이론은 비전문가들에게는 복잡하고 현란하게 보인다. 끝없이 이어지는 복잡한 수식을 동원하면서 경제이론을 체계화하려는 노력으로 인해 경제학을 공부하는 전공학도들도 그의 이론에 애를 먹는 경우가 많다. 그의 경제학원론 서적은 전세계 경제학도들이 보는 필독서이지만, 통계학과 미·적분학과 같은 고급 수학을 동원하는 설명과 분석 때문에 난해한 것으로도 정평이 나 있다.

경제학이 말로써 논리를 풀어나가는 학문체계가 아니라, 수학이나 물리학·공학과 같은 복잡한 자기 논리와 형식 논리에 따라 인과관계가 기계적으로 나오는 학문으로 한 단계 변했다고도 볼 수 있다.

학문, 특히 사회과학으로서 경제학이 과학으로 확고하게 자리잡은 데는 새뮤얼슨의 공헌이 적지 않았다. 미국의 유수 대학에서 강의를 한 덕분에 그의 영향을 받은 경제학자들이나 연구자들이 세계 각지에서 중추적인 역할을 하고 있기도 하다. 바로 이 점이 현재 우리들의 삶에 영향을 더욱 강하게 미치는 요인이다.

1969년 노벨경제학상이 처음 제정된 것은 오로지 새뮤얼슨에게 상을 주기 위해서라는 얘기까지 있다. 실제로 그는 1970년 두번째 노벨경제학상을 받았다. 한국에서는 일부 국내 신문에 칼럼을 싣기도 해 다른 경제학자들보다 상대적으로 친숙한 이름이기도 하다.

새뮤얼슨의 외형적인 공로는 표준화되다시피 한, 제대로 된 경제학 교과서를 썼다는 사실에서 찾을 수 있을 것이다. 1948년에 쓰여진 그의 《경제학(Economics)》은 전세계적으로 퍼졌고 지금도 대학생들이 많이 찾는 책이다.

새뮤얼슨은 경제학을 앞에서 말한 수준의 과학으로 끌어올리기 위해 새로운 개념을 도입, 설파했다. 예컨대 「유의미한 정리의 도출」, 「과학·비과학의 선긋기」와 같은 논리들이다. 그가 두번째 경제학상을 받게 된 이유도 『정태적 및 동태적 경제이론과 분석수준을 향상시켰다』는 것이었다. 고등 수학을 이용하는 실증주의적 경제학의 경지를 개척했다고 노벨상이 인정한 것이라고나 할까.

「수리경제학」의 새로운 지평을 연 새뮤얼슨은 1960년대 미국 주류파 경제학에서 확고부동한 최고 권위자에 올랐다. 케인스의 소득 이론을 수학적으로 정식화하고 신고전파의 수학적 가격이론에 고등 수식을 접목하는 시도로 큰 업적을 쌓았다는 평가를 받는다. 예컨대 돈의 흐름, 통화로 경제현상을 설명하고 풀어 들어가는 「통화주의」의 창시자 프리드먼의 경우도 「돈」이라는 수치화되는 분야에서 자신의 학설을 전개하면서도 실제로 고등 수학은 사용한 적이 없다는 평가를 받고 있다.

새뮤얼슨의 경제이론과 경제학사에 미친 그의 영향을 간략히 소개하기는 쉽지 않다. 과학으로서, 수학으로서의 경제이론을 쉽게 이해할 수 있는 일상언어로 정확하게 번역한다는 것이 결코 쉬운 일이 아니기 때문이기도 하다. 경제학의 차원을 과학으로 끌어올린 것 외에 시장경제의 결함을 메우려는 정부의 시장 개입을 전제로 하는 시장경제체제(혼합경제체제)를 이론적으로 지지한 것도 그가 이룬 성과로 인정받는다.

새뮤얼슨이 경제학을 「단순논리」로 이끌어가는 주의나 주장이 아니라 인과관계와 대응에 따른 변화를 수식으로 명백히 분석했다는 찬사 이면에는 『경제이론을 너무 난해하게 만들어 일반인과 격리시켜버렸다』는 비판 아닌 비판도 따르고 있다.

| 어록 | 『유의미한 정리란 이상적 상태에서 반증이 가능한 경험적 자

료에 관한 가설적 언명이다. 지금까지 이론인가 응용인가를 묻지 않고 유의미한 정리의 도출을 목표로 하는 경제학 논문이 적었던 것은 선험적 가정에서 연역되는 경제법칙이 인간행동에 관한 경험자료와는 무관하게 상응의 엄격함과 타당성을 갖는다고 생각하는 잘못된 방법론상의 선입관 때문이다.」(새뮤얼슨의 《경제분석의 기초》에서)

6

원포인트 경제학

정계 · 법조계 · 관계 모두가 수직적으로 연결됐을 때는
그 누구도 감히 정보를 흘릴 엄두를 못 낸다.
권력층 모두가 한통속인데 섣불리 행동하면 다치기 십상이다.
하지만 권력이 사분오열돼 부패고리가 수평적으로 되면
서로를 헐뜯는 과정에서 비리 정보가 쉽게 드러난다.
연일 각종 게이트가 판을 치는 이유는
우리 경제의 부패 정도가 갑자기 심화됐기 때문은 아닐 것이다.
이는 그간 단단히 얽혀 있던 수직적 부패구조가
정치상황 변화에 따라 수평적으로 바뀌고 있음을 보여준다.

노사 합의가 가능한 주5일 근무제

주5일 근무제 도입에 대해 노사가 합의점을 찾지 못하고 있다. 노동계는 노동시간 단축과 함께 임금 보전을 요구하고 있다. 재계는 인건비 부담이 늘어난다고 걱정이다. 노사 합의가 어려운 이유는 주5일 근무제를 실시하기 위해 반드시 법정근로시간을 주당 44시간에서 40시간으로 줄여야 한다고 생각하기 때문이다.

문제는 법정근로시간을 줄이면 임금, 특히 초과근로수당이 변한다는 데 있다. 현행(2002년 현재) 근로기준법에 따르면 법정근로시간을 초과한 근무에 대해서는 통상임금의 1.5배가 지급된다. 현재 주당 평균 근로시간은 47.9시간으로, 법정근로시간이 주당 40시간으로 줄어들면 초과근로시간은 3.9시간에서 7.9시간으로 늘어난다.

이 경우 기업이 종전 생산량을 유지하려면 주당 4시간만큼 초과근무수당을 추가로 지급해야 한다. 재계가 인건비 상승을 우려, 할

증임금률을 낮춰야 한다고 주장하는 것도 이 때문이다. 반면 근로자들은 근로시간 단축으로 소득이 줄어들 것을 걱정한다.

주5일 근무제가 도입되더라도 임금 총액이 줄지 않게 시간당 임금을 상향 조정하고 연·월차 휴가수당도 보전해달라며 재계와 상반된 요구를 하고 있다.

인건비나 임금소득에 영향을 주지 않으며 주5일 근무제를 도입할 수는 없는가. 당분간 법정근로시간을 주당 44시간으로 유지한 채 토요 휴무는 실시하면서 일부 공휴일과 연·월차 휴가를 반납하는 방안을 생각해볼 수 있다. 토요 휴무가 시작되면 총 근로일수는 연간 26일 줄어든다. 하지만 연간 18일인 공휴일 중 8일과 월차휴가 12일, 연차휴가 중 6일을 정상 근무하면 총 근로시간은 줄지 않는다. 주중에 분산된 휴일을 주말로 몰아 사용해 삶의 질을 높이자는 제안이다.

초과 근무로 돈을 더 벌기 위해 연·월차 휴가를 반납했던 사람에게는 매월 특정 토요일에 전일(全日) 근무할 권리를 주면 된다. 법정근로시간이 주당 44시간으로 유지되면 토요 근무에 적용되는 할증임금률이 변할 이유가 없으므로, 기업의 임금 부담도 늘지 않는다.

이렇게 되면 총근로시간과 임금 수준 모두 변하지 않은 채 휴일만 주말로 집중시켜 여가를 즐길 수 있으니 노사 모두 반대 명분을 잃을 것이다. 이를 위해서는 정부의 역할이 중요하다.

공무원이 공휴일과 연·월차 휴가 일부를 반납하고 토요일을 쉬면 업무가 연계된 민간기업도 따를 수밖에 없을 것이다.

그간 주요 국가들이 **주 40시간 근무제**를 도입한 시기를 보면 대개 **1인당 국민소득**이 **1만 달러**를 넘는 시점이었다.

현재 한국의 1인당 국민소득이 9,000달러대이므로 조만간 우리도 법정근로시간을 낮출 때가 올 것이다. 그러나 아직 우리의 실질근로시간은 법정근로시간을 크게 웃돌고 있다. 상당수 근로자들이 여가를 즐기기보다 초과 근무를 해서라도 돈을 더 벌기 원하기 때문이다.

이런 현실을 무시하고 법정근로시간을 줄이면 실질근로시간은 줄지 않고 시간당 임금만 상승할 가능성이 크다. 임금 인상이 아니라 생활의 질을 높이는 게 주5일 근무제 도입의 목적이라면 당분간 법정근로시간은 그대로 유지한 채 주5일 근무제를 실시하자.

법정근로시간 단축은 이후 경제여건을 보고 타협하는 것이 지혜로운 방법이다.

이창용(서울대 경제학부 교수, 한국채권연구원 이사)

자본시장 통한 학자금 융자제 개선

⁂

교육인적자원부는 가정형편이 어려운 대학생을 위해 올해 시중 은행을 통해 학자금 9,500억 원을 융자해주기로 했다. 대학생 1인 당 연간 등록금이 460만 원이라면 현재 고등교육기관 재학생 중 5%인 20만 명이 융자혜택을 받을 수 있다. 이자율도 2001년에 비해 1% 낮춰 연 9.5%로 결정했다.

이 중 학생이 5.25%를 부담하고 나머지 4.25%는 국고에서 지원된다. 대학등록금 인상 추세를 볼 때 앞으로 학자금 융자제도는 저소득층뿐만 아니라 일반 학생에까지 확대될 필요가 있다. 그러나 현행 제도하에서 학자금 융자 규모를 늘리는 데는 많은 어려움이 따른다.

우선 융자 규모가 커지면 정부의 재정 부담이 증가한다. 은행 입장에서도 학자금 대출은 만기 불일치 문제 때문에 크게 늘리기 곤란하다. 학자금 융자는 성격상 장기대출인 반면, 은행은 대부분 단기로 자금을 조달하기 때문이다.

재정 부담도 줄이면서 학자금 융자 규모를 대폭 늘리려면 미국의 「샐리매(Salle Mae)」와 같은 학자금 대출 유동화 전문회사를 설립할 필요가 있다. 학자금 대출 유동화 전문회사는 은행의 학자금 대출을 한데 모아 여기에서 발생할 원리금 상환액을 기초로 채권을 발행하는 회사다.

은행은 단순히 유동화 전문회사의 융자지침에 따라 대출을 한 뒤 원리금 상환액에 대한 소유권을 유동화 전문회사에 매각한다. 유동화 전문회사는 대출 원리금의 상환액으로 채권의 원리금을 갚는다.

이 제도는 은행예금이 아니라 채권을 통해 학자금 융자재원을 마련한다는 점에서 현 제도와 다르다. 더욱이 채권 발행시 정부가 원리금 상환에 대해 신용보증을 해주면 채권의 신용등급이 높아져 국채 수준의 낮은 이자로도 대출 재원을 마련할 수 있다. 물론 대출자가 원리금을 못 갚으면 정부가 상환 책임을 떠안아야 한다. 그러나 우리 사회에서 대졸자가 학자금을 갚지 못할 정도로 소득 수준이 낮을 확률은 크지 않다.

개인신용정보에 대해 종합전산망이 마련되지 않았던 때는 학자금 대출이 부실화되는 경우가 종종 발생했다. 한 은행에서 빌린 돈을 갚지 않아도 다른 은행에서 알 수 없었기 때문이다.

그러나 종합전산망이 가동되면서 이들이 신용불량자로 드러나자 졸업한 지 수십 년이 지난 사람들이 이미 손실처리됐던 대출금을 갚는 진풍경이 생겼다. 이를 보면 대출금 상환기간만 충분히 주면 회수율이 높아짐을 알 수 있다.

그렇게 되면 유동화채권 발행시 정부가 신용보증을 해주더라도 실질적인 재정 부담을 피할 수 있게 된다. 학자금을 장기로 대출하려면 유동화채권도 장기로 발행해야 한다. 학자금 융자의 공공성을 고려할 때 국민연금과 같은 장기 투자자가 채권의 수요자로 큰 역할을 할 수 있다.

이 제도가 활성화돼 국민교육 수준이 높아지면 경제 성장이 촉진돼 연금재정 건전화에도 기여할 수 있다. 미국의 샐리매는 현재 자산 규모가 530억 달러로 미국 100대 기업 중 하나다.

미국 대학생들이 부모에게 의존하지 않고 독립심이 강한 이유를 샐리매에서도 찾을 수 있다.

우리도 **자립정신**이 강한 대학생을 키우면서 중산층 부모의 **교육비 부담**을 줄여주려면 **학자금 융자제도**를 저소득층에 대한 **지원 수단** 이상으로 발전시켜야 한다.

이창용(서울대 경제학부 교수. 한국채권연구원 이사)

부패의 경제학

「진승현, 정현준, 이용호, 윤태식 게이트….」

각종 게이트와 리스트가 난무하는 가운데 검찰과 대통령이 부패의 책임을 미루는 촌극이 벌어지고 있다. 국제투명성기구가 발표하는 부패지수를 보면 한국 공직자의 청렴도는 조사대상 91개국 가운데 중하위권인 42위 수준이다. 한때 우리를 「정실 자본주의」라고 조롱했던 미국 역시 최근 「엔론 게이트」로 몸살을 앓고 있는 것을 보면 선진국도 부패에서 자유롭기 힘든 모양이다.

부패는 연결고리의 성격에 따라 수직적 부패와 수평적 부패로 나누어볼 수 있다. 수직적 부패란 관련 공직자의 위계질서가 엄격해 부패고리가 상하로 단단히 연결된 경우다. 따라서 아래 한 사람에게만 뇌물을 주어도 체계적인 상납 과정을 통해 모든 관련자에게 그 효과가 나타난다.

반면 수평적 부패란 서로 경쟁관계에 있는 여러 집단들이 함께 부패된 상황을 말한다. 수평적 부패하에서는 한 사람에게 뇌물을 주더라도 일이 성사된다는 보장이 없다. 경쟁 업체(공직자)가 시비를 걸면 돈만 버리기 십상이다.

수직·수평적 부패 모두 국민의 재산을 훔쳐가는 행위이니 반드시 척결돼야 한다. 그러나 둘만을 비교하면 서로 다른 특성이 있다. 수직적 부패는 수평적 부패에 비해 효율적이다. 수직적 부패하에서는 뇌물의 효과가 확실해 일은 처리되지만 수평적 부패하에서는 그마저도 보장되지 않기 때문이다. 반면 수평적 부패는 비리 연루자 색출이 쉽다는 특징을 갖는다.

정계·법조계·관계 모두가 수직적으로 연결됐을 때는 그 누구도 감히 정보를 흘릴 엄두를 못 낸다. 권력층 모두가 한통속인데 섣불리 행동하면 다치기 십상이다. 하지만 권력이 사분오열돼 부패고리가 수평적으로 되면 서로를 헐뜯는 과정에서 비리 정보가 쉽게 드러난다.

각종 게이트가 연일 판을 치는 이유는 우리 경제의 부패 정도가 갑자기 심화됐기 때문은 아닐 것이다. 이는 그간 단단히 얽혀 있던 수직적 부패구조가 정치상황 변화에 따라 수평적으로 바뀌고 있음을 보여준다.

이제는 부패를 자조하거나 탄식만 하지 말고 비리 색출이 쉬워진 수평적 부패의 특성을 이용해 부패 척결에 나서야 한다. 사실 그간 우리의 정계와 법조계는 너무나 긴밀한 수직적 부패고리를 형성해왔다. 그 결과 법 집행 역시 매우 관대했다.

금융회사를 사금고화해 수백억 원을 횡령한 사람들, 주가 조작으로 시장을 망쳐놓은 사람들, 수억 원을 뇌물로 받은 공직자들이 몇 년만 철창 안에 있으면 곧바로 사면되곤 했다. 법 집행이 이래서야 부패를 없앨 수 없다.

도둑 하나를 막는 데는 백 명의 경찰보다 일벌백계의 엄격한 법 집행이 더 효과적이다. 부패의 척결은 일단 「몸통」이 아닌 「깃털」에게라도 수십 년형을 구형하는 데서 시작하자.

사면도 불가능해져야 「깃털」도 믿을 구석이 사라져 「몸통」을 자백할 것 아닌가.

검찰과 **대통령**이 부패의 **책임**을 서로 미루고 있는 것은 **다행**스런 일일 수 있다.

이는 그 동안 단단했던 부패의 수직적 고리가 붕괴되고 있음을 의미한다. 이를 계기로 이 땅에서도 엄격한 법 집행이 자리잡기를 기대해본다.

이창용(서울대 경제학부 교수. 한국채권연구원 이사)

개별주식 옵션

개별 종목주식에 대한 옵션거래가 2002년 1월 28일부터 시작됐
다. 거래소 간 영역조정 문제로 도입이 지연되다 홍콩 증권거래소
가 먼저 한국 주식옵션을 상장한 것이 계기가 돼 상장작업이 진척
됐다.

미국에선 개별 주식옵션이 1970년대 초 먼저 상장된 후 지수옵
션이 거래된 데 비해 한국에서는 지수옵션이 먼저 상장된 뒤 개별
종목옵션이 등장했다. 개별 주식옵션에는 콜(Call)옵션과 풋(Put)옵
션이 있다.

콜옵션은 해당 주식을 만기시점에서 미리 정한 행사가격에 살
수 있는 권리, 풋옵션은 미리 정한 행사가격에 파는 권리다. 예를
들어 만기가 3월이고 행사가격이 30만 원인 삼성전자 주식 콜옵션
을 보유한 투자자는 3월의 두번째 목요일날 삼성전자 주식의 종가

가 30만 원이 넘어도(예를 들어 35만 원) 이를 30만 원에 살 수 있게 되므로 사후적으로 30만 원 대비 상승분(5만 원)만큼 이익을 보게 된다. 30만 원이 안 되면 권리행사 자체를 포기, 옵션으로부터의 손익은 제로가 된다. 「행사가격보다 오르면 오른 만큼 이익, 떨어지면 제로」라는 수익구조는 복권의 구조를 닮았다.

콜옵션이라는 복권은 삼성전자 주가가 만기시점에 가서 행사가격보다 「상승시 당첨, 하락시 꽝」이라는 구조다. 풋옵션은 반대다. 주식을 미리 정한 행사가격에 팔 수 있는 권리는 주식이 하락해도 비싸게 팔 수 있게 된다는 면에서 의미가 있다.

풋옵션은 미리 정한 행사가격보다 「하락시 당첨, 상승시 꽝」이란 구조다.

만기시점의 당첨금 액수는 콜옵션의 경우 「행사가격 대비 오른 만큼」으로, 풋옵션은 「행사가격 대비 떨어진 만큼」으로 결정된다. 옵션은 유통시장이 형성돼 만기 이전에 활발하게 발행·유통이 이뤄진다. 이 때의 「거래가격(옵션 프리미엄)」은 그때 그때의 상황에 따라 달라지게 되며, 이를 이용한 거래도 활발하게 일어난다.

행사가격이 30만 원인 삼성전자 주식콜옵션의 만기가 1주일이 남았다고 하자. 그런데 주식가격은 25만 원이다. 이 경우 해당 콜옵션을 보는 투자자들의 시선은 싸늘해지게 마련이다.

주가가 30만 원 이상으로 상승해야 해당 옵션이 당첨되는데, 갈 길은 멀고(5만 원 이상 올라야 함) 게다가 만기도 얼마 남지 않았다. 이 옵션의 유통가격은 당연히 쌀 수밖에 없다.

어떤 투자자가 혹시나 하며 이 옵션을 5,000원에 매입했다. 그랬더니 며칠 후 주가가 폭등, 금방 30만 원 근처까지 상승했다고 하자. 이제 이 복권은 당첨 가능성이 엄청나게 커지면서 유통가격이 상승한다.

예를 들어 프리미엄이 3만 원이 되었다면 5,000원에 옵션을 매입했던 투자자는 옵션을 3만 원에 처분할 수 있게 된다. 수익률이 500%에 달한다. 옵션 발행전략도 있다. 복권 발행 비즈니스라고나 할까.

프리미엄을 지급하고 옵션을 매입하는 투자자의 반대편에서 프리미엄을 받는 즐거움을 누리면서 옵션을 발행한다. 그러나 나중에 혹시 복권이 당첨될 경우 당첨금을 지급하는 속쓰린 역할을 해야 한다. 만기에 35만 원이 된 삼성전자 주식을 30만 원만 받고 싸게 넘겨야 하므로 5만 원의 손실을 보게 되는 것이다. 물론 중간에 발행 포지션을 없앨 수 있다.

옵션 프리미엄이 비쌀 때 이를 비싼 가격을 받으면서 발행했다가 옵션 프리미엄이 떨어질 경우 해당 옵션을 유통시장에서 다시 싸게 사들이면 포지션은 없어지면서 차익을 챙길 수 있다.

윤창현(명지대 경영무역학부 교수)

댐 건설의 경제적 조건

최근 건설교통부 장관은 기회 있을 때마다 댐 건설의 필요성을 역설하고 있다. 2002년 1월 18일 언론사 간부들과 가진 간담회에서도 한국토지공사와 대한주택공사의 통합문제 외에 미래 물 부족 현상에 대비하고 홍수 예방을 위해 댐 건설이 필요하다고 강조했다.

사실 댐 건설사업은 수자원 공급이나 홍수 예방 외에도 경기가 불황일 때 신규고용을 창출하고 경기를 부양하는 등 지역경제 활성화에 도움이 된다. 하지만 이러한 댐 건설의 중요한 서비스가 지난 영월 동강댐 사업에서는 국민들로부터 호응을 얻지 못했다. 이에 대한 가장 큰 이유는 국민들의 선호와 리스크에 대한 인식이 근본적으로 변화했기 때문이다.

과거의 국민들은 용수 부족이나 홍수 발생 리스크에 큰 비중을 두었다면 이제는 댐 건설로 파괴되는 아름다운 자연경관이나 생태계의 리스크에도 눈을 돌리기 시작했다는 것이다. 국내 댐 건설사업도 선진국에서와 같이 과거의 단순한 토목공학적 개념에서 사회과학적 여론수렴 과정으로 바뀌는 신호탄이기도 하다는 이야기다.

경제학 관점에서 보면 영월 동강댐 사례와 같이 『국내의 모든 댐 건설은 반대되어야 한다』는 주장이나 『향후 물이 부족할 수 있으니 무조건 열몇 개의 댐을 지어야 한다』는 논리 모두 설득력이 없다. 댐 건설에는 분명 긍정적인 측면과 부정적인 측면이 있다.

경제학에서는 전자를 「편익」이라고 하고 후자를 「비용」이라고 말한다.

편익이 **비용**보다 **크면** 댐 건설은 국민의
후생 수준을 **증가**시킬 수 있지만 **비용**이 **크면**
도리어 댐 건설은 국민을 **불행**하게 만든다.

편익이나 비용 모두 화폐 단위로 산정된 가치에 의존한다. 그리고 그 가치는 절대적으로 소비자, 즉 국민의 선호에 입각한다.

환경에 대한 가치나 홍수 예방, 수자원 공급에 대한 가치 모두 건교부 장관이나 시민단체장도 아닌 국민이 부여하는 가치를 합쳐 결정된다. 최근 환경에 대한 가치가 커진 것처럼 사막과 같이 물이 부족해지면 사람들이 용수 공급에 부여하는 가치 또한 커질 수 있다. 따라서 개별 댐 각각은 지리적 위치나 환경에 대한 고려, 가뭄·홍수 발생 정도와 주민들의 선호도 변화에 따라 경제성 평가가 확연히 달라질 수 있는 것이다.

하지만 과거와 같은 댐 건설의 경제성 평가로는 국민을 설득할 수 없다. 먼저 댐 건설로 인해 파괴되는 환경에 대한 가치를 포함시킨 사회적 비용 개념을 비용에 도입해야 한다.

댐 건설의 편익 부분도 경제학이론에 근거해야 한다. 예를 들면 다목적 댐의 용수 공급 편익은 단순히 용수 전용 댐 건설시 소요되는 대체비용으로만 산정되고 있다.

이 경우 용수 공급이라는 댐 건설의 경제적 편익은 사막과 같은 물 부족 사태가 예상되고, 사람들이 느끼는 물의 가치가 두 배, 세 배 올라도 대체 건설사업에 소요되는 회계적 비용이 증가하지 않는 한 커질 수가 없다.

최근 사람들이 느끼는 환경의 가치가 증가하는 것과 같이 희소자원으로 간주되는 물의 가치도 증가함은 분명할 것이다.

댐 건설 찬반에 대한 극단적이고 소모적인 논쟁에 앞서 국민을 설득할 수 있는 새로운 댐 건설의 경제적 타당성 평가체계 구축을 서둘러야 하겠다.

곽승준(고려대 경제학과 교수)

경제 회복의 착시 현상

2002년 들어 우리 경제 회복의 신호가 도처에서 감지되고 있다. 미 테러사태로 크게 떨어졌던 주가가 다시 상승했고, 부동산시장 과열이 걱정거리로 등장했다. 정부와 경제예측기관들은 올해 경제성장률이 4%를 넘어선다고 예측한다.

작년 경제성장률이 3%를 다소 밑돈 것으로 추정되는데, 그렇다면 4% 성장이 별것 아니지 않은가. 이 질문에 대답하기 전에 미국의 경기 회복을 살펴보자.

한국경제의 회복은 미국경제의 회복에 달려 있는데, 미국에서는 경기 회복에 대해 낙관론과 신중론이 대립하고 있다. 낙관론자들은 현재 나타나고 있는 각종 경제지표의 호전에 고무돼 있으나, 신중론자들은 미국경제가 일시적으로 회복되었다가 다시 침체에 빠질 수 있다고 경고했다.

미국경제의 대표적 낙관론자는 아무래도 경기 회복의 임무를 맡은 부시 행정부 사람들이고 그 중에서도 수장인 폴 오닐 재무장관이다. 오닐 장관은 올해 미국경제가 3% 이상 성장할 것으로 보고 있다. 보도매체를 통해 이런 뉴스를 들은 많은 사람들도 올해 미국경제성장률이 3~4%는 될 것이라고 생각한다.

그런데 미국 백악관의 글렌 허버드 경제자문회의 의장은 미국경제가 이미 회복세를 보이고 있음을 강조하면서 미국경제가 올해 0.7% 성장할 것이라고 전망했다. 미국경제의 사령탑을 맡고 있는 재무장관과 매년 「대통령의 경제보고서」를 작성하면서 대통령에게 자문하는 경제자문회의 의장의 경제 전망치가 서로 다르다니 두 사람 간에 의견 충돌이라도 있단 말인가.

두 사람 모두 미국경제가 이미 회복 국면에 접어들었음을 강조하고 있으므로 의견 충돌이 있을 리 없다. 차이가 나는 이유는 재무장관은 전기 대비 경제성장률(연율)을 말하고 있고, 경제자문회의 의장은 전년동기 대비 경제성장률을 말하고 있기 때문이다.

경기가 순환과정에서 저점이나 고점을 통과할 때에는 전기 대비 성장률과 전년동기 대비 성장률 간 격차가 있게 된다. 세계 주요 투자기관들은 미국경제가 2/4분기 이후 전 분기에 비해 연 3% 이상 성장할 것으로 전망하고 있다. 미국경기가 작년 4/4분기에 저점을 통과했다고 보는 것이다. 그러나 저점 통과 후 올해 전체의 GDP(국내총생산)를 저점 통과 이전인 작년 전체의 GDP와 비교해 보면 0.6~1.1%밖에 늘어나지 않을 것으로 전망하고 있다.

작년 미국경제 성장률이 1% 수준이므로 경기가 회복되었는데도 성장률이 오히려 낮아지는 현상이 발생한다. 물론 경기가 더욱 빠르게 회복되었다면 이런 일이 일어나지 않을 것이다. 그렇다고 미국경제의 0.7% 성장을 결코 얕잡아보아서는 안 된다.

이제 앞서 제기한 질문에 답해보자. 우리 경제도 미국과 마찬가지로 회복된다면 그 저점은 작년 4/4분기 무렵이 된다. 우리나라는 계절 변동의 불규칙성 때문에 「전기 대비 성장률」보다 「전년동기 대비 성장률」을 사용한다. 미국은 전년동기 대비로 올해 0.7%만이라도 성장하기를 학수고대하고 있다.

이런 여건에서 우리나라가 작년보다 1%나 높게 성장한다면 대단한 일이 아닐 수 없다. 문제는 올해 미국경제가 3% 이상 성장한다는 오닐 장관의 발언을 전년동기 대비로도 3% 이상 성장한다고 잘못 해석하는 사람들이 많다는 점이다.

경기 회복의 착시 현상으로 우리 경제를 보는 시각에 거품이 생긴다면 웃음거리가 아닐 수 없다.

박원암(홍익대 무역학과 교수)

고갈 위기의 연금

우리나라 정부정책 중 가장 성공한 정책으로 평가받는 것 중 하나가 가족계획이다. 『둘만 낳아 잘 기르자』로 시작한 표어는 『잘 키운 딸 하나 열 아들 안 부럽다』에서 절정에 달한다.

그래서인지 최근 발표된 우리나라 인구통계를 보면 인구 수 4,800만 명에 가구 수는 1,600만 가구다. 가구당 평균 가족 수가 3명이 된 것이다. 그 여파는 「노령화 현상」이라는 형태로 우리의 발목을 잡고 있다. 우리나라 인구 중에서 65세 이상 비중은 이제 7%를 넘어 14%를 향해 맹렬한 속도로 높아지고 있다.

7% 이상이면 「노령화사회」, 14% 이상이면 「노령사회」라 부르는데 문제는 「노령화가 진행되는 사회」에서 「노령화되어버린 사회」로의 전환이 너무 빠르다는 것이다. 이는 한국전쟁 이후 베이비붐을 통해 탄생한 세대가 노령화되는 반면, 이들 세대가 낳은 자녀의

숫자는 줄어든 데 이유가 있다.

한국개발연구원(KDI)의 분석에 따르면 노령화의 진전에 따라 2050년께가 되면 2000년에 비해 생산가능연령의 인구비율은 17% 가량 감소하고, 취업자 수는 10%가량 감소할 전망이다. 또 저축률은 10% 줄어들고 이에 따라 2050년께에는 경제성장률이 1%대에 머물 것으로 예상된다.

문제는 더 있다. 바로 공적연금이다. 국민이면 누구나 다 가입해 보험료를 납입하고 퇴직 후 연금을 탈 수 있는 공적연금에는 「군인연금」, 「사학연금」, 「국민연금」, 「공무원연금」 등 네 가지가 있다.

2020년부터 이들 4대 공적연금의 통합재정수지가 2조 8,538억 원 적자로 전환돼 2050년께는 한 해 적자가 105조 749억 원에 달할 것으로 전망되고 있다. 2050년에 연금수급자는 2000년보다 8배 이상 증가하는 반면, 가입자는 오히려 17% 감소할 것으로 전망된다.

이 기간 동안 급여 지출은 22.6배나 증가하지만 보험료 수입은 6배 증가에 그칠 전망이어서 지독한 적자 가능성이 예고되고 있다. 여기에는 앞에서 지적한 노령화라는 트렌드도 있지만 연금수급 구조가 「적게 부담하고 많이 받아가는」 방만한 구조로 짜여 있는 것도 하나의 원인이다.

OECD 회원국 국민들은 평균 월급의 40%를 연금으로 지급하는 반면 우리나라의 국민연금은 60%를 지급하고 있다. 이는 연금에 일찍 가입해 일찍 은퇴한 사람일수록 많은 혜택을 누리는 반면, 늦게 가입해 늦게 탈수록 부담이 늘어나는 문제도 동반한다.

OECD는 우리나라의 공적연금 부담은 2050년에는 GDP 대비 10.1%로 급증, 복지재원의 위기 상황이 도래할지 모른다고 경고하고 있다.

해법은 「기본으로 돌아가기」다. 지금보다 많이 거두면서 연금 급여를 줄여 수급 구조를 현실화해야 한다.

대체상품도 만들어야 한다. 연금제도를 공적연금·기업연금·개인연금의 3대 축으로 개편하되, 특히 역할이 축소되는 공적연금 대신에 기업의 퇴직금을 기업연금제도로 전환, 미국의 「401(k) 플랜」에 준하는 제도적 장치를 마련해야 한다.

마치 **시한폭탄**처럼 우리를 향해 다가오는 **노령화**에 따른 각종 문제에 **대비**해야 할 때다.

윤창현(명지대 경영무역학부 교수)

맛있는 경제 톡쏘는 경제

지은이 / 한국경제신문 경제부
펴낸이 / 김경태
펴낸곳 / 한국경제신문 한경BP
등록 / 2-315(1967. 5. 15)
제1판 1쇄 발행 / 2003년 2월 10일
제1판 5쇄 발행 / 2005년 5월 20일
주소 / 서울특별시 중구 중림동 441
홈페이지 / http://bp.hankyung.com
전자우편 / bp@hankyung.com
기획출판팀 / 3604-553~6
영업마케팅팀 / 3604-561~2, 595
FAX / 3604-599

ISBN 89-475-2413-1

값 11,000원

* 파본이나 잘못된 책은 바꿔드립니다.